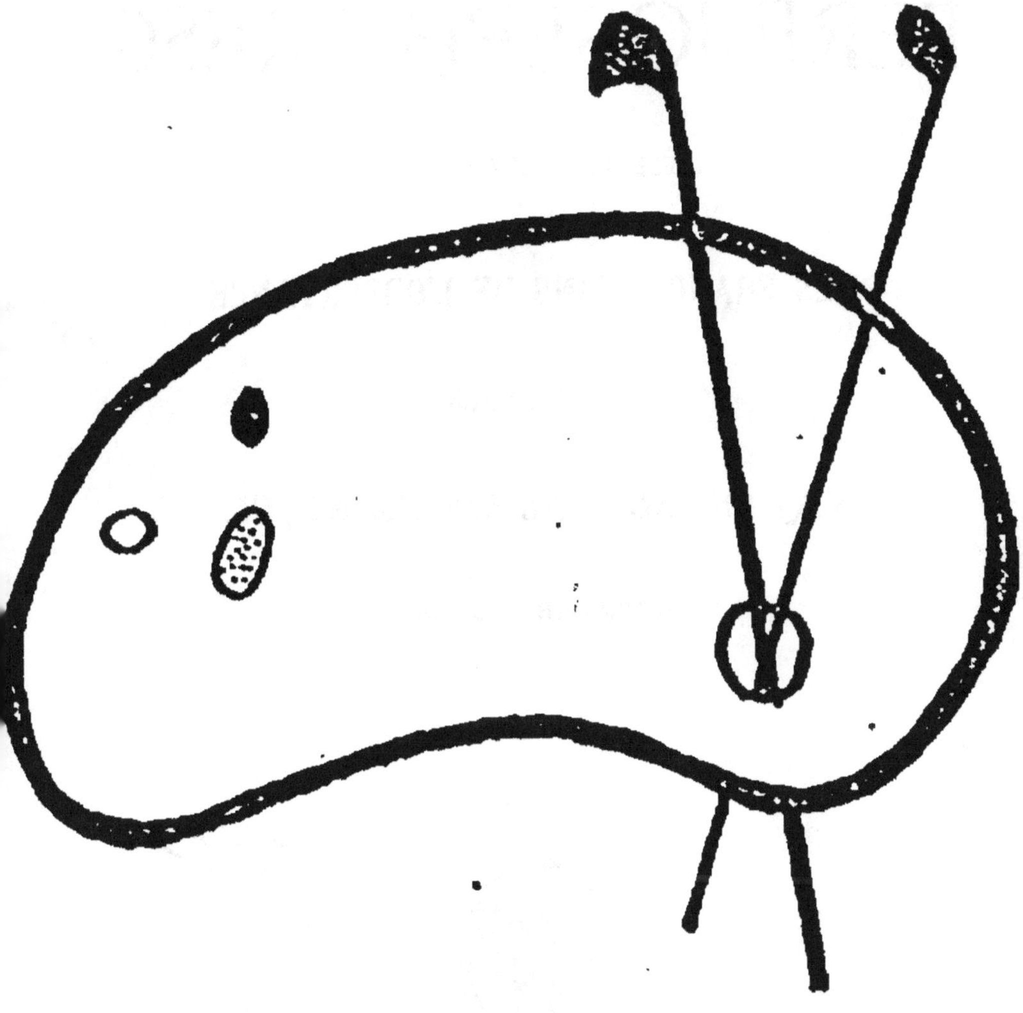

DEBUT D'UNE SERIE DE DOCUMENTS
EN COULEUR

LE

PÈRE JOSEPH ARÉSO

RESTAURATEUR

DES FRANCISCAINS DE L'OBSERVANCE

Par M. l'Abbé

HENRI DE SURREL DE SAINT-JULIEN

MISSIONNAIRE APOSTOLIQUE

MONTREUIL-SUR-MER

IMPRIMERIE NOTRE-DAME DES PRÉS

1892

Imprimerie Notre-Dame des Prés. — Ern. Duquat, directeur.
Neuville-sous-Montreuil (P.-de-C.)

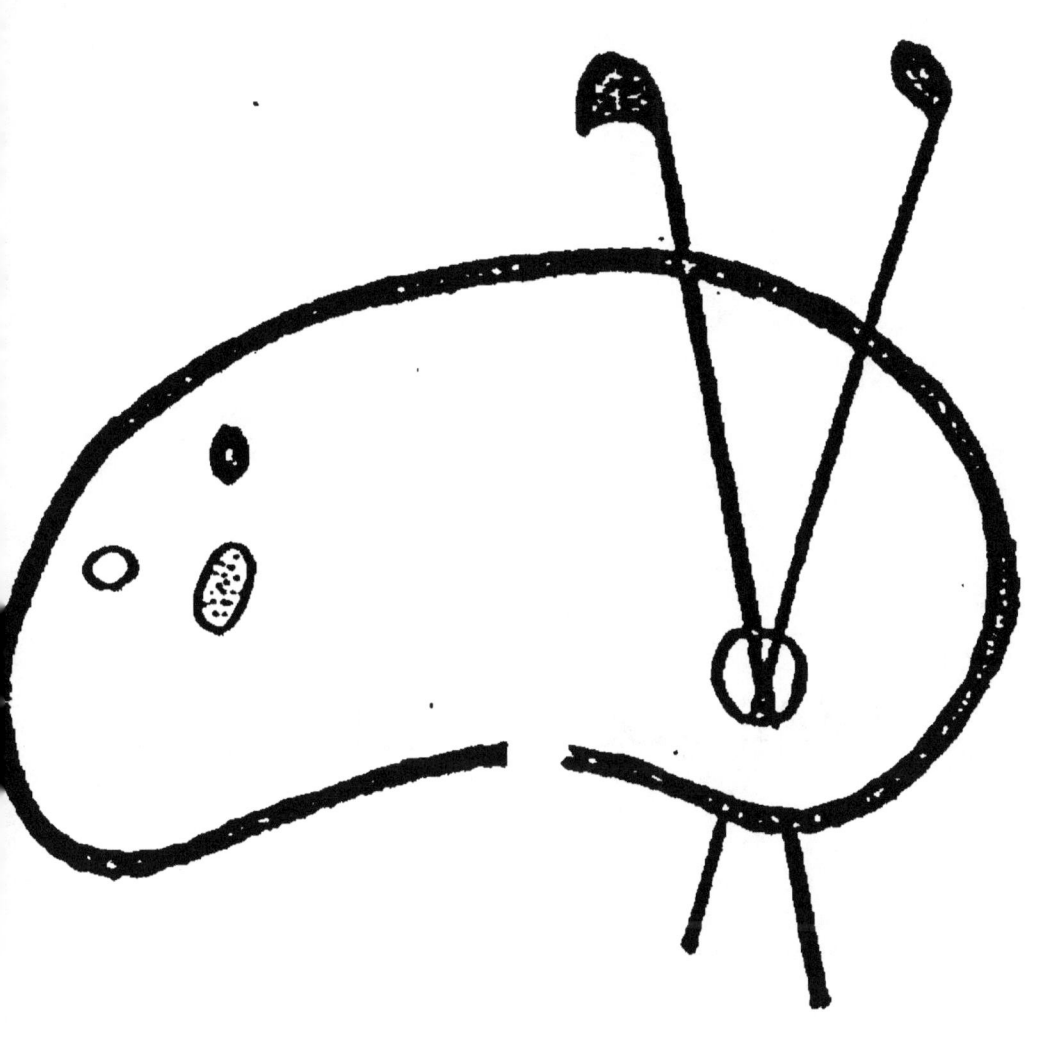

FIN D'UNE SERIE DE DOCUMENTS EN COULEUR

LE
PÈRE JOSEPH ARÉSO

DÉCLARATION.

Pour nous conformer aux décrets du Pape Urbain VIII, nous déclarons ne donner dans cet ouvrage le titre de *saint*, ou tout autre semblable, que dans l'acception la plus large et n'accorder qu'une foi humaine aux faits merveilleux que nous rapportons.

Nous ne prétendons, en effet, devancer en rien le jugement de la sainte Église dont nous sommes et voulons rester le fils humblement soumis.

LE P. JOSEPH ARÉSO

RESTAURATEUR EN FRANCE DES FRANCISCAINS DE L'OBSERVANCE

(d'après une ancienne photographie.)

LE
PÈRE JOSEPH ARÉSO

RESTAURATEUR

DES FRANCISCAINS DE L'OBSERVANCE

Par M. l'Abbé

HENRI DE SURREL DE SAINT-JULIEN

MISSIONNAIRE APOSTOLIQUE

MONTREUIL-SUR-MER

IMPRIMERIE NOTRE-DAME DES PRÉS

1892

IMPRIMATUR.

Atrebati, die 23ᵃ Octobris 1892.

J. SUEUR, Vic. Gen.

LETTRE DU R^{me} P. LOUIS DE PARME

Ministre Général des Franciscains

à l'Auteur.

Rome, le 14 juillet 1892.
Fête de S. Bonaventure.

MONSIEUR L'ABBÉ,

Je tiens à vous remercier et à vous féliciter de la Vie du P. Joseph Aréso, que vous venez d'écrire. Sur le témoignage des examinateurs, cette biographie, sérieusement documentée et sobrement écrite, produira des fruits d'édification, en offrant à tout l'Ordre et surtout à nos Pères français un modèle trop peu connu de l'esprit religieux et apostolique, qui doit animer les enfants de saint François.

Cet ouvrage sera lu aussi avec intérêt et profit par les membres du clergé séculier auquel le zélé Restaurateur avait d'abord appartenu.

Enfin, les nombreux Tertiaires trouveront dans votre livre les sages conseils que le P. Aréso savait si bien donner à toutes les classes sociales.

De grand cœur, Monsieur l'Abbé, je prie Notre-Seigneur, par l'intercession de notre séraphique Père, de bénir à la fois le travail et l'auteur.

Votre bien dévoué IN X^{to}.

Fr. Louis de Parme,
Ministre Général.

PRÉFACE.

Nous devons l'honneur et le plaisir d'avoir écrit cette Vie à la bonne amitié du T. R. P. Raphaël d'Aurillac, un des successeurs du P. Aréso dans la charge de Provincial de France, actuellement Procureur Général de tout l'Ordre des Frères Mineurs.

Nous ne saurions faire de meilleur souhait à nos lecteurs que celui de tirer profit des exemples du digne Religieux, Restaurateur en France des Franciscains de l'Observance. A tous il adresse cette exhortation de saint Paul : « Soyez mes imitateurs, comme je le suis de Jésus-Christ [1]. » Mais c'est surtout aux membres de sa chère Province de Saint-Louis d'Anjou, évêque de Toulouse, et aux autres Religieux de son Ordre qu'il servira de modèle.

Les personnes qui l'ont connu s'accordent à dire qu'il était le type du vrai Religieux ; ce témoignage, consigné dans notre récit, suffit pour le recommander à l'imitation de ses enfants et de toutes les âmes appelées dans le cloître, dans le monde même, à suivre les conseils évangéliques. Nos frères et sœurs du Tiers-Ordre franciscain, unis à ceux du premier et du

[1] I Cor., iv, 16.

second Ordre, voudront aussi connaître cet apôtre qui a repris en France les traditions de la grande famille séraphique.

Il est remarquable que dans ce siècle Dieu ait suscité, presque en même temps, trois hommes selon son Cœur pour restaurer parmi nous, après la Révolution, les trois Ordres célèbres de saint Benoît, de saint Dominique et de saint François, et qu'il ait répandu dans ces hommes la piété, la science, l'éloquence. Le P. Aréso est un contemporain de dom Guéranger et du P. Lacordaire. Sans vouloir les comparer, nous savons que chacun a fait valoir les talents qu'il avait reçus.

Les sources de cette histoire sont les lettres et les autres écrits, inédits ou publiés, du P. Aréso, les notes de ses Religieux et les rapports de divers témoins de sa vie.

Rome, 1892.

LE PÈRE JOSEPH ARÉSO

RESTAURATEUR EN FRANCE
DES FRANCISCAINS DE L'OBSERVANCE

CHAPITRE Ier.
1797-1815.

Naissance de Joseph Aréso. — Son pays. — Traditions patriarcales. — Piété de ses parents. — Caractère de l'enfant. — Corrections paternelles. — Les petites guérillas. — Le jeune apôtre. — Le curé d'Aspurz. — L'horreur du latin. — Inquiétudes et exhortations d'une mère. — Changement subit et radical. — L'appel divin. — Repas dans un monastère.

Joseph Aréso naquit à Bigüezal le 12 février 1797. Il reçut au baptême les prénoms de Jean-Joseph, mais, dès son enfance, on le désigna toujours par celui de Joseph.

Son père, Martin-Adam Aréso, et sa mère Françoise Iribarren étaient l'un de Bigüezal, l'autre de Napal. Ce sont deux villages de la vallée de Romanzado, appartenant à la province de Navarre et au diocèse de Pampelune.

Bigüezal, autrefois Biozal, a deux cent trente habitants; il est situé sur la pente d'une chaîne de montagnes, appelées Navascues, qui sont un prolongement des Pyrénées, au sud-est de Pampelune et à neuf lieues de cette ville. Les localités importantes, voisines du village, sont Lumbier et Navascues. Le nom de Bigüezal est connu dans toute l'Espagne, grâce à sa baronie, dont le fils aîné des comtes de Guendulain porte le titre ; ce petit pays est un centre de communications, car il se trouve à la limite de la province de Navarre, et confine avec celle de Saragosse et avec le territoire du diocèse de Jaca.

La famille Aréso jouissait d'une excellente réputation ; son honnêteté, on peut le dire, était proverbiale. Elle avait même obtenu, avec la considération, une certaine noblesse et, en d'autres temps, elle fut maison *Excusada*. On appelait ainsi celles que les seigneurs exemptaient de l'impôt, à cause des services qu'elles avaient rendus.

Dieu répandit sur cette famille les bénédictions de la fécondité, honneur du mariage. Les heureux époux eurent jusqu'à onze enfants. Nous connaissons les noms de six d'entre eux : François-Antoine, Pierre-Raymond, Joseph-Antoine, Jean-Joseph dont nous écrivons l'histoire, enfin deux filles, Joséphine et Angèle. Les autres moururent en bas âge.

Un Chartreux, qui avait été quelque temps sous la direction du P. Joseph Aréso, écrivait à un ami, le 11 juin 1878 :

« Tout ce que je lui ai entendu raconter de son enfance me prouve qu'il a dû la passer dans la plus parfaite innocence. Il appartenait, vous le savez, à une famille patriarcale, famille bénie du Ciel dans ses nombreux enfants, tous très bons chrétiens. Sa maison était le pied-à-terre des moines Cisterciens de l'abbaye de Lagri. Le P. Aréso m'a dit plusieurs fois combien il était heureux lorsque le cellérier venait chez ses parents. Il était lui-même toujours bien reçu au monastère. Connaissez-vous la légende de l'oiseau merveilleux qui chanta cent cinquante ans et tint pendant ce siècle et demi saint Virile dans la plus douce extase ? Le fait se passa, dit-on, à l'abbaye que je viens de nommer. Le Père l'avait lu dans ses archives. »

Ce souvenir d'enfance explique pourquoi, devenu Provincial, il aimait à raconter ce trait dans ses conférences spirituelles.

C'est sans doute pour récompenser la maison Aréso de la généreuse hospitalité qu'elle exerçait envers les religieux et les prêtres, que Dieu lui avait accordé, depuis plusieurs générations, une série non interrompue de vocations sacerdotales et religieuses. Encore aujourd'hui un neveu du P. Aréso, Don Francisco, dans l'état ecclésiastique, et une de ses nièces, la sœur Joséphine du Saint-Esprit, au Carmel de Corella, perpétuent cette tradition [1].

Dans le service des autels la famille était alors représentée par deux oncles de notre Joseph, l'un, Don Pedro José, qui devint curé de Bigüezal, et l'autre Don Antonio, qui le fut de Napal.

En pleine conformité de vues et de sentiments avec ces dignes prêtres, le père et la mère de l'enfant ne négligèrent rien pour lui assurer une éducation et une instruction solidement chrétiennes. L'éducation de famille est celle qui creuse dans notre vie le sillon le plus profond. Toutefois, les conseils les meilleurs servent de peu, quand les exemples des parents leur donnent un perpétuel démenti. Il n'en était pas ainsi dans cette maison. Si le père et la mère tenaient au bonheur de leur foyer, au respect de leurs enfants, ils s'efforçaient de les obtenir par leurs vertus et le fidèle accomplissement de tous les devoirs du chrétien [2].

La mère de notre Joseph, en particulier, était très pieuse et spécialement dévote au chaste Époux de Marie. Elle avait placé une image de ce glorieux Patriarche à l'endroit le plus honorable de l'habitation. Le jour de la fête de

---

[1] Nous avons sous les yeux plusieurs lettres de ces deux parents du Père.

[2] *Noticias del R. P. Aréso*, por Don Firmin Tirapu, Ms. § 3 et 4.

saint Joseph elle distribuait de sa propre main une aumône à tous les pauvres du pays. Son mari ne lui cédait en rien sous ce rapport. D'un commun accord ils fondèrent une chapelle. Ils firent aussi plusieurs bonnes œuvres au profit de l'église paroissiale, selon leurs ressources modestes, mais toujours bien employées[1].

Durant ses premières années, Joseph Aréso se fit remarquer parmi ses frères et les autres enfants de Bigüezal par la vivacité de son caractère et quelques incartades qu'il faut attribuer plutôt à l'époque troublée qu'à son âge même. Du reste toute cette jeunesse était fort amie du bruit, ce qui n'étonne nulle part, et peut-être moins encore en Espagne.

Un jour, dans l'abandon d'une conversation, ce vieillard rappelant son enfance, disait à ses jeunes Religieux :

« Quand mon père s'absentait, ma mère ne venait jamais à bout de nous corriger. Nous criions plus fort les uns que les autres, nous faisions du tapage. Aussi nos voisins répétaient à l'envi : « Ah ! l'on voit que le *grognon* de père n'y est pas. » Mais dès que notre père avait remis les pieds à la maison, nous étions sages. — Voyez-vous, mes chers Frères, ajoutait le narrateur, il faut toujours qu'il y ait un grognon dans une maison, sans quoi la jeunesse n'aurait personne pour la corriger et la contraindre. »

Lui-même savait, par expérience, que son père ne le ménageait pas. Une fois, pour avoir voulu fumer, il s'attira une correction exemplaire qu'il n'oublia plus.

Il paraissait être animé d'un esprit belliqueux, qui se manifestait continuellement dans les réunions d'enfants de son âge. Il les enrôlait dans de petites compagnies et gué-

---

[1] *Noticias del R. P. Areso*, § 4, Ms.

rillas. Par ces sortes de jeux ils préludaient, sans le savoir, aux combats terribles qui allaient bientôt se livrer pour la défense de leur noble patrie.

Joseph avait douze ans, lorsque survint l'envahissement du territoire espagnol par les armées de Napoléon.

L'enfant ne calculait pas le danger ; aussi, tandis que tout le monde fuyait, lui courait vers les artilleurs français pour voir pointer le canon.

« J'étais dégourdi, alors, disait-il plus tard, mais je ne sais pas comment je ne me suis pas fait tuer. »

Outre l'attrait, naturel à son âge, pour l'uniforme, le futur Missionnaire Franciscain en éprouvait un autre qu'il ne s'expliquait pas. Le moine et le soldat ont de secrètes sympathies. Joseph Aréso, bien que timidement, s'essayait à l'apostolat. L'anecdote que nous allons rapporter en est une preuve.

Vers ce temps, il entendit prêcher sur la correction fraternelle. Tout pénétré de ce qui venait d'être dit, il sort de l'église et se dirige du côté d'un cabaret, où avait coutume d'aller s'enivrer un père de famille qu'il connaissait. Arrivé devant le cabaret, il entend les propos grossiers de l'ivrogne et hésite à entrer.

« Mais, se dit-il, le prédicateur a insisté sur la charité qui nous oblige d'avertir notre prochain, pour lui faire quitter la mauvaise voie. »

Il s'arme de courage et pénètre dans la salle des buveurs. Toutefois l'air farouche de son homme l'effraie et il se retire en silence.

Chemin faisant, il prend la résolution d'aller avertir dans sa maison ce malheureux, lorsque l'ivresse lui aura passé. Là, de nouvelles difficultés l'attendaient. En approchant de la demeure de cet homme, il prête l'oreille au bruit d'une scène violente, peu engageante pour le jeune admoniteur. Le père de famille, encore ivre, battait sa femme et ses enfants. Alors Joseph se décide à faire ses exhortations dans la rue.

« S'il vient me battre, pense-t-il, je me sauverai bien, ayant de meilleures jambes que lui. »

Il épie le moment de sa sortie et le voyant s'avancer, il va droit à sa rencontre. Mais l'émotion ne lui permet de proférer aucune parole. Il marche aux côtés de l'homme ivre, tourne autour, le regarde : celui-ci hébété n'y fait pas même attention.

Il renouvelle sa tentative pendant plusieurs jours, l'occasion ne s'en présentant que trop souvent, mais c'est chaque fois sans succès.

« Enfin, découragé, honteux de ma lâcheté, comme il disait, j'allai me confesser dans une église voisine. »

Le prêtre, ayant écouté la naïve accusation de cet enfant, admira sa candeur et son zèle, lui fit comprendre qu'en tout ce qu'il se reprochait il n'y avait pas l'ombre d'une faute, l'assura qu'il était très difficile, pour ne pas dire impossible, de convertir un ivrogne ; que si les prières et les larmes de sa femme et de ses enfants ne pouvaient rien obtenir de celui-là, ses exhortations n'auraient pas un meilleur effet.

« Priez pour lui, ajouta le prêtre, le bon Dieu n'exige pas autre chose de vous. Il serait même peu convenable qu'un enfant de votre âge fît des remontrances à un homme. »

Heureux de n'avoir pas offensé Dieu, notre Joseph rentra chez lui, en se frottant les mains et en chantant un cantique à la sainte Vierge.

Le curé d'Aspurz, Don Pedro Martin Perez, qui avait réuni quelques enfants autour de lui, s'était chargé d'enseigner la grammaire latine au jeune Aréso. Mais la bouillante nature du nouveau disciple s'accommodait mal de la monotonie d'une classe de rudiment et de la rigidité du maître. D'après ce que les mémoires nous disent de Don Pedro, l'on peut retrouver son portrait parmi ces vieilles estampes du magister bourru, avec sa férule toujours prête à frapper. Joseph regimbait contre l'aiguillon. Par deux fois, n'y tenant plus, il s'échappa de cette école maussade.

A peine de retour à la maison paternelle, il dut, sur l'ordre de sa famille, se remettre en route pour reprendre son rang au milieu des écoliers d'Aspurz. Ces marques de légèreté affligeaient beaucoup le cœur de sa pieuse mère. Elle redoublait de ferveur dans les prières qu'elle offrait à Dieu. Craignant pour l'avenir de son enfant, elle ne laissait passer aucune occasion de l'exhorter au travail et à la sagesse. Elle accompagnait sa parole du châtiment salutaire et une fois, entre autres, voulant punir son fils, elle l'envoya travailler aux champs. Mais les appréhensions maternelles n'étaient heureusement pas fondées, ou du moins les prières et les larmes de sa mère prévinrent la perte à laquelle s'exposait l'enfant.

Ce fut au temps où il se livrait au travail pénible de la terre pour expier ses escapades, que le jeune Joseph sentit une de ces touches de la grâce qui ont leurs causes mystérieusement cachées. On les connaît surtout à leurs effets. Elles font époque dans la vie. Cet enfant, jusque-là si turbulent, devint tout-à-coup sérieux.

Il racontait plus tard l'événement au curé de Bigüezal. Ce changement subit et radical se produisit en lui le jour de l'Assomption de Marie. Il avait alors seize ans. Ce jour-là, il entendit le premier appel du Ciel, et la vocation sacerdotale lui fut montrée comme la grâce qui lui était accordée. Entré résolument dans la voie du bien, l'adolescent y marcha sans s'arrêter jamais. Par un admirable effet de la bonté divine, tout ce qui en lui avait pu faire concevoir quelques inquiétudes, devint un auxiliaire puissant pour l'acquisition des vertus. Son caractère énergique, son tempérament vigoureux, son exubérante nature, la vivacité elle-même de ses passions, sous l'influence de la grâce, l'emportèrent comme dans un élan jusqu'au sommet de la perfection.

Nous n'avons pas de détails sur sa première communion, qui n'était pas alors accompagnée, en Espagne, de la solennité usitée de nos jours.

La transformation dont nous venons de parler ne s'était pas encore opérée en lui, mais nous ne pouvons douter que, préparé à ce grand acte par de si pieux parents, il n'y ait apporté les dispositions convenables.

Après la mémorable fête de l'Assomption, il ne songea plus qu'à retourner chez le curé maître d'école, pour travailler avec ardeur cette fois [1].

Tandis qu'il étudiait à Aspurz, on lui parla d'un monastère d'hommes qui, prétendait-on, faisaient bonne chère. Il se dit :

« Puisque c'est sur ma route pour me rendre à Bigüezal, je le visiterai. »

Les vacances arrivées, il obtint de son oncle qui l'accompagnait de faire une halte dans ce Couvent.

A l'heure du repas, on les introduit au réfectoire et on les place près du Supérieur. Après les prières d'usage tous s'asseoient; puis, au signal donné, les Religieux déplient leurs serviettes et les Frères servants apportent à chacun un bol de bouillon aux herbes. Le jeune étudiant remercia et, en attendant mieux, écouta la lecture que l'on faisait pendant le repas. Les Frères servants apparurent de nouveau pour déposer devant chaque convive un plat de légumes. Joseph Aréso trouve encore le moyen de refuser poliment, attendant toujours mieux. Voilà les Frères qui

[1] *Noticias*, § 5 et 6.

mettent quelques fruits sur la table. Le Supérieur en offre au jeune homme. Il répond : « J'en prendrai plus tard, mon Révérend Père. »

— C'est drôle, pensait-il, ces Religieux ont de singulières coutumes ! Eux qui passent pour avoir un confortable princier, voilà qu'ils se nourrissent d'herbes sans consistance. »

Un signal du Père Supérieur le tira de ses réflexions. Les Religieux se lèvent, récitent les prières de l'action de grâces, et sortent du réfectoire. Toutefois, connaissant les devoirs de l'hospitalité chrétienne, le digne Supérieur fit servir un autre repas où l'appétit de l'écolier put se satisfaire. Le Père aimait à raconter ce trait, pour prouver le peu de cas qu'il faut faire des calomnies répandues contre les Ordres religieux.

CHAPITRE II.

1815-1824.

Le Séminaire de Pampelune. — Les ordinations.— Une épreuve spirituelle du jeune sous-diacre. — Le sacerdoce. — Séjour à Bigüezal. — Le coadjuteur de Lumbier. — Talent oratoire de don José. — Humilité, charité du jeune prêtre. — Le confessionnal. — Mortification. — L'examen du médecin. — Industrie du zèle. — Premières impressions de vocation religieuse. — Les exercices spirituels à Olite. — Le trait d'humilité devenu le trait de lumière.

Après ses études de grammaire qu'il venait de finir, Joseph alla étudier la philosophie au Séminaire conciliaire Saint-Michel de Pampelune.

L'année 1815 fut la première des sept qu'il y passa.

C'est à Pampelune qu'il fit la rencontre d'un condisciple qui devait être un jour le P. Izaguirre, frère en religion et auxiliaire zélé du P. Aréso dans la Restauration de son Ordre en France.

Le 7 juin 1816, vendredi des quatre-temps avant la fête de la Trinité, notre Séminariste reçut la tonsure cléricale dans l'église de Saint-Pierre de l'Estella.

Le cours de philosophie occupa deux années encore le nouveau clerc du Séminaire Saint-Michel. Son professeur était Don Manuel Galduroz. Ce même ecclésiastique lui enseigna l'Écriture Sainte.

Ainsi appliqué à ces études, qui le préparaient aux grandes destinées du sacerdoce, Joseph Aréso avança dans les saints ordres. Il fut admis aux quatre ordres mineurs et les reçut le 6 mars 1818, dans la chapelle épiscopale. Le 16 mai de la même année, il était engagé pour toujours au service de Dieu par le sous-diaconat. Il eut alors une épreuve spirituelle qui servit à le purifier et lui donner de l'expérience.

Le démon avait fait beaucoup d'efforts pour le rendre scrupuleux et il paraît bien qu'il avait réussi, puisque le Séminariste ne pouvait s'empêcher de répéter son office les premiers temps de son sous-diaconat. Il passa même, un jour, deux heures à redire seulement : *Domine, labia mea aperies.*

« J'étais si fatigué, racontait-il, que je me laissai tomber sur le plancher de ma chambre. Je ruisselais de sueur. Le démon aurait continué à me troubler, sans la vigueur de mon confesseur. C'était un religieux Franciscain très pieux et très éclairé ; il me menaça de ne plus m'entendre si je continuais à répéter les diverses parties de mon bréviaire. J'obéis et, grâce à Dieu, je m'en trouvai bien. »

Le Père rappelait quelquefois cette épreuve pour s'humilier et aussi pour instruire les Religieux. Il ne voulait pas de scrupuleux parmi eux. Il désirait que tous les cœurs fussent dilatés et que la plus grande confiance régnât à l'égard des Supérieurs.

La jeunesse cléricale s'adonnait avec ardeur à l'étude de la rhétorique sacrée, comme l'on dit en Espagne. Nul doute que le prédicateur éloquent, le missionnaire qui subjuguait son auditoire, n'ait été l'un des plus passionnés parmi les élèves du Séminaire de Pampelune, pour l'éloquence des Pères et des Orateurs chrétiens.

La théologie morale lui fut enseignée après la théologie dogmatique, par Don Juan Ramon Sagarminaga.

Le 18 décembre 1819 il prenait part à l'ordination du diaconat.

Si nous marquons fidèlement ces dates d'ordinations,

ces noms de professeurs, il ne faut pas que le lecteur s'en étonne. Ces souvenirs furent toujours précieux au P. Aréso, comme ils doivent l'être à tous ceux qui ont un vrai cœur sacerdotal, heureux chaque année de fêter les anniversaires de leur consécration au Seigneur et de rappeler le nom des hommes modestes et sages qui ont formé leur âme de prêtre dans la solitude d'un Séminaire.

La dernière date, la plus solennelle, fut pour notre diacre le 17 mars 1821, l'avant veille de la fête de saint Joseph, qui était cette année-là le samedi des quatre-temps du Carême.

Dans la chapelle du palais épiscopal, Mgr Joachim Xavier Uriz y Lasaga, évêque de Pampelune, ordonna prêtre Don José Aréso son diocésain [1].

Celui-ci rentré dans son pays consacra les premiers essais de son ministère à ses compatriotes. Une certaine timidité qui accompagne toujours la vraie modestie, le retenait à Bigüezal où il passait son temps dans la prière et l'étude, achevant ainsi de se préparer à l'apostolat. Il avait été ordonné au titre patrimonial, et ne se croyant encore ni assez pieux, ni assez instruit, libre de sa personne comme il était, il serait resté caché longtemps sous le boisseau, si ses amis ne l'eussent vivement pressé de se montrer pour le bien des âmes [2].

Don Francisco Ramon Vicente y Garces, curé de Lumbier, prêtre des plus respectables, voulut s'associer Don José Aréso et se reposer en partie sur lui du soin de la paroisse. Les travaux du saint ministère, ses veilles studieuses, diverses missions de confiance qui avaient occupé beaucoup le digne curé de Lumbier, ne tardèrent pas à réagir sur son tempérament. L'affaiblissement de sa santé

---

[1] Nous avons sous les yeux les lettres d'ordinations et les certificats d'études du P. Aréso.
[2] *Noticias*, § 7.

le décida bientôt à demander un coadjuteur. Il était un des conseillers les plus écoutés de Mgr Uriz. Ce prélat consentit à lui accorder D. Jose Aréso, qui remplissait déjà les fonctions attachées à ce titre.

Le nouveau coadjuteur n'était pas à proprement parler un bénéficier. Il recevait néanmoins une part des distributions communes et une modique partie des revenus de la cure. Il vivait dans le presbytère, mais sans être le commensal du curé.

Il eut occasion de prêcher un sermon qui révéla son talent remarquable pour la chaire. Lui seul dans son humilité se méprenait sur cette vocation particulière, au point de conjurer le vieux pasteur de ne plus lui confier le ministère de la parole, « le Seigneur ne l'appelant pas par cette voie, » ce sont ses propres paroles [1]. Mais Don Francisco se garda bien de l'écouter, et le fit, au contraire, prêcher très souvent non seulement à l'église paroissiale, mais encore à l'église du monastère des Bénédictines de Lumbier. Parlant un jour de fête de saint Benoît, dans cette église, il eut une distraction qui lui fit perdre la suite de ses idées et le tint un instant silencieux. Il reprit son discours et l'acheva très heureusement. Une fois descendu de chaire, les Religieuses ne manquèrent pas d'aller le trouver et se permirent de lui demander ce qu'il faisait et quelle était sa pensée tandis qu'il gardait le silence ?

« Je remerciais Dieu, répondit-il, de l'humiliation dont cette légère distraction m'avait procuré la grâce.

Une des fonctions du ministère qui plaisait le plus à Don José, c'était la visite des malades soit en ville, soit à l'hôpital. Il était aussi fort assidu au confessionnal. Beaucoup de paroissiens se mirent sous sa conduite et se louaient depuis de la prudente direction qu'ils en recevaient.

---

[1] *Noticias*, § 9.

Mais, plus que les personnes pieuses, les pécheurs endurcis éprouvèrent une étonnante et irrésistible attraction vers ce jeune prêtre. Sa vertu parlait plus éloquemment que sa bouche. Et puis il connaissait ce grand secret de l'expiation généreuse pour ceux qui n'expient pas assez. A toutes les industries du zèle, à la puissance de l'humilité, il ajoutait celle des mortifications et d'une pénitence qui alla jusqu'à un pieux excès. Sans se douter qu'il préludait aux austérités du cloître, il passait les quelques heures qu'il accordait au sommeil, étendu sur une pauvre paillasse, avec une bûche pour oreiller. Il transpira quelque chose de ces mortifications, et un médecin, le docteur Zapatéria, eut même la curiosité d'examiner le cas. Il reconnut la vérité de ce qu'on lui avait dit, fut édifié, mais crut devoir exhorter le coadjuteur à se modérer.

Nous avons déjà parlé de sa charité pour les malades. Il ne se contentait pas de les visiter avec empressement pendant le jour, mais, à toute heure de la nuit, il était prêt à aller leur porter les secours de la religion et ouvrait lui-même aux personnes qui venaient l'appeler.

Son zèle pour le salut du prochain se montrait encore dans l'estime qu'il faisait de l'enseignement du catéchisme. Il profitait des occasions les plus diverses pour travailler au salut des âmes. C'est ainsi qu'une fois, vers 1823, comme il se rendait à l'hôpital, il rencontra quelques soldats. L'un d'eux s'approcha de lui et avec grossièreté lui fit la demande de quelque charité. Le zélé Don José ne voyant que l'âme à sauver, donne avec beaucoup d'amabilité l'objet demandé, puis par de douces paroles gagne son interlocuteur. Il en vint alors à lui adresser de justes reproches sur la conduite qu'il avait menée et chercha par ses exhortations à le faire rentrer en lui-même.

La réputation de vertu de Don José Aréso s'était répandue dans le pays et l'impression qu'il produisait fut si profonde qu'aujourd'hui encore elle est conservée à Lumbier et dans toute la région.

Le coadjuteur de Lumbier visitait un jour un couvent de Bernardins. On y jouait délicieusement de l'orgue. Il demanda quelle cérémonie se préparait. On l'assura que les moines méditaient, tandis que leur église se remplissait de cette harmonie céleste. Le visiteur ravi eut en ce moment une première impression de la grâce que Dieu allait lui donner si pleinement et se sentit dès lors incliné vers la vie du cloître.

En 1814, il obtint, pendant le mois d'août, quelques jours pour se recueillir. Il se rendit au Collège des Missionnaires Franciscains d'Olité, afin d'y vaquer aux exercices spirituels. Là il fut frappé de voir un des Pères, déjà avancé en âge, blanchi dans les travaux de l'apostolat, lavant sa tunique. Cet acte d'humilité dans un homme apostolique, toucha Don José, et devint, dans sa pensée, comme le signe de Dieu qui lui révélait sa vocation particulière à la vie franciscaine, composée d'humble abnégation, d'amour de Dieu et des âmes.

CHAPITRE III.

1824 — 1827.

Olité. — Les Collèges de Missionnaires. — Adieux de Don José à ses parents. — Le Noviciat. — L'empreinte reçue. — La première campagne apostolique à Cervera del Rio Alama.

En 1744 deux Missionnaires Franciscains du collège de Sahagun, les PP. Jean Peyro del Castillo et François Ochogavia, vinrent prêcher des missions sur le territoire d'Olité, au royaume de Navarre. Ces Religieux appartenaient à la Province de Burgos; le premier résidait depuis seize ans au Collège de Sahagun, le second depuis treize ans. Voyant que la moisson pour des ouvriers évangéliques était abondante à Olité, ils eurent un vif désir d'y établir un Collège-Séminaire, semblable à celui d'où ils venaient.

Pour comprendre non seulement la formation reçue par le P. Aréso à Olité, mais encore toute la suite de cette histoire, il est nécessaire de donner quelques détails sur l'établissement des Collèges de Missionnaires.

Au xviie siècle, d'illustres Franciscains, les célèbres et vénérés PP. François Salmeron, en Espagne, Antoine-des-cinq-Plaies, en Portugal et Antoine Linaz, au Mexique [1], remplis de l'esprit apostolique, entreprirent la fondation de ces Collèges-Séminaires. Le but en est déterminé dans une bulle d'Innocent XI que nous allons résumer.

---

[1] Plus tard le V. Antoine Margil, Mineur Observant, se consacra tout entier à cette belle œuvre.

Ces Collèges sont autorisés pour l'Espagne et ses possessions seulement. Dans les Collèges ou Séminaires se formeront les Religieux qui se destinent aux missions. Là ils connaîtront leur vocation de missionnaires et les aptitudes qu'ils peuvent avoir pour ce ministère. Pendant leur séjour en Espagne, ils seront utiles aux fidèles en s'exerçant parmi eux aux diverses fonctions qu'ils doivent remplir dans le Nouveau Monde ; mais c'est surtout à l'évangélisation des infidèles qu'ils sont destinés. Quant aux maisons des Collèges, ce sont un ou deux Couvents qui ont reçu cette destination dans chaque Province d'Espagne. Mais à partir du moment de leur transformation en Séminaires de Missionnaires, ces anciens Couvents ne dépendent plus de leurs Provinces ; ils sont placés sous la juridiction immédiate du Ministre Général de l'Ordre. Avec les Provinces respectives leurs rapports se bornent désormais à des relations de charité, par exemple, les suffrages pour les défunts, l'accueil cordial fait au Provincial dans une visite fraternelle. Mais ce dernier ne peut y exercer aucune juridiction, à moins qu'il n'agisse comme délégué du Général.

Les Collèges avaient les mêmes constitutions aux Indes Occidentales qu'en Espagne. Il n'y avait pour les Religieux missionnaires d'autre différence entre l'Europe et l'Amérique que celle, pour ces derniers, de se trouver au milieu même de leur champ d'opération. Les regards de tous sont tournés vers ces peuplades, nouvellement appelées à jouir de la civilisation chrétienne.

La famille des Collèges devait se composer de trente trois membres, dont quatre étaient frères convers et le reste Missionnaires. Aucun Religieux de l'Ordre qui ne pouvait confesser, prêcher et faire le catéchisme n'était admis dans ces Communautés dont la fin particulière ne convenait qu'à des hommes apostoliques. Mais tout Religieux âgé de

20 ans, doué des qualités requises, pouvait demander d'y être envoyé [1].

Le P. Salmeron fit sa fondation à Sahagun dans le Couvent de Notre-Dame de la Hoz, Province de la Conception. C'était un Couvent de récollection, ce qui a pu donner lieu à des confusions entre les Collèges et les Couvents de récollection, celui de Sahagun, sans cesser d'être Couvent de récollection, étant devenu l'asile d'un Collège-Séminaire. La différence est néanmoins absolue ; car les maisons de récollection existaient antérieurement dans chaque Province pour favoriser l'inclination particulière de certains Religieux à la vie contemplative et pour faciliter à tous le recueillement de la contemplation après les exercices de la vie active, tandis que les Collèges sont d'une institution plus récente, avec une fin et des moyens spéciaux, comme on vient de le voir et comme il apparaîtra mieux de ce que nous allons rapporter.

Sahagun est sur le territoire de Sepulveda, au diocèse de Ségovie. Le P. Salmeron y installait son Collège en 1680. Le P. Antoine-des-cinq-Plaies, réalisait le même projet à Varatajo, parmi les Algarbes, au royaume de Portugal.

Le P. Linaz, de la Province de Mallorca, après avoir été sept ans Lecteur de Théologie, avait évangélisé l'Amérique Méridionale. Voyant combien ce pays avait besoin de Missionnaires, pénétré de douleur à la pensée que tant d'âmes pouvaient se perdre par le manque d'ouvriers évangéliques, il repassa en Espagne, sollicita et obtint vingt-quatre Religieux de l'Ordre pour retourner avec lui vers les lointaines possessions de Sa Majesté Catholique [2].

---

[1] Bulle *Ecclesiæ Catholicæ*. La législation des Collèges de Missionnaires, qui n'existent plus guère aujourd'hui qu'en Amérique, a été modifiée par Pie IX, dans sa Constitution *Apostolica Sedes* du 12 juin 1877.

[2] P. Domingo Parrondo, Historia de los Colegios seminarios, *passim*.

En 1682 il fonda le Collège de Sainte-Croix de Queretaro et y mit en vigueur les règles et les statuts qu'il avait reçus du Révérendissime P. Joseph Ximenès Samaniego, Ministre Général.

Approuvés d'abord au Chapitre qui venait d'être tenu à Tolède, ces statuts furent confirmées le 8 juin de la même année 1682, par les lettres apostoliques *Sacrosancti* du Pape Innocent XI, et appelés du nom de ce Pape *Statuts Innocentiens*.

Tels furent, dans l'Ordre de S. François, les commencements des Collèges de Missionnaires. Les Religieux qui les composaient étaient presque tous prêtres, avant même d'y entrer. Ils devaient, en effet, au bout d'un an de retraite, sorte de noviciat complémentaire, être prêts à partir pour évangéliser l'intérieur du royaume, et après deux ans, s'ils le demandaient, ils étaient envoyés aux nouvelles Missions de l'Amérique.

Nous savons déjà, que l'intention des fondateurs, surtout du P. Linaz qui donna leur vraie forme aux Collèges de Missionnaires, ne cessa d'être l'évangélisation du Nouveau Monde. Les missions de l'intérieur entraient aussi dans ses vues, mais elles devaient servir en quelque manière de préparation à l'apostolat dans les Indes Occidentales, comme on désignait alors l'Amérique. Les Collèges s'étant multipliés, on put aisément fournir de bons ouvriers à ce double apostolat.

Bien qu'Innocent XI eût soustrait les Collèges à la juridiction des Provinces, la Sacrée-Congrégation de la Propagande, le 16 novembre 1688, décréta que les Maisons ainsi établies ne cessaient pas d'appartenir aux Provinces dans les limites desquelles elles se trouvaient [1], afin de ne

---

[1] La même S. Congrégation renouvela et confirma ce décret le 24 janvier 1701.

pas laisser croire à une scission dans l'Ordre. Le Saint-Siège s'intéressa toujours beaucoup à ces fondations, comme aussi il les combla de faveurs spirituelles.

Nous avons vu que les fondateurs du Collège d'Olité venaient de Sahagun, c'est-à-dire du premier de tous les Collèges d'Espagne. Les PP. Peyro et Ochogavia trouvèrent leur Provincial, le R. P. Manuel Garay, non seulement bien disposé mais encore porté à les aider. Il exhorta plusieurs de ses Religieux à se joindre aux deux Missionnaires et présida lui-même la cérémonie de l'érection du Collège.

Au moment où Don José Aréso y entrait, Olité, sauvé des grands dangers qu'il avait courus pendant les guerres de Napoléon, était en pleine prospérité. La réputation de vertu et de science de ses Missionnaires se répandait au loin. On venait de toutes parts s'édifier auprès d'eux et faire sous leur conduite les exercices spirituels. C'est ce qui occupait alors tout entier le coadjuteur de Lumbier.

Son vieux curé avait bien prévu ses tendances; mais seul son confesseur connaissait positivement son attrait pour l'état religieux.

Au mois de septembre D. José écrivit à ses parents une lettre qui commençait ainsi :

« J'ai appris que mon départ précipité de Lumbier vous avait causé beaucoup de chagrin, et fait craindre que je ne fusse entré dans un cloître. C'est ce que j'ai fait. Je me suis dirigé vers ce saint Collège, disposé à m'y retirer pour toujours... Sans doute cette détermination transpercera comme un glaive votre cœur paternel; mais vous tempérerez cette douleur par des réflexions dignes d'un chrétien [1]. »

Toute cette lettre est remplie de considérations élevées sur le choix d'un état et sur la vocation religieuse. Il peut

---

[1] Cartas cristianas, Carta primera, p. 1.

rendre à son père et à sa mère ce beau témoignage qu'il leur rappelle seulement les enseignements que lui-même a reçus d'eux [1].

A l'époque où D. José Aréso entrait au Noviciat, l'Ordre Séraphique venait d'être gouverné pendant six ans par un Ministre Général Espagnol, l'illustre P. Cyrille Alameda y Brea [2]; et le P. Jean de Capistran, de la Province Romaine, lui succédait. Le coadjuteur de Lumbier qui avait vécu au milieu du monde comme un Religieux, fut bientôt le modèle des novices. Le P. Alvarez, Gardien d'Olité, homme d'une rare vertu et par conséquent bon juge, donnait en exemple, aux Pères du Collège eux-mêmes, le *Fray* Aréso. Celui-ci avait une obéissance si prompte, une telle exactitude à remplir les plus petites observances, une retenue si grande qu'on ne pouvait désirer mieux. Il fallut dans les premiers temps retenir son inclination trop forte pour les pénitences corporelles, le seul défaut qu'on eût à lui reprocher au noviciat, comme autrefois à Lumbier.

L'année de probation au Collège d'Olité faisait passer le nouveau venu par une grande variété d'exercices, réglés dans les Constitutions d'Innocent XI, celles de l'Ordre, les statuts municipaux de la Province de Burgos et les usages du Collège. Ces exercices étaient pour la plus part très pénibles à la nature et ce n'est pas sans raison qu'Olité passait pour un des Couvents les plus austères, mais aussi les plus féconds en fruits de sainteté.

Nous verrons dans la suite combien le P. Aréso garda profondément gravée l'empreinte de cette première for-

---

[1] *Cartas cristianas*, Carta primera. p. 6.
[2] Le Saint-Siège appela bientôt le P. Cyrille aux honneurs de l'Episcopat, et plus tard à ceux de la pourpre Romaine. Successivement Archevêque de Santiago de Cuba, de Burgos, de Tolède et Primat d'Espagne, il fut créé Cardinal par Pie IX en 1858 et mourut en 1872.

mation franciscaine et missionnaire. Son cher Olité sera pour lui plus qu'un souvenir ; ce sera l'idéal d'une forme de vie qu'il voudra établir en France. Illusion, sans doute, au point de vue de la législation franciscaine, puisque ce Collège et les autres répondaient seulement au but particulier de l'apostolat en Espagne et chez les peuplades sauvages de la jeune Amérique, mais illusion honorable, pour ainsi dire, chez un vieillard qui conservait la ferveur de sa jeunesse religieuse et toutes les pratiques de son noviciat bien-aimé.

Au mois de juin 1827, il fut jugé assez formé pour entreprendre sa première campagne apostolique.

La seconde de ses Lettres chrétiennes [1] nous apprend qu'il prêcha la fin du Carême de cette année 1827 à Ujué, mais ne nous donne aucun détail sur cette courte station.

Sa première mission, qu'il raconte à un condisciple, est celle de Cervera del Rio Alama. Il la donna sous la conduite du P. André Alvarez, son supérieur, dont il était si justement apprécié, homme vraiment enflammé du zèle des apôtres et bien capable d'encourager par ses exemples le jeune P. Aréso.

« Nous nous rendîmes à pied selon la prescription de la règle à notre destination, écrit ce dernier, en passant par Villafranca. Nous traversâmes l'Èbre à Alfaro et nous arrivâmes heureusement à la ville de Cervera, enchantés de nous trouver sur le théâtre de nos travaux de Missionnaires. Toutefois notre bonheur fut troublé dès le commencement par la froideur avec laquelle les habitants reçurent cette sainte mission. Il est vrai qu'ils vinrent à notre rencontre avec leurs magistrats ; mais tout en reconnaissant cette attention et ces civilités, nous ne pou-

---

[1] *Cartas cristianas*, Carta secunda a un condiscipulo.

vions nous contenter de ces témoignages trop extérieurs. Nous voulions leurs âmes...

« Le démon, continue le Père, a coutume pour empêcher le bien des âmes, unique fin des Missionnaires de se servir de quelques hommes méchants, par la bouche desquels il jette du discrédit sur les missions et ceux qui les prêchent, donnant au peuple de fausses idées à ce sujet. »

Le P. Aréso remarque ce travail de l'enfer dont le profit est pour les gens les plus vicieux, qui veulent que leurs complices ne les abandonnent pas, que les occasions du péché ne leur soient pas ôtées par la conversion des âmes égarées.

Cervera comptait mille âmes. Au premier sermon il y avait à peine cent personnes; au second un peu plus, mais le nombre était encore bien insuffisant. Le P. Alvarez, s'écria pénétré de douleur :

« Depuis tant d'années que je suis Missionnaire, je n'ai jamais vu pareille chose, ni un si faible concours! »

« Mais cette indifférence ne dura pas longtemps, dit le P. Aréso; les habitants de Cervera virent notre conduite, ou pour mieux dire, les exemples édifiants du P. Alvarez. Ils remarquèrent notre retraite, les pauvres aliments avec lesquels nous soutenions nos forces; ils écoutèrent bientôt la douce voix qui les appelait à la pénitence [1]. »

Le troisième jour l'affluence, fut si considérable que le peuple débordait jusque dans la rue. On n'entendait que les gémissements, on ne voyait que les larmes des pécheurs repentants. Ils faisaient littéralement le siège des confessionnaux et c'est à grand peine que les Missionnaires purent les confesser tous.

Cette alternative entre le découragement et l'enthou-

---

[1] Même lettre, p. 25.

siasme, la froideur des deux premiers jours et l'élan général des jours suivants avaient été admirablement ménagés par la Providence, pour former le P. Joseph et lui mettre dans l'esprit cette impression qui lui donnait en abrégé le tableau des missions, telles qu'on les voit souvent et un peu partout, traversées au début par les embûches de l'esprit mauvais, puis triomphantes par la grâce de l'Esprit Saint.

CHAPITRE IV.

1827-1832.

Mission d'Aguilar del Rio Alama. — Les mulets furieux. — Heureux effets d'une panique. — Navajun. — Valdemadera. — Les devoirs du prêtre. — L'obéissance due à l'Église. — Un complot dé:.ué. — Estella. — Maladie et convalescence. — Missions diverses. — Les saintes Eulalie et Quiteria. — Un trait touchant. — Malheur et piété. — Charité du Père.

De Cervera, nos Missionnaires se rendirent à Aguilar del Rio Alama, pour travailler encore en bons ouvriers du salut. Ils eurent dans cette paroisse la consolation d'être bien accueillis et de trouver les habitants tout disposés à entendre la parole de Dieu.

« Nous commençâmes la sainte mission le lendemain de notre arrivée, écrit le P. Aréso au condisciple à qui la précédente lettre était adressée, et, entrant dans l'église, nous la trouvâmes déjà pleine de monde. Nos prédications et notre ministère au confessionnal furent très fructueux pour la sanctification de ce peuple [1]. »

Le Père raconte ensuite un événement qui contribua beaucoup à secouer les plus apathiques et augmenta l'impression produite par cette mission.

Un jour que le prédicateur faisait le tableau des horribles tourments qu'endurent les damnés, à quelque distance de l'église se passait, sur une place, une scène qui allait avoir des suites imprévues.

[1] *Cartas cristianas*, Carta tercera, p. 31.

Un cheval était là, lorsque des mulets s'élancèrent sur lui, le frappant du pied, le mordant et le déchirant à belles dents, au point de le mettre en pièces. Le jeune garçon qui le conduisait, malgré tous ses efforts, ne pouvait retenir les mulets. La fureur de ces animaux épouvanta les passants, qui se mirent à fuir et à publier ce qui venait d'arriver. Alors, des maisons voisines, les mères se précipitèrent anxieuses, pour arracher au danger leurs petits enfants qui jouaient sur la place et poussèrent des cris de détresse, s'imaginant que les mulets furieux les poursuivaient. C'était à la tombée de la nuit. Tous ceux qui avaient assisté au sermon se mettaient, selon l'usage, en rang de procession et commençaient à se diriger vers la rue que les Missionnaires habitaient. Cette rue étant près de la place, les fidèles entendaient le bruit que faisaient les mulets, les gémissements et les cris que poussaient les enfants et les femmes, mais ils ne pouvaient pas se rendre compte de ce qui se passait. Pleins du souvenir des sombres images de l'enfer que le Missionnaire avait présentées à leurs esprits, au milieu des ténèbres, ils se persuadèrent que les démons venaient se saisir d'eux et, à l'exception d'un petit nombre, plus calmes que les autres, qui attribuaient ce vacarme à un bœuf échappé, ils furent saisis d'une terreur panique et se mirent à courir de tous côtés, entrant dans les maisons, sautant les murs, montant sur les toits, s'enfonçant dans les arrières-boutiques et se cachant jusque dans les caves ou d'autres lieux souterrains. Des gens, étrangers au pays, ne se croyant plus en sûreté, se hâtèrent de quitter le village.

Le P. André Alvarez, qui présidait la procession et se préparait à la terminer par la bénédiction donnée aux paroissiens, fut entraîné par eux dans une maison, où ils entrèrent tumultuairement, s'accrochant aux vêtements du Père et les arrachant sans savoir ce qu'ils faisaient.

Tout à coup un bruit de vitres brisées fit croire au P. Aréso que ces gens, dans leur délire, avaient tiré l'épée et allaient tuer son supérieur. Il venait lui-même, à l'instant, d'entrer dans une maison et se trouvait dans une salle dont les fenêtres donnaient sur la rue où était l'asile du P. Alvarez. Entendant toutes ces clameurs et les attribuant lui aussi à l'effroi causé par quelque animal échappé, il monte sur un balcon pour voir ce qu'il en était. Dans la rue large et spacieuse, ni bœuf, ni gens armés, pas une âme vivante de toute cette multitude qui l'encombrait un moment auparavant. Le Père ne sait à quelle cause attribuer cet étrange événement. La maîtresse de la maison monte jusque sur le toit ; une jeune fille est demi-morte ; des hommes et des femmes, hors d'haleine, se précipitent dans le quartier de l'habitation où se tient le P. Aréso. Tous étaient dans la plus grande confusion et ne pouvaient s'expliquer ce qui venait d'arriver.

Quand les esprits se furent un peu calmés, l'Alcade majeur prit une douzaine d'hommes qu'il répandit dans la localité pour éclairer la population et par ce moyen tranquiliser les habitants. On n'eut à déplorer aucun accident grave.

Quoi qu'il en soit de cette singulière rencontre, il est certain que Dieu s'en servit pour le salut de ce peuple. Les pécheurs les plus endurcis furent touchés, les femmes de mauvaise vie renoncèrent à leurs désordres, l'ébranlement fut général et le repentir sincère. La nuit même de la mémorable panique tous les cœurs furent changés. Malgré leurs craintes, malgré leur frayeur qui les portait à se réfugier tous à l'église, on put enfin persuader cette population de retourner dans ses demeures et la maison de Dieu fut respectée au milieu de l'affolement.

La prédication des Missionnaires avait duré quinze jours; leur ministère au confessionnal en demanda plus de quatre. Tous se réconcilièrent avec Dieu et la joie du cœur de nos apôtres était aussi grande, pour ne pas dire plus, que celle de la conscience purifiée de ces bonnes gens.

D'Aguilar les deux Pères se rendirent à Navajun, puis à Valdemadera où des missions étaient demandées. Ils se proposaient d'en donner une d'abord à Inistrillas. Mais ils en furent empêchés. Les chaleurs devenaient intolérables. Ils risquaient de tomber malades après des travaux si pénibles. Ils rentrèrent donc au Collège d'Olité, vers la fin de juillet, glorifiant le Seigneur et louant sa miséricorde pour les fruits de salut qu'ils venaient de cueillir.

Nous retrouvons le P. Joseph Aréso à Valence au mois de décembre de la même année 1828.

Une admirable lettre de lui sur les devoirs du prêtre est datée de cette ville[1]. Cinq prêtres avaient adressé au jeune Missionnaire une demande collective de conseils pour leur état. Il est à remarquer qu'alors le Père n'avait que trente-un ans. Déjà sa vertu et sa science inspiraient une telle confiance qu'il devenait un maître, à un âge où tant d'autres ne sont que des disciples. Les avis qu'il adresse à ses correspondants sont pleins de maturité ; ce n'est pas de la déclamation pieuse, mais au contraire, dans un style sobre, ils sont comme la moelle des meilleurs traités de conduite à l'usage du clergé. On reconnaît le coadjuteur de Lumbier et le Religieux d'Olité, unissant l'expérience aux vues surnaturelles obtenues dans un commerce de chaque instant avec Dieu.

Son premier avis est sur la dignité et la sainteté du sacerdoce, le second sur la purification de l'âme pour traiter comme il convient les plus augustes mystères et remplir les plus sublimes fonctions. Il parle ensuite de la sainte messe, de la récitation du bréviaire, de la prédication, du

[1] *Cartas cristianas*, Carta cuarta.

ministère au tribunal de la pénitence, du soin des malades et des sacrements qu'on leur administre, en particulier de l'extrême onction, des œuvres de miséricorde en général, puis de chacune d'elles, de l'oraison mentale, enfin des honnêtes délassements permis au prêtre.

Ces dix avis donnés par un prêtre selon le cœur de Dieu devaient faire sur ceux qui les recevaient le double effet de l'exemple et du précepte, car ils pouvaient dire du P. Arèso : *cœpit facere et docere.*

Étant à Olité, le Père, en dehors du ministère des missions, sortait de temps en temps de son Couvent pour annoncer la parole de Dieu dans quelque ville. Il prêcha une fois, le jour de la fête des saints Apôtres Pierre et Paul, sur l'obéissance due à l'Église et à ses lois. Il le fit avec tant d'éloquence et tant de force qu'il exaspéra les révolutionnaires de la ville. Ceux-ci résolurent de l'assassiner lorsqu'il retournerait à son Couvent. Instruit par des personnes dévouées du danger qu'il courait, (car on avait posté des assassins sur tous les chemins,) il réussit à déjouer ce sanguinaire projet, en prenant un sentier depuis longtemps délaissé. Plusieurs hommes armés l'accompagnèrent. Pendant ce temps, on attirait l'attention de ses ennemis sur d'autres points où, disait-on, il se présenterait. Furieux d'avoir été joués, ces misérables le dénoncèrent au Gouverneur comme un perturbateur de l'ordre public. Il fut cité à comparaître avec le R. P. Provincial, devant le magistrat, dans la citadelle. Quand ils furent en sa présence, le Gouverneur demanda le discours que le P. Aréso avait prononcé et qu'il portait écrit. Après l'avoir lu, le Gouverneur déclara aux accusateurs qu'il ne trouvait rien de répréhensible dans ce discours, que toute personne qui veut être catholique était tenue de mettre en pratique ce qu'avait enseigné le Père.....

Après la restauration de l'Ordre en France le P. Aréso

racontait un jour ce trait en récréation et quand il en fut arrivé là, un Frère se mit à dire : « Il doit être l'heure de sonner le silence. »

Immédiatement le Père cessa son récit, pria le Frère de s'assurer si c'était l'heure et, sur la réponse affirmative qu'il reçut, mettant un doigt sur sa bouche, il fit un gracieux salut aux jeunes Religieux et se retira dans sa cellule. Ses auditeurs ne purent jamais connaître la fin de cette émouvante histoire. La fidélité à la règle valait mieux.

Deux mois après son passage à Valence, il écrivait à sa mère, (février 1829) pour lui faire part de son bonheur toujours plus grand de se retrouver au milieu de ses Frères en religion, après ses travaux apostoliques[1]. Reprenant le récit, qu'il aimait à envoyer autant pour l'édification que pour la consolation de ses parents et de ses amis, il raconte diverses missions de l'année précédente.

A la fin du mois d'août, avec le P. Murga il commença ses courses à Estella. Les deux enfants de saint François entrèrent en Castille par Logroño. Les chaleurs étaient si fortes que, jointes à la fatigue du voyage à pied, elles firent tomber malade le P. Aréso. La fièvre tierce le travailla quelques jours au Couvent de l'Ordre à Nigera, puis à celui de Santo Domingo de la Calzada. Il eut beaucoup à se louer de la charité de ses confrères et des habitants du pays. Il fut particulièrement touché des soins dont on l'entoura au Couvent de Santo Domingo. Au bout de quinze jours, les fièvres le quittèrent, et quand ses forces revinrent, il se rendit avec son compagnon à la ville de Grañon, distante d'une lieue de Santo Domingo. Ils y donnèrent la mission avec succès.

De la Castille ils passèrent au comté de Treviño, évangélisèrent ses principales paroisses et allèrent ensuite an-

---

1 Carta quinta a su señora madre.

noncer la parole du salut à Alava. De grandes conversions signalèrent cette campagne apostolique. Les trois zélés curés de la ville de Treviño, d'Arganzon et de San Estévan aidèrent les Missionnaires pour les confessions.

Les laboureurs de Nanclares ne se distinguèrent pas moins par leur zèle. Persuadés de la nécessité d'une mission pour leur pays, ils firent tout pour l'obtenir et quand ils eurent réussi, ils se chargèrent de l'entretien des Pères.

Après Nanclares, ce fut le tour d'Alvaina, où des environs l'on accourut en foule.

Vint ensuite la mission de Peñacerrada. Le froid était venu, la neige tombait en abondance ; ce qui n'empêchait pas de braves villageois de faire plus de deux lieues pour aller entendre le sermon.

Le 29 janvier 1829, nos Religieux ouvrirent la mission de la Guardia qui fut terminée le 12 février.

En finissant sa lettre, le P. Aréso demande à sa mère de le recommander à ses deux chères saintes Vierges et Martyres, Eulalie et Quiteria : la première était patronne de Bigüezal et son nom rappelait au Missionnaire les joies pures de son enfance.

Nous avons du P. Aréso une lettre datée de Legarda, pays de Navarre, du mois de décembre 1831, où il raconte à un gentilhomme un fait des plus touchants. Il s'agit d'une jeune femme, belle et vertueuse, mariée depuis peu de temps à un noble chevalier. Le bonheur était au foyer et promettait d'y demeurer toujours, lorsqu'une folle jalousie change cette heureuse demeure en un véritable enfer. Un ami du chevalier est l'occasion innocente d'injustes soupçons sur cette épouse. Le mari commence à traiter sans ménagements celle-ci dans ses discours ; bientôt il en vient à des voies de fait et veut absolument qu'elle soit coupable. Elle a beau protester, prouver qu'elle ne l'est pas, qu'elle n'a pas la plus légère faute à se reprocher contre la fidélité; son mari aveuglé par la passion, ne veut rien entendre. Il devient cruel et le P. Aréso applique à la jalousie ces paroles de l'Écriture *dura sicut infernus æmulatio*, elle est dure comme l'enfer[1]. La malheureuse femme est une victime sur laquelle s'acharne chaque jour la fureur de celui qu'elle aime. Elle porte dans son sein le premier fruit de leur union. L'homme sans pitié ne se met point en peine des suites affreuses que peuvent avoir les coups violents dont il brise un corps délicat, le jour et la nuit. A chaque instant il dit à sa femme d'avouer qu'elle a failli. Celle-ci proteste devant Dieu qu'il n'en est rien; puis, toute meurtrie et tentée de désespoir, elle va se jeter à genoux, au pied d'un crucifix, pour retremper son courage et chercher l'espérance d'un jour plus doux qui ne vient jamais.

Une fois, dans un moment de lassitude morale, elle se dit coupable, espérant que cet aveu, contraire à la vérité, mais désiré par un époux en délire, calmera sa fureur.

Au premier moment il semble qu'il s'apaise. Mais c'est pour redoubler presque aussitôt d'invectives et de coups. La jeune femme voulant à tout prix sauver l'honneur de sa maison souffre en silence, souffre toujours. Mais vient une période où le paroxisme de la démence porte aux dernières extrémités le chevalier jaloux.

Alors la mère, plus encore que l'épouse, tente une évasion. Elle réussit. Voilà cette infortunée hors de son pays, dans une province éloignée, sans appui, sans argent, sans nom, car elle a dû quitter le sien et tout effacer pour éviter les recherches de son persécuteur, non moins que pour sauver sa réputation.

Réfugiée chez une pauvre femme, elle est conduite par le magistrat dans ces asiles de la vertu flétrie, assimilée

1 Cant. VIII, 6.

aux créatures les plus méprisées, elle innocente, elle noble et fière, elle, mère aimante d'un enfant, auquel dans ce séjour déshonoré il faudra sourire pour la première fois à travers des larmes. Persécutée par les compagnes de son exil, enviée par elles à cause de sa distinction native, soupçonnée à raison du mystère impénétrable qui la couvre d'un abîme de douleur, elle est tombée dans un autre abîme.

Enfin Dieu exauce sa prière persévérante ; elle apprend l'arrivée des Missionnaires Franciscains, elle est aux pieds du P. Aréso.

Le Père la croit d'abord l'une des repenties de l'asile d'où elle vient ; mais il est promptement désabusé. Il mêle ses larmes à celles de l'innocente persécutée si cruellement ; sa charité le presse de la tirer de la déplorable situation qu'elle lui a fait connaître. Il la confie à une famille honorable, prend les plus minutieuses informations avec un tact et un bonheur parfait, apprend la mort du mari qui vient de succomber misérablement dans un hôpital et rapatrie la mère et l'enfant. Il ne se donne pas de repos qu'il n'ait ainsi rendu la paix et l'honneur à cette noble dame, qui ne méritait de perdre ni l'un ni l'autre et dont la piété après avoir soutenu son courage, avait enfin terminé la disgrâce.

CHAPITRE V.

1832-1836.

Missions de Larraga, Bigüezal, Navascues et Sangüeza. — Lettre sur le paupérisme. — Mission de Bilbao. — Importance de cette ville. — Belle conduite du clergé et de la municipalité. — Menaces d'un auditeur et charité du P. Aréso. — Tiermas, Sos en Aragon. — Le prédicateur mystérieux. — Retraite au Séminaire de Pampelune. — Lettre à un Séminariste.

De Legarda, les Missionnaires allèrent évangéliser la ville de Larraga. Le P. Joseph Aréso, plein d'humilité et de modestie, attribuait toujours le bien produit dans les missions, après Dieu, aux travaux de ses confrères, s'oubliant lui-même. Nous venons de voir que la renommée le mettait au contraire au premier rang.

Les habitants de Lumbier, apprenant les grands fruits que produisait l'apostolat de l'ancien coadjuteur, envoyèrent une députation au Collège d'Olité pour demander une mission, qu'ils se croyaient due. Elle leur fut accordée ; mais il leur fallut vaincre la répugnance du P. Aréso qui répétait que nul n'est prophète en son pays. L'obéissance mit un terme aux hésitations et, les premiers jours d'octobre 1832, la mission commença. Les résultats dépassèrent de beaucoup l'attente ; aussi l'on put, sans se flatter, comparer cette mission aux meilleures données jusque-là. Le P. Lagrava était le collaborateur du P. Aréso.

De Lumbier ils passèrent immédiatement à Indurdin puis à Navascuès, enfin à Sangüeza.

Nous avons de notre P. Joseph une lettre datée de cette localité, où il venait d'arriver, et écrite à un marquis de ses amis, homme sérieux qui cherchait à s'instruire sur la manière dont les protestants d'Angleterre entendent le paupérisme, les remèdes qu'ils y ont apportés, et sur la doctrine et la pratique de l'Église catholique touchant les pauvres. Le Père fait à son noble ami un exposé lumineux de cette question. On reconnaît, avec la marque de son zèle, sa compétence dans la matière qu'il traite. Il semble que ce Missionnaire, toujours en activité, passant de la chaire au confessionnal, prenant à peine le temps de manger et de dormir, ne pouvait s'occuper d'instruire un homme cultivé sur un point d'économie politique et de morale chrétienne avec des textes et des arguments d'école; pourtant il en est ainsi. Sa lettre témoigne de beaucoup de lecture et d'une grande force de raisonnement. Il la termine comme il l'avait commencée, avec la préoccupation d'un apôtre. Faire le bien vaut encore mieux que le connaître. Il profite des bonnes dispositions et des ouvertures du gentilhomme pour lui recommander chaudement les intérêts de la *Casa de Misericordia* du pays où il prêche et d'autres maisons de charité[1].

La mission de Sangüeza réussit pleinement, et les Missionnaires se hâtèrent d'en commencer une autre.

Ce fut la mission de Bilbao, dont le P. Aréso rend compte à un condisciple, dans une lettre du mois de décembre 1832.

Bilbao est une des plus riches villes d'Espagne, outre qu'elle est illustre, ayant été longtemps capitale de la Biscaye. Sa richesse lui vient de son commerce, favorisé par le voisinage de la mer qui est à une ou deux lieues. Des barques arrivent jusqu'aux portes de la ville par un

---

[1] Cartas Cristianas, Carta septima, noviembre 1832.

grand cours d'eau. Une prodigieuse variété d'embarcations lui donnent un aspect charmant, fait pour égayer le paysage. Les maisons de Bilbao sont élégantes, les rues propres et cette propreté est entretenue par l'eau qu'on y fait courir à volonté.

Les étrangers sont nombreux et chaque nation entretient des consuls dans une ville si commerçante. De hautes magistratures y ont leur siège. La population, dans l'enceinte de la ville, est de dix à douze mille habitants; mais celle des faubourgs est beaucoup plus considérable. Un magnifique hôpital avec un dispensaire très riche, plusieurs maisons religieuses, quatre paroisses, dont la principale est Saint-Jacques, faisaient de Bilbao, au temps où le P. Aréso allait y paraître, une cité importante sous le rapport de la religion comme sous les autres rapports. C'était un théâtre digne de son talent et surtout de son zèle.

Le P. Fernand Gomez, Religieux édifiant, d'une ferveur extraordinaire et infatigable au travail, accompagnait le P. Joseph Aréso. Le clergé de Bilbao, le Chapitre en particulier, furent pour les Pères des auxiliaires dévoués. Tous ces dignes prêtres se faisaient disciples des enfants de saint François et se prêtaient gracieusement aux diverses fonctions; les uns confessaient, les autres présidaient les réunions ou les cérémonies, et comme on accourait en foule des autres paroisses à celle de Saint-Jacques où avaient lieu les exercices, les curés et les bénéficiers encourageaient les fidèles dans leurs paroisses respectives. La nuit venue, après avoir entendu la lecture du sujet de méditation à l'église Saint-Jacques, les femmes se retiraient et les hommes restés, en compagnie de leurs prêtres, se donnaient la discipline, selon les mœurs du temps, avec des marques d'un repentir sincère du péché. Les enfants eux-mêmes rivalisaient d'ardeur avec leurs pères à qui se flagellerait davantage; on entendait des gémissements, des supplications au Dieu de miséricorde ; on voyait couler d'abondantes larmes. Cet exercice de mortification était accompagné d'une touchante prière récitée au nom des assistants du haut de la chaire.

Des réunions pour les femmes se faisaient quatre fois la semaine dans les autres paroisses, avec les mêmes manifestations de foi et de repentir, moins la discipline.

Ces pratiques, plus suivies pendant là mission, étaient du reste en usage dans le cours de l'année.

Le P. Aréso admire la vie exemplaire des prêtres de Bilbao, conforme aux saints canons et qui fait du Chapitre le modèle des Chapitres, des paroisses avec leurs prêtres n'ayant qu'un cœur et qu'une âme, le modèle des paroisses. Ces exemples du clergé, suivis par les fidèles, transforment la ville en une Communauté religieuse ; c'est le plus heureux des peuples.

La municipalité favorise de tout son pouvoir la réforme des particuliers et n'a qu'un seul souci, c'est de maintenir le peuple dans d'aussi chrétiennes dispositions. Elle s'oppose énergiquement aux tentatives des mandataires du pouvoir central, qui ont moins de sagesse et risquent par leur imprudence de compromettre l'œuvre de la religion. Le Correcteur de Biscaye est impatient de voir la fin de la mission, parce qu'il a pris des engagements avec une troupe de comédiens pour divertir les habitants ! Le Père trouve que le démon est bien fin de s'être caché sous le masque du gouvernement civil pour démoraliser la population de Bilbao. Voilà un masque si souvent emprunté de nos jours par le diable qu'il semble être le meilleur qu'il puisse prendre. Le pauvre peuple, lui, toujours enfant, ne prend pas garde que c'est pour le perdre qu'on veut le divertir. Tel est pourtant le but invariable des comédiens politiques aux gages de l'enfer.

Enfin la chrétienne municipalité de Bilbao triomphe

en disant au Correcteur qu'elle ne peut manquer aux engagements contractés avec les Missionnaires, qu'il faut assurer le succès de leur bienfaisante entreprise et que, si le gouvernement insiste, ce sera une cause de rupture entre la commune et lui.

Il faut souhaiter à la France contemporaine beaucoup de municipalités comme celle de Bilbao.

L'accord des autorités fut donc très utile, et la vigueur apostolique du P. Aréso acheva d'entraîner la population. Dans le cours de cette mission il donna un bel exemple de ce que doit être le Missionnaire digne de ce nom.

Un jour, à Bilbao, le Père avait prêché avec véhémence contre l'impureté. Un de ses auditeurs crut reconnaître son portrait dans celui que le prédicateur venait d'esquisser de l'homme voué à la luxure et s'imagina que le P. Aréso voulait le désigner. Il se posta derrière une haie, attendant le passage du Religieux pour se jeter sur lui. Dès qu'il aperçut le Père, il s'élança et le saisit à la gorge, en lui disant :

« Tu m'as attaqué ; c'en est fait de toi. »

Le Missionnaire répondit : « Mon cher ami, je n'attaque jamais personne, mais les vices des hommes. Si pour faire plaisir à mes auditeurs, je ne flétrissais pas leurs actions mauvaises, sur quoi donc devrais-je prêcher ? Car si vous ne voulez pas que je parle contre la luxure, votre voisin ne voudra pas que je parle contre la colère, un autre auditeur contre l'avarice, un autre contre l'envie, et ainsi de suite ; alors, vraiment, il ne me restera plus qu'à parler sur les astres ou sur les choux. Je ne puis croire que le Seigneur ait institué le sacerdoce pour faire un cours d'astronomie ou d'agriculture. Faites de moi ce que vous voudrez, mais, si le bon Dieu me laisse vivre, je suis prêt à recommencer. Je ne veux pas être dans l'Église comme un chien muet. »

Ce pauvre homme se jeta aux pieds du Père, se confessa et devint un fervent chrétien.

L'année suivante 1833, le P. Aréso prêcha deux importantes missions, la première à Tiermas et la seconde à Sos en Aragon. Celle de Sos fut difficile à cause des dispositions peu favorables du peuple ; mais Dieu envoya au Missionnaire un secours inespéré. Comme les habitants de plusieurs hameaux se rendaient à Sos et ne se retiraient que fort tard après le dernier exercice, il arriva que, dans l'obscurité de la nuit, un pauvre homme, qui avait perdu son chemin et s'était résigné à dormir à la belle étoile, entendit les pas et la voix de quelques paysans, eux aussi auditeurs du sermon et retournant au Ramblal.

Craignant d'être pris pour un voleur en embuscade, et voulant néanmoins profiter de leur connaissance de la route pour retourner chez lui, il eut l'idée de se joindre aux derniers du groupe, en se faisant passer, à la faveur des ténèbres, pour un être mystérieux. Il commença donc à réciter à haute voix des prières, puis à répéter sur le ton du prédicateur ce qu'il avait retenu de la dernière instruction. Il joua si bien son personnage que les bons campagnards se persuadèrent, ou que c'était le P. Aréso qui usait de ce pieux stratagème pour augmenter la componction de leur cœur, en leur répétant ainsi jusqu'à domicile ses exhortations à la pénitence, ou bien, et cette pensée prit bientôt la place de l'autre, que c'était un ange envoyé du ciel pour leur salut. Ces impressions suppléèrent à ce qui pouvait manquer à l'interprète de bonne volonté, qui allongeait tant qu'il pouvait le sermon pour faire durer l'illusion.

Quand il eut reconnu le chemin de sa demeure, il fit une péroraison quelconque et disparut, laissant les auditeurs non moins ébahis qu'édifiés. Le mystère fut révélé quelques jours après ; mais les commentaires qui allaient leur train et l'enthousiasme provoqué par ce fait dans des imaginations vives servirent admirablement les Pères. Cette histoire et celle du cheval déchiré par les mulets furieux font époque dans les souvenirs apostoliques du P. Aréso en Espagne. Dans la même lettre où il raconte ce trait, il donne au chanoine son correspondant d'excellents avis sur les missions en général [1].

En 1834, la confiance de l'évêque de Pampelune appela le P. Aréso à prêcher les exercices spirituels aux ordinands et aux autres séminaristes, vers le milieu du Carême. Il fut heureux de se retrouver dans ce Séminaire conciliaire où il s'était formé à la vie ecclésiastique. Sa réputation et ses vertus qui, malgré son âge encore jeune, le rendaient vénérable au clergé, attirèrent au pied de sa chaire les vétérans du sacerdoce eux-mêmes. Ces exercices furent une occasion de renouvellement pour tous les ecclésiastiques de Pampelune. Le P. Aréso, selon sa coutume, désirant étendre le plus possible le bien, résuma ses conférences dans une lettre à un étudiant ecclésiastique [2]. Il insiste sur la vocation sacerdotale, mais il ne néglige pas de passer en revue les devoirs qui attendent l'élève du Séminaire au sortir de ce doux asile. L'accomplissement de ceux d'un bon Séminariste est la plus sûre garantie de la fidélité aux devoirs du prêtre. Le Père aimait beaucoup cet apostolat des lettres spirituelles, qui est une extension de celui de la parole.

Au mois de novembre de cette même année 1834, il écrivait une lettre de conseils à un père de famille sur l'éducation de ses enfants, lui faisant voir les causes principales de l'incrédulité et de la mauvaise conduite des jeunes gens à notre époque [3].

---

[1] Cartas Cristianas, Carta nona, mes de junio 1833.
[2] Carta decima.
[3] Cartas Morales, carta primera.

Le mois suivant, il adresse des conseils paternels à un jeune homme qu'il a converti [1]. Au mois de mai 1835, c'est une jeune personne qu'il exhorte à la vertu, puis un gentilhomme à qui il rappelle ses obligations d'honneur et de religion [2]. Nous reviendrons sur ces lettres dans la suite de cette vie, quand nous étudierons plus intimement l'apostolat du Père.

[1] Carta segunda.
[2] Cartas tercia y cuarta.

CHAPITRE VI.

1836 — 1848.

Dernière année en Espagne. — Événements politiques. — Notre-Dame d'Uxué. — Lettres sur les malheurs de l'Espagne. — Entrée en France. — Motifs du Père. — Les Missions d'Amérique. — Contre-ordre providentiel. — Séjour à Bayonne. — Son apostolat dans cette ville. — *Españoles sin Dios*. — Divers écrits du P. Aréso. — *Grito de Religion*. — Le P. Azevedo. — Saint-Palais. — Beyrie. — M. Fulgence de Zabala. — Séjour à Pau. — Secours spirituels aux émigrés espagnols. — Témoignage sur la conduite du Religieux. — Départ de Pau pour la Terre-Sainte.

L'année 1836 devait être la dernière que le P. Aréso passerait dans sa patrie.

Des convulsions politiques, occasionnées par Marie-Christine, s'étaient succédées rapidement. Au mois de juin 1833, les Cortès prêtaient serment à sa fille Isabelle II sous le nom de laquelle Christine gouvernait en qualité de régente, dès le mois d'octobre suivant. L'infortuné Ferdinand VII venait de mourir en exil (septembre 1833), avec la douleur de voir l'Espagne livrée aux factions, Don Carlos éloigné du trône et un nouveau gouvernement élevé sur les ruines du sien.

L'année suivante, les crises devenaient plus fréquentes avec le désarroi du ministère. La Constitution donnée à l'Espagne, si peu conforme à son tempérament, était un vain remède au soulèvement des partisans de l'ancien régime et aux ravages du choléra.

La guerre Carliste devait durer dix ans. C'était la lutte d'un glorieux passé contre un avenir plein de dangers, la protestation nationale contre les idées révolutionnaires que la reine Christine avait imprudemment introduites.

La révolution, par Espartero, victorieuse des troupes de Don Carlos, puis de la faible régente, troublait le pays de mille manières. La persécution religieuse, servante inséparable de la révolution, sévissait ; les prêtres, les religieux et même les fidèles en grand nombre fuyaient une terre devenue inhospitalière à leur foi comme à leur fidélité à la monarchie traditionnelle.

Les Franciscains d'Olité se maintinrent, tant qu'ils le purent, dans leur pieux asile qui était aussi celui de tous les malheureux. Ailleurs la persécution fut si violente que beaucoup payèrent de leur vie d'avoir été fidèles à Dieu et au Roi. Les Frères Mineurs à Madrid, à Barcelone et dans d'autres villes, eurent la gloire de donner à la foi des confesseurs et des martyrs. Quarante-huit périrent au grand Couvent de Saint-François. On connait aussi les noms de dix-huit Frères Mineurs, massacrés à Barcelone et dans d'autres villes.

Cependant le P. Aréso poursuivait avec zèle ses campagnes apostoliques. Lui, si dévot à la Reine des Apôtres, il avait la joie de glorifier Marie le 8 septembre 1836, à Uxué, sanctuaire célèbre de la Navarre [1]. Rien de plus gracieux que la légende de cette image miraculeuse de Notre-Dame.

Au commencement de l'invasion des Maures en Espagne, un jeune berger gardait son troupeau dans la montagne. Il remarqua plusieurs fois qu'une colombe pénétrait dans le creux d'un pin. Il lui lança des pierres avec sa fronde, mais en vain ; il la poursuivit de diverses manières, tou-

---

[1] Regalo a la Virgen santisima de Uxué, in-32 de 125 pages, publié à Barcelone.

jours inutilement ; la colombe n'en faisait pas moins sa visite au creux de l'arbre, et ne se laissait pas effrayer. Le berger ne pouvait s'expliquer le mystère.

Alors il se décide à monter sur le pin et à regarder dans la cavité. Une belle image de MARIE frappe ses regards et la colombe est à ses pieds. Il descend de l'arbre et court au village avertir le peuple qu'il a découvert cette merveilleuse image. Tous s'empressent de se rendre à la montagne pour voir de leurs yeux le trésor caché jusque-là.

Depuis, l'image de MARIE n'a cessé d'attirer les foules de toutes les parties de l'Espagne. Le P. Aréso, dans son discours, raconte l'histoire de ce pèlerinage, des grâces obtenues, de la protection toujours puissante de la Vierge d'Uxué. Il porta lui-même toute sa vie une médaille de Notre-Dame d'Uxué et fit faire diverses réimpressions de son discours dans le but de répandre cette dévotion. Le petit volume contient de charmantes poésies en l'honneur de sa Protectrice. Il voit maintenant au ciel, nous en avons la confiance, ce qu'il chantait sur la terre.

.... la encantadora
Belleza de mi señora.

Au mois de décembre de cette année 1836, prêt à quitter sa patrie, il écrivit une longue lettre sur la vraie cause des maux dont souffrait l'Espagne. Il reconnait dans ces malheurs publics un juste châtiment des prévarications de la catholique nation. C'est de Funes qu'il datait sa lettre et, comme le sujet était important, il y revint le mois suivant dès son arrivée à Bayonne.

Le Missionnaire du Collège d'Olité entra en France au mois de janvier 1837. Voici comment il le raconte :

« Je suis venu pour la première fois en France *avec l'intention d'aller en Amérique,* parce que j'avais appris qu'un Religieux de l'Ordre était arrivé d'Amérique pour chercher

— 48 —

des sujets. J'entrai en France par Saint-Jean-Pied-de-Port et je me dirigeai vers Bayonne. Je ne savais pas un mot de français ni de basque ; je ne parlais que l'espagnol et le latin. Je descendis à un hôtel dont la maîtresse n'entendait que la langue basque.

« Le matin, elle m'apporta de l'eau pour me laver, mais pas de serviette. Je descendis alors à la cuisine pour signifier par gestes, en me frottant le visage avec les mains, que l'on me donnât une serviette. On ne comprit rien d'abord, puis on crut comprendre et l'on me répondit que j'allais être servi, mais on m'apporta tout autre chose que ce que j'avais demandé. Heureusement on me dit, à la fin, qu'on logeait dans le même hôtel un Espagnol qui comprenait le français ; on l'appela de suite et il me tira d'affaire.

« Un Français me conduisit à la maison d'un de ses amis qui m'avait procuré des secours pour le voyage. Il me reçut très bien et me força d'accepter mille services.

« Je ne m'étais pas proposé de demeurer longtemps chez lui, puisque j'étais en route pour l'Amérique. Mais voilà que le Ministre Général de notre Ordre, le R^{me} Père Barthélemy Altemir y Paul [1], ayant appris que j'étais en France, m'écrivit une lettre dans laquelle il me disait *que mes Amériques à moi étaient les Espagnes* et que je devais attendre l'arrangement des affaires de mon pays pour y exercer de nouveau mon zèle.

« Ma réponse fut, comme de juste, que je ne demandais qu'à accomplir la volonté de mes Supérieurs. Sur quoi, je me décidai à rester quelques jours à Bayonne chez mon ami [2]. »

Voici, au sujet de cette phase de la vie du Père, des détails intéressants :

---

[1] Mort en exil à Bordeaux.
[2] Entretien du 7 février 1877. Ms.

Au mois de mai 1840, il écrivait du Collège ecclésiastique de Saint-Palais la lettre suivante que nous citerons tout entière, parce qu'elle résume très bien les événements qui précédèrent sa mission providentielle et fait voir le fond de son cœur d'apôtre. Il l'adressait à son père [1].

« Vous désirez connaître les motifs qui, en 1837, me déterminaient à me consacrer aux missions du Nouveau-Monde. Cette détermination, mon bien-aimé père, avait pris sa source dans les paroles de saint Paul aux Romains : « Comment croiront-ils en celui dont ils n'ont point ouï « parler ? Comment le connaîtront-ils, s'il ne leur est pré- « ché, si nul ne leur est envoyé [2] ?

« Les paroles de l'Apôtre saisissaient mon cœur. Je sentais naître en moi de vagues désirs de passer dans le Nouveau-Monde ou en Orient et de m'y consacrer au service de tant d'âmes, encore plongées dans le paganisme. Mais cette grande inspiration s'effaçait presque aussitôt ; elle périssait comme la semence tombée sur un sol couvert de ronces. L'idée de pays si lointains à évangéliser se heurtait dans mon pauvre cœur contre d'innombrables difficultés. L'océan m'opposait ses vagues menaçantes, la terre ferme ses hordes cruelles. A un courage presque surhumain, il faudrait joindre une force athlétique pour travailler avec fruit au salut de ces sauvages en face d'une mort toujours présente. Je ne me sentais ni la vertu ni le zèle nécessaire à une si grande entreprise : ce serait donc témérité de m'y engager. Et puis, sans sortir de l'Espagne, ne pouvais-je m'employer au salut des âmes et conquérir ainsi la vie éternelle ? Telles étaient les secrètes agitations de mon cœur lorsque, à son premier retour d'Italie, mon compagnon, le P. Mathias, breton, reçut une lettre du

---

[1] Lettres Morales ; lettre douzième.
[2] Rom. x, 14, 15.

Commissaire des Missions de l'Amérique méridionale, datée du port d'Arica (Chili). Cette lettre représentait les maisons de Missionnaires de ces vastes contrées comme dépeuplées depuis la dernière tourmente : les missions étaient abandonnées presque partout et les ouvriers évangéliques venus d'Italie ne suffisaient plus.

« Ces nouvelles m'affligèrent. Je devins perplexe. Quelquefois je me disais : « O âme pusillanime, jusques à quand « résisteras-tu aux inspirations divines ? »

« Je discutais et résolvais les objections. Sans doute, à la rigueur, je pouvais m'employer en Espagne ; mais les ouvriers évangéliques abondaient dans notre chère péninsule ; là-bas, au contraire, dans cette moisson si vaste, ils étaient si peu nombreux ! Des hommes bien informés signalaient les besoins de la situation. Tant d'âmes qui demandaient le pain de la parole divine ne trouveraient-elles personne qui le leur distribuât ? La mer, le désert, la barbarie des peuples ! Mais que d'esclaves du seul intérêt affrontent la mer et les barbares et, pour un vil lucre, bravent mille périls ! Ce que ces hommes font pour gagner de l'or, hésiterais-je à le faire pour conquérir des âmes à Jésus-Christ ? Le Seigneur aurait-il à me reprocher un jour, à juste titre, d'avoir moins fait pour les âmes rachetées de son sang que le marchand pour accroître ses richesses ? La curiosité explore les terres lointaines, ne connaît ni fatigue, ni danger ; et moi, chrétien, je refuserais de marcher pour le salut de mes frères ! Je me blâmais d'être insensible à l'incomparable récompense promise aux œuvres de l'apostolat. Mon immortel compatriote saint François-Xavier, mes illustres Frères Jean de Monte-Corvino, saint Jean de Capistran, saint François Solano et une multitude d'autres me montraient le chemin frayé avant eux par mon séraphique Père, saint François d'Assise. Tant et de si grands exemples me touchaient. Braver les mers, les déserts, les glaces du Nord, les feux des tropiques, d'autres l'avaient pu ; je le pouvais donc aussi. Je ne me sentais, il est vrai, ni l'éminente science, ni l'éminente vertu, ni le zèle, ni les qualités du vrai Missionnaire ; mais Dieu, quand il veut, fait concourir l'instrument le plus infime à l'accomplissement de grandes choses. Je nettoierais les sandales *des pieds de ceux qui évangélisent la paix;* j'assisterais mes maîtres ; j'essuierais les larmes de leur isolement et, prétendant partager leur couronne, je partagerais leurs travaux.

« Ces réflexions m'occupaient en 1836 ; de jour en jour mon esprit s'y appliqua davantage. C'est à cette époque, mon cher père, que je pris la résolution de passer les mers et de me réunir aux Missionnaires de l'Amérique méridionale.

« Sur ces entrefaites débarqua à Cadix le Commissaire des missions ; il arrivait pour la seconde fois d'Amérique et venait recruter des prêtres. Trouvant la malheureuse Espagne bouleversée par la révolution, il se dirigea sur l'Italie. C'est là que je lui écrivis ; je lui disais de compter sur moi, au moins pour les travaux secondaires. Le 18 novembre de la même année, le Commissaire me répondit de Rome ; il m'ordonna de me rendre à Gênes avec quelques compagnons : là, nous devions le rencontrer et nous embarquer avec lui. A la réception de la lettre, je pris le chemin de France ; je me détournai de Bigüezal, où votre tendresse m'appelait et où il m'eût été si doux de recevoir vos adieux. Saint François-Xavier, partant pour les Indes, passait ainsi près du château de ses aïeux et se dérobait aux tendresses maternelles. Hélas ! si près du pays natal, que j'eus de peine à me refuser le bonheur de vous serrer dans mes bras ! A Bayonne, j'appris que, par suite de nouveaux arrangements, le lieu du rendez-vous venait d'être fixé à Gibraltar. J'étais près de me rendre à cette destination, lorsque je reçus du Général de l'Ordre une lettre [1] qui me défendait expressément de partir.

« Ainsi tombaient mes projets. Le Supérieur parlait : sa voix était celle de Dieu. J'obéis, heureux de rester fidèle aux lois de la très sainte soumission. En me retenant en France, la Providence avait apparemment ses desseins. La France offrait à mon zèle un vaste champ; là aussi se trouvaient des âmes à conquérir. Que d'Espagnols, chassés et dispersés par le vent des révolutions, réclament sur le sol étranger la tendresse et la sollicitude du prêtre espagnol ! »

Le Père ne pouvait faire plus modestement allusion à son ministère, déjà si fécond, auprès de ses compatriotes à Bayonne et à Saint-Palais.

Il termine ainsi sa lettre :

« Telles furent et mes déterminations et les obstacles qui en empêchèrent l'accomplissement. Voilà pour le passé. *Quel sera l'avenir? c'est le secret de la divine Providence!*

« En attendant, mon père, servons Dieu fidèlement, et nous nous verrons au ciel. Là-haut, la patrie; ici-bas l'exil; la terre, c'est l'épreuve et la douleur!

« En Espagne, au moment où j'écris ces lignes, la barque de Pierre est battue par la tempête. Serrons-nous contre le Pilote. Plutôt mourir que de se séparer du Souverain Pontife, du Vicaire de Jésus-Christ ! Dites cela à vos enfants, dites-le à nos proches, dites-le à nos amis, dites-le aux populations qui vous environnent. Périsse, s'il le faut, la vie du corps; sauvons nos âmes.

Adieu, père bien-aimé [2] ! »

Lorsque le P. Aréso arriva à Bayonne, il y avait alors pour le moins six mille Espagnols dans cette ville.

« Ils apprirent bientôt mon arrivée, raconte-t-il lui-

---

[1] C'est la lettre du R^{me} P. Altémir dont il est parlé plus haut.
[2] Cartas morales, carta duodecima.

même, et, quatre ou cinq jours après, plusieurs messieurs du nombre de ces émigrés se présentèrent à moi pour me demander de leur prêcher le Carême. Je m'excusai beaucoup, alléguant la fatigue que m'avait occasionnée le long voyage à pied que je venais de faire, mon manque de préparation et le reste. On n'accepta aucune de mes raisons ; on voulait le Carême. Je répondis enfin que je n'avais ici aucun pouvoir et que ces messieurs se trouvaient sous la juridiction de l'évêque de Bayonne. Ils me promirent aussitôt qu'ils iraient trouver l'évêque et que tout s'arrangerait. On alla effectivement trouver Monseigneur et l'on vint me dire, en jubilant, qu'il avait tout accordé : pouvoirs de prêcher, de confesser et les autres. J'acceptai donc de prêcher le Carême aux Espagnols et je le fis quatre années de suite [1]. »

Il ne dit pas avec quel succès, mais ceux qui en furent témoins l'ont proclamé à l'envi. Parmi ces témoins il convient de citer MM. Menjoulet, Franchistéguy, vicaires généraux, Inchauspé, secrétaire général de l'évêché, Delissalde, Supérieur du Grand Séminaire, Etchepare et Latro, directeurs au même Séminaire, enfin M. le Chanoine Quevedo. Ils se rappelaient le zèle, la piété et l'onction du Père, quand il annonçait la parole de Dieu.

Un de ses sermons est resté ineffaçable dans la mémoire des assistants et des gens du pays.

Il avait à parler de l'indifférence. On lui avait dit qu'un certain nombre d'émigrés oubliaient leurs devoirs de chrétiens et, dans la pratique, se passaient de Dieu. Cette nouvelle lui va au cœur, comme si un glaive l'eût transpercé. Il monte en chaire, commence son discours avec calme et répète, non sans tristesse, mais en contenant son émotion, ce qu'on vient de lui raconter.

---

[1] Entretien du 7 février 1877, Ms.

Tout à coup il s'anime, ou plutôt, emporté par un de ces mouvements pathétiques que l'ardeur de la foi et de la charité peut seul communiquer à une âme d'apôtre, il lève les yeux et les bras vers le ciel et jette aux échos de la nef cette exclamation : « *Españoles sin Dios!* Des Espagnols sans Dieu ! »

Laissant tomber ses bras et joignant les mains, il garde un instant le silence. Puis, se tournant d'un autre côté, avec les mêmes gestes, mais d'une voix plus émue encore, il s'écrie une seconde fois : *Españoles sin Dios!* et retombe aussitôt dans son morne silence.

Pour la troisième fois, il élève une voix qui retentit comme un cri de désespoir et laisse échapper de ses lèvres cette plainte déchirante : *Españoles sin Dios!*

A cette troisième répétition, racontait un témoin, l'orateur éperdu s'était tourné vers le dossier de la chaire, et cette position qui paraissait symboliser le Sauveur répudiant les indifférents, ajoutait encore à l'effroi des auditeurs. A la terreur succéda le repentir ; les larmes coulèrent de tous les yeux et des conversions nombreuses, quelques-unes immédiates, se produisirent.

Le P. Aréso était à la disposition de ses compatriotes qui réclamaient son ministère. Logé, rue du Gouvernement, près de la cathédrale, où avaient lieu les prédications, non seulement les réfugiés espagnols, mais encore les habitants de la ville connaissaient bien la porte du Père qui s'ouvrait à tous. Le P. Aréso était revêtu de la soutane, parce qu'on croyait défendu en France le port de l'habit religieux et qu'on évitait de donner l'éveil aux autorités civiles, souvent ombrageuses pour des riens ; mais, sous sa modeste soutane, le Père portait l'habit de l'Ordre.

Pendant les quatre ans de son séjour à Bayonne, l'humble Religieux fit peu de bruit, et beaucoup de bien. Il y laissa le souvenir d'un saint. Sa plume, comme en Espagne, lui servait à étendre son apostolat.

C'est ainsi qu'à peine avait-il terminé sa première station de Carême, il se mettait à écrire une lettre de conseils vraiment paternels à un jeune homme. Louis, son ami, lui demande de répondre à des questions qui le troublent. Il le fait sans tarder, au mois d'avril 1837[1] :

« Mon cher Louis, j'ai reçu votre lettre avec joie ; cette lettre satisfait à l'un des plus vifs désirs de mon cœur. Je vous aimai de bonne heure ; mon amitié s'est accrue lors de votre conversion et devient plus vive à mesure que vos pas s'affermissent dans le bien. C'est ce dont vous jugerez par mon empressement à répondre.

« Quelque faibles que soient mes lumières, je puis, avec la grâce de Dieu, éclaircir vos doutes et vous aider à pratiquer la vertu.

« Vous m'interrogez avec douleur : D'où vient, dites-vous, mon Père, que beaucoup de pécheurs retombent en des fautes amèrement pleurées ?... »

Le P. Aréso dit à son cher Louis que c'est pour ne pas réfléchir aux motifs qui amenèrent leur conversion et parce qu'ils négligent les moyens qui leur furent indiqués pour persévérer. Il lui rappelle les vérités éternelles, les moyens de persévérance dans le bien et lui fait un portrait fidèle de la vraie piété. Il termine en lui disant:

« N'avez-vous pas vu quelquefois l'abeille butiner le thym ? Prenez garde : l'abeille recueille un suc amer ; puis, par un instinct qui lui est propre, elle le convertit en miel. Ainsi, la vertu rend agréable et douce la mortification et la pénitence.... Essayez. »

C'est le secret de la vie spirituelle du Père, la mortification, la pénitence. Plus tard, dans un plus beau langage,

---

[1] Cartas Morales, carta quinta.

mais avec le même esprit et le même cœur, le P. Lacordaire devait apprendre aux jeunes gens qu'il formait à la vie chrétienne, le grand secret, toujours le même, l'unique secret, la pénitence, et les inviter à goûter les austérités, fruits savoureux, s'ils sont cueillis sur la croix de Jésus.

Le P. Aréso recueillit d'autres lettres qu'il avait écrites d'Espagne et les publia en volumes sous les titres de *Lettres chrétiennes* et de *Lettres morales*. Nous avons eu l'occasion d'en faire des citations nombreuses. Il écrivit aussi un livre de Méditations et de prières intitulé : *Obsequio Catolico* et, avec l'aide de M. Latro, traduisit en français ses lettres sur les Lieux Saints. Mais de tout ce qu'il publia dans cette ville, c'est son *Cri de religion, Grito de Religion*, qui est le plus important. Sous forme de dialogues entre un *Missionnaire* et *Léandre* ou *Sébastien*, *Cécilius* ou *Antoine*, catholiques espagnols qui lui parlent des maux de la patrie, du mal moral surtout, le Père passe en revue les plus graves questions soulevées dans l'Église d'Espagne par les prôneurs de la révolution.

Dans les trois premiers dialogues il traite du célibat ecclésiastique. L'enfer, par ses suppôts, n'avait rien eu de plus pressé que de l'attaquer et il avait réussi à l'atteindre. Dans le quatrième dialogue les interlocuteurs s'entretiennent de la réforme du clergé espagnol, tentée en 1834.

Le dialogue cinquième a pour sujet la fureur impie et janséniste dont l'Espagne, après la France, avait à souffrir ; le sixième, la destruction des Ordres religieux, le septième et dernier, le réveil des âmes assoupies par l'indifférence religieuse.

L'allure de ces dialogues est vive et le fond solide. Il ne nous est pas possible de les étudier l'un après l'autre. Du reste ces questions fort délicates n'ont pas présentement la même utilité qu'alors.

Trois ans après le P. Aréso, un autre enfant de saint

François, le P. Casimir Azevedo, avait dû quitter l'Espagne et s'était réfugié au Collège ecclésiastique de Saint-Palais, dirigé par l'abbé Ségalas. Là, il édifiait par ses vertus et se rendait utile par l'industrieuse habileté de ses mains. Il avait fabriqué, sans autre instrument que son couteau, un orgue en bois qui fonctionna quelque temps dans la chapelle du Collège et une statue de saint Martin à cheval.

Les élèves étaient émerveillés de voir avec quelle simplicité ce Franciscain imitait son séraphique Père dans son amour pour les oiseaux. Chaque jour, des moineaux ou des colombes entraient dans la chambre du Père et venaient becqueter, jusque dans ses mains, les miettes de pain qu'il aimait à leur offrir. D'autres fois, se mettant à la fenêtre, il lançait dans les airs quelques miettes que les hirondelles, ses petites amies, saisissaient au vol.

Le P. Azevedo devint naturellement l'ami intime du P. Aréso, dès que ce dernier fut venu habiter Beyrie, chez M. de Zabala.

« Tous les huit jours, raconte un témoin oculaire, on voyait les deux Frères Mineurs se réunir dans la campagne, à peu près à égale distance de Beyrie et de Saint-Palais, là, causer gravement ensemble à l'ombre d'un chêne, et après un entretien très intime pendant lequel ils se mettaient à genoux tour à tour, se donner une mutuelle bénédiction et se séparer. »

Le témoin, prêtre aujourd'hui et qui alors n'était qu'un enfant, pense qu'ils faisaient leur confession hebdomadaire. Tout porte à le croire.

Le P. Aréso habita lui-même quelque temps le Collège de Saint-Palais et le souvenir de cette petite ville si hospitalière, uni à d'autres circonstances providentielles, le déterminèrent plus tard à inaugurer au milieu d'elle la restauration de son Ordre en France.

Pendant la mission qu'il avait prêchée à Bilbao en 1832,

le Père avait fait la connaissance de M. Fulgence de Zabala, membre de la municipalité de cette ville.

M. de Zabala fut pour le P. Aréso un ami fidèle, plus que cela, un instrument dont Dieu se servit pour réaliser ses projets de restauration des Franciscains en France.

Ce fervent catholique, quitta Bilbao en 1834, et vint s'établir au château de Beyrie, sa propriété, près de Saint-Palais, afin d'y trouver la paix que l'Espagne lui refusait, car la guerre des légitimistes contre la révolution s'était allumée de nouveau. Il passait l'été dans cette propriété e l'hiver à Bayonne ou à Pau. Qu'il résidât en ville ou à la campagne, sa vie était la même partout, c'est-à-dire celle d'un anachorète et d'un vrai saint.

Le P. Aréso avait chez lui le vivre et le couvert. Il était son aumônier et surtout son ami. Nous verrons plus tard avec quelles larmes le Père pleura ce laïque admirable. Il publia sur M. Fulgence de Zabala une notice qui semble composée de quelques pages détachées de la vie du SAINT HOMME DE TOURS, auquel M. de Zabala aurait pu en quelque sorte servir d'exemplaire, tant il y a d'affinités entre les saints.

A Bayonne, l'autorité civile avait laissé entendre au P. Aréso qu'elle ne tolèrerait pas le port de son costume religieux qu'il désirait reprendre. La contrainte, sous ce rapport, lui était fort pénible et puis il cherchait toujours un nouveau champ à défricher. Il avait largement fait le bien à Bayonne. Il était allé jusqu'à en éloigner un fauteur d'hérésie, M. Caldéron, qui cherchait à pervertir les émigrés. Il l'avait réfuté victorieusement. La ville de Pau l'attirait. Là, il pourrait porter ostensiblement la livrée de saint François et conquérir de nouvelles âmes. Il se décida pour ces raisons à séjourner dans cette ville, séjour que lui facilitait l'amitié de M. de Zabala. Le P. Aréso habita Pau en 1842 et 1843.

Sur ce séjour nous avons des renseignements très précis, fournis par M. Batcave, alors premier vicaire de la paroisse Saint-Martin. Ce digne ecclésiastique jouissait de l'estime de tous; le Père l'avait choisi pour confesseur et c'était à peu près le seul, avec le vénérable curé de Saint-Martin, qu'il fréquentât.

Laissons parler ce témoin :

« Le R. P. Aréso, dit-il, demeura à Pau environ deux ans. Il y répandit la bonne odeur de Jésus-Christ. Il occupait une vraie petite cellule dans une maison située à l basse ville, côté du Moulin et habitée pendant l'hiver par l'honorable famille de Zabala. Il y observait la règle de son Ordre avec la même exactitude que s'il eût été dans son Couvent d'Olité. Il couchait sur la dure et pratiquait l'abstinence et les jeûnes réguliers. Revêtu du saint habit, il édifiait tout le monde par sa modestie, durant le court trajet de son domicile à l'église paroissiale, mais du reste ne se montrait presque jamais dans les rues. Une fois chaque semaine, à onze heures précises du matin, avec cette régularité qui le distinguait, il venait au presbytère, uniquement pour se confesser. Il savait déjà assez de français pour le faire dans notre langue, néanmoins il était parfois obligé de recourir à sa langue maternelle.

« Tous les matins, à cinq heures, il se rendait à l'église de Saint-Martin et y passait plusieurs heures. La sainte Messe, qu'il célébrait avec une admirable ferveur, était suivie d'une longue action de grâces.

« Il entrait ensuite au confessionnal et y restait jusqu'à 8 heures. C'est là qu'il se tenait habituellement pour ne pas faire attendre ses pénitents et on le voyait, lorsque personne ne se présentait, récitant son bréviaire ou faisant une pieuse lecture, à la lueur d'une bougie placée à la grille du confessionnal pendant l'hiver.

« A cette époque, la tourmente révolutionnaire qui sévissait en Espagne, avait obligé un grand nombre de familles à chercher un asile hors de leur patrie. Une colonie de ces proscrits s'établit à Pau et fut accueillie avec empressement par le peuple béarnais. Cette ville, éminemment hospitalière, pourvut aux besoins pressants des familles pauvres avec une grande charité.

« Parmi les réfugiés étaient les évêques de Barbastro et de Pampelune. Le P. Aréso se donnait de temps en temps la consolation de les visiter. Ces pieux prélats reçurent de la part du clergé les témoignages de la plus respectueuse sympathie, et l'archiprêtre de Saint-Martin, M. Darbélit, ne savait comment leur prodiguer des preuves de son dévouement. Il n'avait pas oublié qu'à la première Révolution française, l'Espagne lui avait offert une généreuse hospitalité. Le confesseur de la foi voulait, à son tour, par de bons offices, payer aux Espagnols émigrés un juste tribut de reconnaissance. Il leur procura, avec le concours de plusieurs de ses paroissiens, des logements, des vêtements et des vivres.

« Le P. Aréso fut à Pau, comme à Bayonne, l'apôtre de ses compatriotes exilés. Il les évangélisa pendant deux stations quadragésimales. Quel bien ne leur fit-il pas !

« Après les Vêpres de la paroisse, tous les dimanches de Carême, l'église de Saint-Martin était occupée par la colonie étrangère. Le zélé Religieux commençait toujours ses prédications, comme il le faisait en Espagne, par l'exposition de l'un des principaux mystères de la foi. L'auditoire, profondément recueilli, était suspendu aux lèvres de l'homme de Dieu. Quelle onction pénétrante dans sa parole ! Quel ton de piété animait son débit oratoire ! Il me semble le voir encore, avant de terminer son discours, prenant toujours en main son crucifix et saisissant l'auditoire par ses seuls gestes. Il me semble l'entendre, tirant alors de son cœur, embrasé d'amour divin, des accents si pathétiques qu'il arrachait à ses auditeurs des larmes de componction, auxquelles plusieurs fois je n'ai pu m'empêcher de mêler les miennes.

« De pieux paroissiens aimaient à assister à ces prédications avec les cinq ou six cents réfugiés de la colonie espagnole. Plus d'une fois, sous le charme de cette parole éloquente, de ces chaleureuses exhortations, ils laissaient échapper cette exclamation : « Voilà un saint qui sait trouver le chemin des cœurs ! » On écoutait aussi avec plaisir le chant des Litanies de la sainte Vierge, tel qu'il est en usage dans les villes d'Espagne. Ces voix d'hommes et de femmes harmonieusement unies portaient à la dévotion.

« Les personnes qui avaient le bonheur d'approcher le zélé disciple de saint François, ne pouvaient se lasser d'admirer son maintien grave et modeste, son affabilité et son inaltérable égalité d'humeur. Comme le divin Maître, il fit le bien pendant le temps qu'il passa à Pau [1]. »

Les années suivantes, il fit quelques voyages sur lesquels nous n'avons pas de renseignements précis. Son séjour ordinaire était Beyrie où il édifiait la pieuse famille de Zabala et, en attendant qu'il pût déployer son zèle sur un champ plus vaste, se faisait l'apôtre de toutes les âmes que Dieu lui offrait à convertir ou à sanctifier, selon les occasions.

C'était au commencement de l'année 1848 : la révolution venait d'éclater en France (février) et, plus que jamais, l'espoir de réaliser ses projets d'un apostolat étendu dans notre pays fuyait devant le P. Aréso. Immobilisé en France, banni de l'Espagne, il crut le moment favorable pour aller puiser des consolations et du courage au Calvaire. La Providence le préparait ainsi à la mission qu'elle allait bientôt lui confier.

---

[1] Relation de M. Batcave, confesseur du Père.

En Palestine, il devait connaître les besoins des Saints Lieux auxquels sa future charge de Commissaire l'obligerait de pourvoir; aux sanctuaires de Judée et de Galilée, il allait recevoir pour sa parole apostolique une onction nouvelle, faite de souvenirs sacrés et de saintes émotions, de la Crèche à la Croix de l'Homme-Dieu.

Il partit de Pau pour la Terre Sainte au mois de mars 1848. Il était à Rome le 1ᵉʳ mai, priant au tombeau des Apôtres, avant d'aller s'agenouiller sur celui du Sauveur [1].

---

[1] Nous avons trouvé parmi ses papiers, ce certificat :

« Nous soussigné, curé archiprêtre de Saint-Martin de Pau, certifions devant qui il appartiendra que, déjà depuis plusieurs années, nous avons l'avantage de connaître le R. P. Aréso, Religieux de la grande Observance de saint François d'Assise ; que pendant son long séjour sur notre paroisse, ce vertueux prêtre ne s'est occupé que de l'œuvre de Dieu, annonçant la parole de l'Évangile, constamment au confessionnal, célébrant les adorables mystères de l'autel tous les jours où il n'était pas empêché, avec la gravité et décence convenable à un saint prêtre ; qu'enfin toute sa conduite a été un sujet continuel de bonnes œuvres, à la grande édification des fidèles, et à la grande consolation du Pasteur. En foi de quoi, etc.

Darbélit, curé,

Pau, 11 mars 1848. »

CHAPITRE VII.

1848.

Premier séjour à Rome. — Visite des sanctuaires et des monuments. — Les Catacombes. — Station des sept Basiliques. — Tristes pressentiments. — En route pour la Palestine. — Malte. — Caractéristique des récits du P. Aréso. — Alexandrie d'Egypte. — Beyrouth. — Jaffa. — La Pentecôte. — La santé du pèlerin. — Jérusalem ! — Les jouissances de la piété. — Les Lieux Saints de la Judée.

Ici notre tâche d'historien sera facile ; nous n'aurons qu'à reproduire les détails que nous fournissent une lettre du Père, datée de Rome le 12 mai 1848, et plusieurs autres adressées de Palestine [1] :

« Je suis sur le point, écrivait-il, de quitter cette capitale du monde chrétien pour continuer ma route vers Jérusalem. Si Dieu m'accorde d'atteindre le but de mon voyage, comptez sur moi pour quelques renseignements touchant les Lieux-Saints et les missions établies dans le Levant par les Religieux de mon Ordre en Terre-Sainte. En attendant, recevez comme gage de la sincérité de mes promesses, la première lettre dans laquelle je vais retracer tout ce qui m'a le plus frappé à Rome.

« Oui, mon ami, bien des saintes émotions s'étaient succédées en moi, soit en visitant à Toulouse les lieux, la rue

---

[1] Lettre du P. Aréso à M. Paul Riera, éditeur de la *Revue Catholique de Barcelone*. Publiée d'abord par cette *Revue*, elle a été insérée plus tard dans *Les Lieux Saints* (Santos Lugares.) Les lettres qui suivent se trouvent aussi dans ce livre.

même où fut autrefois traîné l'apôtre de Pampelune, saint Saturnin, martyr; soit à Marseille, à la vue de la grotte de saint Lazare, de Marie-Madeleine et de Marthe, ses sœurs. Mais impossible de vous dire ce qui s'est passé dans mon âme à l'aspect de Rome, cette ville fameuse où les martyrs triomphèrent de toute la puissance des persécuteurs. Je considère l'édifice où se réunissaient les sénateurs romains, et en même temps se présente à moi le souvenir de ces martyrs invincibles, qui confessèrent la foi de Jésus-Christ. Parmi eux, j'envisageais surtout l'esprit le plus mâle et le plus cultivé du IIe siècle, l'illustre et savant sénateur Apollonius, qui faisait devant ses collègues étonnés une brillante apologie du christianisme : il déplorait amèrement les années perdues dans la ténébreuse idolâtrie; enfin, il donnait son sang et sa vie pour confesser Jésus-Christ et persévérer dans la foi.

« Je lève mon regard vers le Capitole et j'y vois, arborée sur une tour, la Croix [1] de Jésus-Christ. Cette croix domine la capitale du monde chrétien à la même place, où les étendards de l'idolâtrie flottèrent en d'autres temps, dominant la capitale du monde païen. J'embrasse d'un seul regard Rome entière et je contemple avec admiration les magnifiques coupoles et les vastes temples chrétiens se dressant sur les ruines des temples élevés aux faux dieux. D'un côté, je vois un amas de décombres, restes informes des palais d'un Néron et de tant d'autres tyrans qui inondèrent le monde de sang chrétien; plus loin, au contraire, s'élèvent majestueusement ces autres palais des successeurs de saint Pierre, de cet apôtre persécuté, emprisonné, martyrisé à Rome même. Ici est la chaire de vérité, phare lumineux, destiné à éclairer le monde jusqu'à la fin des

---

[1] Cette croix, hélas ! a disparu sous les coups du marteau maçonnique. Les Romains signent en ce moment une pétition pour demander que la croix reparaisse au sommet du Capitole.

siècles et qui a remplacé la chaire de mensonge, du haut de laquelle le démon répandait la superstition et les plus monstrueuses erreurs. En présence de tous ces contrastes, je me suis dit : Qui a pu opérer cette merveilleuse transformation ? Comment cette caverne de voleurs, ce réceptacle de voluptueux et opiniâtres païens, ce siège des plus cruelles tyrannies, s'est-il changé en un centre de bienfaisance, est-il devenu la cité des saints, le flambeau dont la lumière éclaire le monde entier ? Oh ! la foi et la patience des chrétiens ont seules pu opérer ce miracle.

« J'ai visité l'amphithéâtre Flavien, surnommé le Colisée ; j'ai baisé ce sol, tant de fois arrosé du sang des martyrs qu'on y exposa à mille tortures et à la dent des bêtes, ou qu'on fit passer au fil d'une épée barbare au milieu de l'allégresse et des applaudissements d'une foule idolâtre. Le bienheureux Léonard de Port-Maurice, missionnaire Franciscain [1], établit dans cet amphithéâtre les stations du chemin de la Croix [2] pour faire contempler aux fidèles la Passion du Sauveur aux lieux mêmes où tant de chrétiens avaient donné leur vie en confessant JÉSUS-CHRIST.

« J'ai visité aussi les Catacombes de Saint-Calliste et je ne puis revenir encore de l'admiration dans laquelle m'a jeté la vue de cette ville souterraine. Ce sont des passages et des rues resserrées, des chapelles et des demeures pleines de ténèbres, des tombeaux et des cavernes profondes où les premiers chrétiens se réunissaient, durant les persécutions. Là ils chantaient les divins cantiques ; là ils célébraient les sacrés mystères et participaient aux sacrements ; là les corps des martyrs et des autres saints recevaient leur sépulture. En un mot, les Catacombes de Saint-Calliste, de Saint-Pancrace et les autres renferment les temples, les

---

[1] Canonisé depuis par Pie IX, en 1867.
[2] Toutes ces stations ont été enlevées par les nouveaux maîtres de Rome.

tombeaux des premiers chrétiens : séjours ténébreux où l'on ne circulait qu'à la lueur des torches, où l'on ne respirait qu'un air corrompu. Nous pénétrâmes, deux Religieux et un guide, dans le cimetière de Calliste et, pendant le court trajet que nous y fîmes, je dis à mon compagnon : « Si une mort soudaine venait surprendre notre guide, nous devrions nous résigner à mourir aussi dans ces profondeurs, puisqu'il nous serait impossible de retrouver la porte ou l'ouverture par laquelle nous sommes entrés. » O mon Dieu, au prix de quelles souffrances les premiers chrétiens conservaient leur foi !

« J'ai visité les sept basiliques de Rome. Sorti du Couvent, en compagnie d'un Religieux à cinq heures et demie du matin, après avoir marché d'un bon pas, prié un instant et jeté un coup d'œil rapide dans chaque basilique, nous ne fûmes de retour qu'à trois heures du soir, harrassés de fatigue. Nous fîmes notre première visite à la basilique de Saint-Paul, hors des murs de Rome, sur la route d'Ostie. C'est dans un terrain appartenant à Lucine, dame romaine, qu'on déposa le corps de ce saint apôtre, et ce fut l'empereur Constantin qui lui érigea ce temple.

« De là nous nous rendîmes à la basilique de Saint-Sébastien qui se trouve au-dessus du cimetière de Saint-Calliste, au point de jonction des voies Appienne et Ardéatine. Là fut enseveli le corps de saint Sébastien, et les corps de saint Pierre et de saint Paul y restèrent longtemps cachés. Sur ces lieux, croit-on, Constantin éleva un temple que le pape saint Sylvestre consacra. Saint Damase le rebâtit plus tard. Cette basilique de Saint-Sébastien, restaurée tour à tour par Adrien Ier et Eugène IV, reconstruite de nouveau par le cardinal Scipion Borghèse, est remarquable par ses grands souvenirs et ses reliques.

« Nous entrâmes ensuite dans Rome, par la porte Saint-Sébastien, pour nous diriger vers la merveilleuse basilique de Saint-Jean de Latran. C'est la première église de l'univers catholique. Les Pontifes romains y prennent possession de leur siège comme dans leur cathédrale, et c'est là qu'ils bénissent solennellement le peuple le jour de l'Ascension. On y a vu célébrer douze Conciles généraux ou provinciaux ; le dernier y fut présidé par Benoit XIII, en 1725.

« Poursuivant notre route, nous visitâmes la basilique de Sainte-Croix de Jérusalem, ainsi appelée parce que l'impératrice sainte Hélène y déposa une partie de la vraie Croix qu'elle avait apportée de Jérusalem. Sainte Hélène est la fondatrice de ce temple, consacré par saint Sylvestre. Plus tard, Lucius II le rétablit et Pie IV le confia à la garde des Cisterciens. Il est d'une grande beauté, à trois nefs, séparées par des colonnes de granit.

« Notre visite fut ensuite pour la basilique de l'invincible espagnol saint Laurent. Elle est hors des murs de Rome, au *Campo Verano*. Bâtie aussi par Constantin, elle a été restaurée et réédifiée à diverses reprises par les Pontifes romains. Sixte IV y établit les chanoines de la Congrégation Rhénane qui la mirent dans l'état où on la voit aujourd'hui [1], avec trois nefs, séparées par des colonnes presque toutes de granit et d'un grand prix.

« Par la porte Saint-Laurent, nous allâmes à Sainte-Marie Majeure. Cette basilique fut élevée sur le sommet de l'Esquilin, aux frais de Jean, patrice de Rome, et de son épouse. On l'appela d'abord Notre-Dame aux Neiges, à cause de la neige miraculeuse qui, la nuit du 5 août 352, couvrit cette colline. Étrange spectacle, dont Rome entière fut témoin, qui confirmait une vision des deux époux, dont nous venons de parler, et du pape saint Libère. Dans cette vision était manifestée la volonté de la

---

[1] Des travaux plus récents ont été exécutés sous les Pontificats de Pie IX et de Léon XIII.

Très Sainte Vierge touchant l'érection en ce lieu d'un temple à son honneur. Cette église fut aussi appelée Libérienne et reçut également le nom de Sainte-Marie *ad præsepe,* à cause de la sainte crèche de Bethléem qu'on y conserve ; elle est encore nommée Sainte-Marie Majeure, parce que c'est la principale église de Rome, dédiée à la Sainte Vierge. Le pape Sixte III lui donna sa forme actuelle, ce qui l'a fait surnommer Sixtine. Ce vaste temple renferme plusieurs merveilles de l'art.

« De là nous nous dirigeâmes vers Saint-Pierre du Vatican. Pour y parvenir, il nous fallut traverser la ville entière. A la vue de la place Saint-Pierre, on est saisi d'admiration ; mais en entrant dans la basilique on est ravi. Quelle grandeur ! Quelle beauté ! Quelle magnificence ! Tout y est imposant et inspire la dévotion. Impossible de décrire les merveilles qu'un seul regard y embrasse, impossible d'énumérer les reliques, les statues des saints, les mosaïques, les marbres précieux qu'elle renferme.

« Que vous dirai-je encore de la ville éternelle ? Il ne faudrait pas moins d'une année entière pour se mettre au courant des merveilles de Rome, et moi j'y suis seulement depuis douze jours. »

Au moment où le P. Aréso écrivait ces lignes, de la capitale du monde chrétien, l'horizon politique s'assombrissait. Les idées depuis longtemps prônées par Mazzini allaient donner des résultats. Les sociétés secrètes devenaient maîtresses et l'anarchie révolutionnaire s'apprêtait à dominer Rome et le Pape.

Aussi le Père termine-t-il sa lettre par ces mots où le pressentiment d'un bien triste avenir est clairement exprimé :

« Pour toutes nouvelles, je vous dirai qu'une nuée de révolutionnaires de toutes les parties de l'Europe s'est abattue sur Rome et que ces factieux, unis à ceux de la ville, tiennent le peuple dans la consternation et le Souverain Pontife comme captif dans son palais. Déjà depuis plusieurs jours, ils placardent des affiches injurieuses à Pie IX et vocifèrent contre les cardinaux, les prêtres et les religieux. En un mot, si Dieu n'y pourvoit, on va voir les horreurs qui ont affligé toutes les nations où les impies se sont rendus maîtres du pouvoir. Pauvre Pie IX ! Pauvre Rome ! »

En effet, six mois après, la tempête avait éclaté, le fidèle ministre du Pape, le comte Rossi, était lâchement assassiné (15 novembre 1848) et Pie IX, obligé de prendre secrètement la fuite, se réfugiait à Gaëte, le 26 novembre.

Le surlendemain du jour où il avait écrit la lettre que nous venons de lire, notre pèlerin quittait Rome et s'embarquait pour Alexandrie d'Égypte, sur un vapeur français. Les incidents de cette nouvelle traversée nous ont été conservés dans une autre lettre publiée aussi par la *Revue Catholique de Barcelone* :

« Le beau temps, raconte le Père, nous favorisa jusqu'à Malte que nous atteignîmes après une heureuse et rapide navigation. Dans cette île j'eus la consolation de visiter l'église Saint-Jean, si fameuse dans les chroniques des chevaliers de l'Ordre de Saint-Jean de Jérusalem et qui renferme les tombeaux de plusieurs grands Prieurs de cet Ordre.

« Les Maltais sont soumis à la domination anglaise et néanmoins persévèrent dans la foi ; ce sont même d'excellents catholiques, comme me l'assurait un témoin qui les a vus de près et avec lequel j'ai voyagé depuis Rome, Mgr Grégoire-Pierre VIII, Patriarche Arménien de Cilicie et de Syrie.

« Dès le soir de notre départ de Malte, nous eûmes à lutter contre un vent si violent que bientôt les vagues s'élancèrent jusque sur le pont de notre vapeur. La tourmente dura deux jours, après lesquels le calme se rétablit, et nous pûmes voguer sans encombre jusqu'à Alexandrie. »

Le voyageur vulgaire ne voit ordinairement dans les pays qu'il traverse que le côté matériel de la civilisation et ses réflexions, comme ses souvenirs, se bornent à une description topographique plus ou moins exacte, à une peinture de mœurs plus ou moins ressemblante. Le voyageur qui a la foi, celui surtout qui sent battre dans sa poitrine un cœur d'apôtre, ne méprise pas, sans doute, les progrès extérieurs de la civilisation ; mais il remonte à leur véritable principe et se préoccupe particulièrement de leur influence sur les âmes. Voilà bien la note caractéristique des lettres que le P. Aréso nous a laissées sur les Lieux Saints de la Palestine : la lumière de l'Évangile, la diffusion de la foi catholique, tel est le premier objet de ses considérations.

A Alexandrie, notre voyageur salue d'abord avec une religieuse admiration les gloires de cette Église qui remonte aux temps apostoliques, les Marc, les Clément, les Origène, les Athanase, et l'illustre martyre sainte Catherine. Tant que le flambeau de la foi éclaire cette ville, elle est riche et prospère ; mais lorsque les ombres de l'hérésie viennent à descendre sur elle, la décadence se déclare et s'étend, avec l'Arianisme et l'Eutychianisme, jusqu'à ce que la tyrannie musulmane la couvre de sang et de ruines.

Après avoir salué dans le passé la cause de sa grandeur et reconnu celle de ses maux, le Père voit avec consolation des signes manifestes de résurrection et de vie. Il fait remarquer que cette nouvelle civilisation doit encore être attribuée à l'influence renaissante du catholicisme et aux établissements religieux favorisés par le vice-roi d'Égypte.

« L'illustre évêque de Fez, dit-il, Mgr Guasco, vient d'établir sa résidence dans cette ville, en qualité de Délégué et Vicaire du Saint-Siège pour l'Égypte et l'Arabie ; il est Religieux de mon Ordre, doué d'un caractère aimable, et très zélé pour le bien de la religion. Alexandrie possède aussi une Maison de nos Pères ; l'église du Couvent est la principale, et pour ainsi parler, l'unique église paroissiale. Deux autres fort belles sont en construction, l'une est l'œuvre de nos Missionnaires, l'autre, celle des Lazaristes qui ont ici un établissement. Les Frères des Écoles Chrétiennes et les Filles de la Charité ont également ouvert des écoles pour les enfants des deux sexes.

« Les sciences et les arts préparent une ère nouvelle à Alexandrie. L'Europe catholique est heureuse de la voir se relever de ses ruines. Tout cela est dû à la religion et à ses ministres. Les pseudo-philosophes de l'impiété ne connaissent pas encore la science de retirer les peuples de l'ignorance et de la barbarie. »

Toutefois, en présence des misères morales qui pèsent encore sur le peuple d'Égypte, au point de vue religieux et civil, le cœur du Missionnaire est ému.

« Je ne puis, s'écrie-t-il, sans un véritable sentiment de tristesse, voir ce peuple plongé dans de si grossières erreurs et réduit à ce point d'humiliation et de misère... Trop heureuses les nations chrétiennes, si elles savaient apprécier les bienfaits de l'Évangile ! quel serait leur amour pour la religion ! avec quelle vigilance elles fermeraient les oreilles au langage impie des faux savants qui prétendent leur arracher la foi de Jésus-Christ, et qui ne réussiront qu'à replonger le monde dans l'erreur, le vice et l'esclavage, trois fléaux inséparables, puisque de l'erreur répandue naît la corruption qui appelle la tyrannie et par conséquent la servitude ! Que ceux qui n'ajouteraient pas foi à cette conclusion viennent s'instruire en Afrique. »

Cette lettre porte la date du 24 mai 1848. Ce jour-là le Père quittait Alexandrie et s'embarquait pour l'Asie sur le même vapeur français. Le 26 il arrivait à Beyrouth.

Le vapeur devant repartir de là pour l'Europe, un bateau turc prit les passagers qui allaient à Jaffa. Le P. Aréso était de ce nombre, avec quatre autres Franciscains d'Italie. Laissons lui encore la parole pour mieux nous rendre compte de sa foi vive et de sa tendre piété.

« Nous vîmes sur notre route le Liban, Tyr et Sidon : en face de Ptolémaïs, le mont Carmel et la ville de Césarée de Palestine. Enfin nous arrivâmes au port, ou plutôt sur les côtes de la mer de Jaffa, rivage que les sables amoncelés et de nombreux écueils rendent dangereux aux navigateurs. J'ai passé une partie de mon temps sur mer à contempler le mont Liban, si souvent mentionné dans les saintes Écritures, et qui n'offre maintenant aux regards du voyageur, au moins du côté de la mer, presqu'aucun de ces arbres autrefois si renommés. La mer de Tyr, dans l'Écriture, *la grande mer,* rappelait à ma mémoire les flottes du Roi-Prophète qui la sillonnaient en allant chercher les cèdres du Liban et la pourpre de Sidon.

« Le mont Carmel avait les doux souvenirs d'Élie et d'Élisée, ainsi que de l'incomparable Thérèse, la Réformatrice de l'Ordre du Carmel et la gloire de l'Espagne ; mais je m'abandonnais surtout avec bonheur à la contemplation de la Vierge Immaculée du Carmel que j'invoquai de tout mon cœur, en traversant le golfe dangereux de Ptolemaïs, aujourd'hui Saint-Jean d'Acre.

« Les ruines de Césarée en Palestine me représentaient le néant des choses de la terre. Cette ville, célèbre dans l'histoire sacrée et profane, est entièrement détruite. Sans deux ou trois tronçons de tours écroulées, il ne resterait aucun vestige pour dire encore au voyageur : « Ici fut Césarée. »

Pour célébrer la fête de la Pentecôte, le Père s'arrête à Jaffa, l'ancienne Joppé où l'apôtre saint Pierre avait ressuscité Tabitha. Après avoir décrit cette ville, il laisse sa piété s'épanouir :

« Aux solennités de la Pentecôte, les fidèles sont accourus en foule à la prédication de la parole sainte, annoncée par nos Pères, et j'ai pu être témoin de leur maintien modeste et de leur dévotion. Quelle consolation d'entendre prêcher l'Évangile et chanter les cantiques inspirés par l'Esprit Saint au milieu d'un pays infidèle ! Et quel sujet de joie de voir les fidèles s'approcher des sacrements et recevoir avec ferveur le Pain eucharistique ! Qui n'en a pas fait l'expérience ne saurait se l'imaginer. »

La santé du P. Aréso eut à souffrir dès son arrivée en Palestine. La Providence allait se servir de ce signe pour manifester sa divine volonté. Destiné à restaurer en France l'Ordre des Franciscains et le Commissariat de Terre Sainte, il lui est très utile, nous l'avons dit, de visiter les saints Lieux dont le souvenir donnera encore une onction et une puissance nouvelles à sa parole de Missionnaire, mais il ne pourra longtemps séjourner en Orient. Déjà à Beyrouth il avait senti quelques atteintes de la fièvre. La barque turque qui le transportait à Jaffa n'était pas couverte. Il dut subir la rosée nuisible de la nuit, et, pendant le jour, les ardeurs du soleil. Très sensible à la chaleur, il avait à supporter une température, de onze degrés plus élevée que celle de son pays natal. Ces diverses causes commencèrent à agir sur son tempérament, d'ailleurs robuste.

Son indisposition ne l'empêcha pas de continuer son voyage. Le 14 juin il quittait Jaffa et arrivait le 16 au matin à Jérusalem.

« Que vous dire des sanctuaires de la Ville sainte, écrit-il le 4 août à son ami de Barcelone ? Quand même je vivrais des années aussi nombreuses que celles de Mathusalem, j'aurai toujours présente l'émotion que leur vue produisit d'abord dans mon âme. Dominé par un sentiment de respect et de vénération pour ces Lieux Saints, je tombai prosterné sur cette terre et, comme retenu par une main invisible, je ne pouvais m'en détacher. Levant les yeux, je les fixai sur Jérusalem et le souvenir des souffrances que notre Sauveur Jésus avait bien voulu endurer dans cette ville pour mon salut, pour le salut de tous les hommes, faisait couler sur mes joues d'abondantes larmes...

« C'est au milieu de ces pensées que je me dirigeai vers le Couvent de Saint-Sauveur, où je restai plusieurs jours sans pouvoir me persuader que je me trouvais réellement à Jérusalem. Ce Couvent est situé sur le point le plus élevé de la ville, du côté de l'Occident. De la terrasse, où je me rends quelquefois, on voit à l'est le mont des Oliviers, au midi la sainte montagne de Sion, au nord la colline où est creusée la grotte de Jérémie, enfin, presque au centre de la nouvelle Jérusalem, le mont du Calvaire qui était autrefois hors des murs. L'espace immense qu'occupait le temple de Salomon est à l'extrémité orientale de la ville sur le torrent de Cédron, le long duquel s'étend du nord au sud la vallée de Josaphat.

« Vous pouvez comprendre toutes les saintes émotions que donne à l'âme la vue de ces divers sites, si célèbres dans l'Écriture. A leur aspect, je ne pus m'empêcher de m'écrier : Grand Dieu ! c'est donc dans cette vaste enceinte qu'était le temple fameux élevé par Salomon à votre infinie Majesté. Je la vois donc cette Sion tant de fois chantée dans les psaumes de David ! Ici est la montagne des Oliviers d'où Jésus s'éleva triomphant au ciel, et où il doit reparaître un jour pour nous juger tous dans la vallée de Josaphat ! C'est ici qu'elle est, ou plutôt qu'elle fut, cette Jérusalem rebelle qui tuait les prophètes et dont les ruines provoquèrent les lamentations de Jérémie ; cette Jérusalem sur laquelle pleura le Fils de Dieu lui-même ! Voici le Calvaire et l'Église du Saint-Sépulcre. Là mourut et fut enseveli le Sauveur des hommes !...

«Je vais entrer dans quelques détails sur ces saints Lieux. Tous les vendredis, la Communauté du Saint-Sépulcre visite processionnellement les sanctuaires compris dans l'enceinte de cette église. La première fois que j'assistai à cette cérémonie, je me préparai à gagner la précieuse faveur que Dieu accorde aux pèlerins, d'après une révélation de sainte Brigitte, dans la première visite qu'ils font à cet auguste sanctuaire :

« Lorsque vous êtes entrée dans mon temple que j'ai consacré de mon sang, dit un jour le Seigneur à sa fidèle servante, tous vos péchés ont été effacés, et votre âme est devenue aussi pure qu'en sortant des fonts du baptême. De plus vos souffrances et votre dévotion ont racheté du purgatoire les âmes de quelques-uns de vos parents, qui ont passé de ce séjour de douleur à la gloire de mon paradis. De même aussi les âmes qui, visitant ce saint lieu, auront la ferme volonté de se corriger et de ne plus retomber dans leurs fautes passées, recevront le pardon de tous leurs péchés et un surcroît de grâce pour s'élever à la perfection. » Quelle consolante promesse !

« Au mois de juillet dernier, j'ai passé une semaine dans la Communauté du Saint-Sépulcre et j'en ai profité pour bien examiner le temple et visiter chaque jour les Lieux Saints qu'il renferme. Les principaux sont : le Calvaire où Jésus-Christ mourut sur la Croix, la pierre de l'embaumement sur laquelle Joseph et Nicodème oignirent son corps sacré, le sépulcre où il fut déposé, la chapelle à l'endroit où le Sauveur ressuscité apparut à Madeleine et la chapelle qui occupe le lieu dans lequel sainte Hélène découvrit le bois de la vraie Croix. Cette dernière chapelle est un profond souterrain ; on y pénètre par une porte qui s'ouvre dans le mur même du temple et par deux escaliers qui ont ensemble quarante et un degrés. »

Après avoir longuement décrit la magnifique église du

Saint-Sépulcre et s'être étendu sur les austérités et les privations de ses Frères qui en sont les gardiens séculaires, le P. Aréso passe à des détails personnels :

« J'ai plusieurs fois célébré la sainte Messe dans la chapelle de Gethsémani où Jésus fut couvert d'une sueur de sang et dans celle de la Flagellation où, par ordre de Pilate, le Sauveur fut frappé de verges. J'ai suivi le pénible sentier que parcourut le Seigneur chargé de sa croix.

« Le 22 juillet, fête de sainte Marie-Madeleine, je me trouvai à Béthanie, avec la moitié de la Communauté de Saint-Sauveur. Je célébrai la Messe au tombeau de Lazare et j'en entendis deux autres à l'entrée, dans un vestibule ménagé à l'endroit même où Jésus prononça ces puissantes paroles : « Lazare, sortez du tombeau. » On chanta l'Évangile de saint Jean rappelant ce grand miracle.

« Nous montâmes ensuite à Bethphagé, où fut chanté cet autre passage de l'Évangile dans lequel saint Mathieu rapporte que le Maitre étant arrivé en ce lieu avec ses disciples, dit à deux d'entre eux: « Allez dans ce château et amenez-moi une ânesse que vous y trouverez avec son ânon. Si quelqu'un veut s'y opposer, dites-lui : Le Seigneur en a besoin — et à l'instant on vous laissera faire. »

« De Bethphagé, nous atteignîmes la cime des Oliviers où fut chantée, dans l'Évangile de saint Marc, l'Ascension glorieuse du Seigneur. Sainte Hélène fit élever un temple sur cette montagne, mais on n'y voit plus qu'une maison et une chapelle voûtée qui est au pouvoir des Mahométans. Nous allâmes à la grotte dans laquelle sainte Pélagie mena une vie si pénitente.

« En descendant des Oliviers, c'était mon tour de chanter l'Évangile de saint Luc où nous lisons que du versant de cette montagne Jésus, voyant la ville, pleura sur elle et prononça ces paroles prophétiques : « Un jour viendra où tes ennemis t'assiègeront et te resserreront de toute part ; ils te détruiront et ne laisseront pas de toi pierre sur pierre, parce que tu n'as pas voulu connaître le temps auquel le Seigneur t'a visitée, *eo quod non cognoveris tempus visitationis tuæ*[1].

« Nous vîmes enfin la chapelle de Gethsémani et après avoir traversé la silencieuse vallée de Josaphat, nous rentrâmes au Couvent par une chaleur si grande que j'étais près de suffoquer.

« Le 25 juillet, la Communauté de Saint-Sauveur célébra la fête de saint Jacques, apôtre et patron de l'Espagne, à l'endroit où, d'après la tradition, il souffrit le martyre. Les Espagnols lui avaient dédié dans ce lieu une belle église près de laquelle était une résidence. Les Arméniens s'emparèrent plus tard de l'une et de l'autre ; mais ils nous permettent d'y célébrer la fête du saint apôtre. J'eus la consolation d'offrir le saint sacrifice dans ce sanctuaire et de remplir les fonctions de sous-diacre à la Messe solennelle que chanta le T. R. P. Sébastien, Procureur de Terre Sainte. »

Ce qui frappait surtout le P. Aréso à Jérusalem, c'est que cette ville ne rappelle que des souvenirs de désolation et pourrait être appelée la ville des larmes.

« Croyez-moi, disait-il, Jérusalem n'est bonne qu'à faire pleurer. Ici on déplore la profanation d'augustes sanctuaires, tombés au pouvoir des Mahométans ou des schismatiques ; là on gémit sur la ruine de plusieurs autres. Mais par-dessus tout on pleure la Passion et la mort de NOTRE-SEIGNEUR JÉSUS-CHRIST. Si un chrétien, fût-il à mille lieues de Jérusalem, ne saurait lire et méditer le récit de la Passion sans être pénétré de profonds sentiments de tristesse et de componction, quels ne doivent pas être ceux

[1] *Luc.* XIX, 43, 44.

du pèlerin catholique et religieux qui, sur son théâtre même, médite le drame divin de Jésus mort en croix !....

« Je ne puis définir le mouvement intérieur de dévotion qu'éprouve l'âme lorsqu'en méditant elle se dit : Ici, le Sauveur du monde vécut, prêcha et opéra de nombreux miracles ; ici, il pria et répandit une sueur de sang ; ici, il fut chargé de sa croix, gravit cette colline du Calvaire où il mourut crucifié et fut enseveli ; ici, il ressuscita et monta aux cieux ; enfin, ici, il jugera les hommes au dernier jour.

« Je vous avouerai qu'aucun de ces Lieux Saints ne m'a autant ému que le Calvaire... Quel cœur resterait insensible devant cette immolation de l'amour ! »

A la fin de sa lettre, le Père revient encore sur sa santé.

« Ma santé est complètement délabrée, écrit-il ; ce climat est très contraire à mon tempérament affaibli. »

Mais il ajoute :

« Si je succombe, je mourrai content dans la ville où Jésus a bien voulu mourir pour moi ; que la volonté de Dieu s'accomplisse ! »

Ce bonheur entrevu ne se réalisera pas ; la maladie l'obligera même bientôt à s'éloigner de Jérusalem. C'est le 4 août qu'il écrivait les lignes qui précèdent.

Trois jours après, le 7, il fut pris d'une fièvre si forte qu'il n'eut plus, après quelques heures, qu'un souffle de vie. La fièvre une fois coupée, le Supérieur le fit conduire au Couvent de Bethléem, dans l'espoir que ce changement d'air lui ferait du bien. « Il ne se trompait pas, écrit le P. Aréso, à la date du 6 novembre ; huit ou dix jours après mon arrivée à Bethléem, je sentis mes souffrances diminuer et mes forces revenir peu à peu. Néanmoins je ne suis pas entièrement rétabli et je lutte toujours avec ma pauvre santé. Je crois que je ne pourrai jamais me faire aux ardeurs de ce climat, ni supporter les grands travaux auxquels on se livre dans ces Couvents. »

A Bethléem, cependant, notre Père Aréso ne reste pas oisif. Il entretient sa piété dans la contemplation du doux mystère de Jésus naissant. On devine, en lisant cette lettre du 6 novembre, avec quelle ferveur il s'achemine chaque jour vers le temple de sainte Hélène, bâti sur le lieu de la naissance du Sauveur, avec quelle tendresse il écoute ces paroles de saint Jérôme que l'on chante dans la chapelle souterraine à la place même où était l'étable :

« O Bethléem, c'est ici, cette petite grotte creusée dans la terre, où naquit le Créateur des cieux ! Ici, il fut enveloppé de langes ; ici, il fut couché dans une crèche ; ici, il fut visité par les pasteurs ; ici, il fut désigné par l'étoile ; ici, il fut adoré par les Mages ; ici, chantèrent les Anges, disant : Gloire à Dieu au plus haut des cieux [1]. »

« Quel bonheur, s'écrie le P. Aréso, de prier au lieu même où prièrent la très sainte Vierge et saint Joseph ; quelles délices de chanter le *Gloria in excelsis* où il fut chanté par les Anges et d'offrir de l'encens à Notre-Seigneur en ce lieu même où les Mages lui en offrirent ! »

Observateur attentif autant que pieux pèlerin, le Père ne se contente pas de prier ; il examine aussi, et les détails qu'il nous a laissés sur les mœurs des Bethléémites ne manquent pas d'intérêt. C'est toujours l'homme apostolique, préoccupé avant tout des âmes, du progrès de la foi, soupirant après la conversion des infidèles et des schismatiques, désirant les gagner tous à Jésus-Christ et suppliant le Sauveur de ne former enfin autour de sa divine houlette qu'un seul troupeau sous un seul pasteur.

[1] S. Hieronymi Epistola ad Marcellam.

CHAPITRE VIII.

1849.

L'hospitalité à Bacca. — Nazareth. — Le Mont Carmel. — Saint-Jean d'Acre. — L'école de Saïda. — Les Maronites. — Beyrouth. — Parole de M. Thiers. — Une tempête. — L'Égypte. — Le Caire. — Prédication du Père à Alexandrie. — Mission confiée au P. Aréso. — Il est nommé Commissaire de Terre Sainte et Commissaire Provincial pour la France. — Le Restaurateur des Franciscains de l'Observance en France.

Après avoir visité Ramla et Saint-Jean *in montana*, au mois de décembre, il se rendit en Galilée et de là en Syrie, comptant s'embarquer ensuite à Beyrouth pour l'Égypte.

Dans la pensée de ses Supérieurs, le besoin de sa santé demandait ce changement de climat, comme il nous l'apprend lui-même. Mais il a toujours le pressentiment qu'il ne se rétablira pas plus en Afrique qu'en Asie. Il écrit à la fin de sa lettre du 15 décembre :

« Je pars avec joie, prêt à travailler autant qu'il me sera possible, mais je crains que la santé ne me fasse défaut. Que Dieu m'accorde zèle, patience et grâces pour me conduire saintement dans mon ministère et mourir dans son amour. C'est mon unique désir, mon unique ambition en ce monde. »

Suivons notre voyageur et laissons-lui raconter les incidents de son voyage à Nazareth.

« Le 17 décembre, je quittai Ramla, en compagnie du

P. François de Cerdeña. Nous traversâmes la belle et vaste plaine de Samarie et nous atteignîmes, à la nuit tombante, le village de Bacca. Le guide nous conduisit à la demeure de la seule famille chrétienne qui se trouve dans l'endroit. Elle nous fit l'accueil le plus cordial. Mais savez-vous comment nous passâmes la nuit ? Écoutez : toute l'habitation se réduit à une seule pièce ayant pour parquet, la terre nue ; pour fenêtre et cheminée, la porte ; quant à l'ameublement, le sol sert de table, de chaise et de lit ; point d'autre couteau, cuiller ou fourchette que les cinq doigts de la main ; enfin, pour luminaire, une lampe à demi éteinte dans un coin. Les femmes occupaient l'un des côtés de ce somptueux appartement ; les hommes étaient rangés à part, ainsi que nous, qui avions une place distincte ; tout auprès une vache complétait la société. Jugez par là des commodités dont jouissent les Orientaux. Telles sont les habitations dans le Levant et encore en trouve-t-on de bien plus misérables. Représentez-vous cinquante, cent, deux cents familles réunies, vivant dans des grottes souterraines, des creux de rochers ou des cabanes comme celle que je viens de décrire et vous aurez une idée d'un voyage du Levant. Mais ce qu'il y a de plus déplorable, c'est de les voir privés de secours spirituels. Si les quatorze chrétiens, composant la famille qui nous reçut à Bacca, ne profitent pas du passage de quelque Missionnaire, ils sont obligés de faire un trajet de neuf heures pour aller entendre la Messe et recevoir les sacrements. Je leur fis présent d'une image de la très sainte Vierge qu'ils reçurent avec la plus grande joie, promettant de se mettre chaque jour sous sa protection.

« Nous partîmes de Bacca le 18 de grand matin et nous atteignîmes Nazareth au coucher du soleil... Nous sommes chargés, dans cette ville, de la paroisse latine qui a pour église celle de notre Couvent. Les offices s'y célèbrent avec solennité. Pendant les vêpres de Noël surtout, on aurait pris cette église pour un paradis : décorations et illuminations magnifiques, exposition du Très Saint Sacrement, symphonies, chant des litanies de la sainte Vierge avec accompagnement d'orgue, tout transportait l'âme. Les rayons du soleil se réflétant sur les rideaux écarlates des fenêtres donnaient au lieu saint une majesté nouvelle.

« Durant l'office de la nuit, je remarquai dans la foule des fidèles une piété, un recueillement et une posture qui m'édifièrent beaucoup. La multitude qui se pressait au confessionnal et à la sainte Table, la prédication de l'Évangile, la pompe des cérémonies et la présence du R^{me} Père Bernardin de Montefranco, Custode de Terre Sainte, alors en visite à Nazareth [1], tout concourait à la splendeur des rites sacrés. Je me figurais être en Europe.

« Au milieu de l'église se trouve le sanctuaire qui occupe la place de l'humble chaumière habitée autrefois par Marie et Joseph. C'est ici que l'Ange salua la Reine du ciel « pleine de grâces, bénie entre toutes les femmes. » C'est ici qu'il lui annonça le mystère de l'Incarnation et que Marie répondit : « Voici la servante du Seigneur, qu'il me soit fait selon votre parole. » O *fiat* heureux ! tu fis descendre sur la terre le Messie promis, le Rédempteur du genre humain, notre Sauveur Jésus ! Bienheureuse cité, sanctuaire vénéré et à jamais vénérable ! C'est dans tes murs que le Verbe s'est fait chair ; oui, c'est ici que Dieu s'est fait homme pour sauver les hommes ! »

Nous ne suivrons pas le P. Aréso dans ses descriptions des Lieux saints qui sont autour de Nazareth, ni dans les détails qu'il nous donne sur les villes anciennes de Cana, Néocésarée, Sapha, et sur les monts bibliques du Thabor et de l'Hermon que l'on aperçoit dans le lointain. Saluons

---

[1] Le R^{me} P. Custode à la date du 27 décembre délivra au Père une attestation très élogieuse de son séjour en Palestine.

avec lui, au midi du Thabor, la grande plaine d'Esdrelon, autrefois si fertile et si peuplée, inculte aujourd'hui et presque déserte, la ville de Naïm au pied de l'Hermon et le lac de Tibériade que du Thabor le voyageur peut voir à l'horizon. Dirigeons-nous avec le Père vers Saint-Jean d'Acre, Sur et Beyrouth ; arrêtons-nous, cette fois, au mont Carmel qui est sur notre route.

Le Carmel s'élève, en effet, à l'ouest de Nazareth, dont il est éloigné de deux heures, et s'incline, en s'effaçant, vers la Méditerranée. Sur le versant qui regarde la mer et presque à la cîme de la montagne, le sanctuaire de MARIE s'offre aux regards du pèlerin.

« C'est un temple magnifique, dit le P. Aréso, nouvellement construit, ainsi que le Couvent. J'eus la consolation de célébrer la Messe sur l'autel de la Vierge du Carmel, vocable sous lequel les chrétiens aiment à invoquer leur Reine dans tout l'univers. L'image sainte est placée sur un trône très riche qui domine le maître-autel. Sous cet autel se trouve une chapelle dédiée au prophète Élie qui, sur cette même montagne, vit, en une extase, MARIE montant au ciel dans une nuée. Je remarquai, sur un rétable, les images de sainte Térèse et de saint Jean de la Croix, les deux célèbres réformateurs de l'Ordre du Carmel, nos deux illustres compatriotes, gloires de l'Espagne. Nous fûmes charitablement accueillis et traités par la Communauté. Jamais je n'aurais cru que DIEU me ferait la grâce de visiter le Carmel et pourtant il m'a donné ce bonheur. Que son nom soit béni pour cette faveur et tant d'autres dont il ne cesse de me combler ! »

Toutes les fois que l'occasion s'en présente, la dévotion, disons mieux, la tendresse filiale du P. Aréso pour MARIE se trahit presque malgré lui. Notre-Dame d'Uxué avait jadis captivé son cœur ; la visite au Carmel restera désormais vivante dans son souvenir.

« Nous nous rendîmes du Carmel à Saint-Jean d'Acre, continue-t-il. C'est là cette fameuse Ptolémaïs, jadis si brillante par ses richesses, son commerce et sa puissance, ornée de si beaux temples, de si nombreux Couvents. Aujourd'hui, plus de moines, plus de religieuses ; ils ont disparu et avec eux les sciences, les arts, le commerce, l'agriculture, la civilisation. La pauvreté, la barbarie et les ruines les ont remplacés....

« Le seul temple catholique resté dans un état convenable est la cathédrale grecque, où je vis l'évêque du lieu officier pontificalement. Les catholiques grecs, latins et maronites n'y sont guère plus de sept ou huit cents au milieu d'une population de six mille mahométans. On pourrait espérer des conversions dans l'avenir, si le gouvernement turc ne restreignait la liberté religieuse. Mais aucun musulman ne peut, sous peine de mort, embrasser la religion catholique et c'est là un obstacle également invincible au progrès de la foi et de la civilisation. Adorons les jugements de DIEU et espérons qu'un jour, suspendant le cours de sa justice, il étendra son bras miséricordieux sur ce malheureux pays.

« De Saint-Jean d'Acre, nous nous dirigeâmes vers Sur, l'ancienne et célèbre Tyr. Nous y passâmes une nuit chez un excellent catholique grec qui nous reçut avec beaucoup de charité. De l'opulente Tyr il ne reste presque plus que des ruines avec quelques misérables cabanes.

« Nous nous rendîmes ensuite à Saïda, autrefois Sidon, la rivale de Tyr, dont elle ne partage pas tout-à-fait le désastre. Elle a six ou sept mille habitants. Nos Pères y entretiennent une école, fondée par un Religieux de notre Ordre, Mgr François Villardell, archevêque de Philippes et Délégué apostolique du Liban.

« Je fis dans cette école une petite instruction en langue française, sur laquelle le maître, jeune homme instruit et bon catholique, insista en recommandant à ses élèves de conserver toujours présentes à leur mémoire les paroles qu'ils venaient d'entendre. Quelle satisfaction de voir des instituteurs laïques seconder ainsi le zèle du prêtre !

« Nous arrivâmes enfin à Beyrouth, qui compte plus de vingt mille âmes. Les catholiques grecs et les maronites y possèdent de belles églises. J'ai nommé les maronites. C'est toujours avec bonheur que j'en fais mention, à cause de leur attachement à la foi.

« Vingt-huit lieues environ séparent Beyrouth de Saint-Jean d'Acre : or, dans toute cette étendue, on ne rencontre que de rares plants d'oliviers, très peu de jardins, point de vignes, ni de bois, jusqu'à ce qu'on soit entré dans le pays presque exclusivement habité par les maronites. Mais là, des bords de la mer aux sommets les plus escarpés des montagnes, les villages se touchent, les couvents et les maisons de campagne couronnent les collines. De tous côtés, pas un arpent de terre qui ne soit utilisé par l'agriculture ou couvert d'oliviers, de vignes, d'arbres et de jardins. On compte plus de quatre mille maronites à Beyrouth ; et, hors de la ville, dans un rayon de vingt lieues, ce sont encore les maronites qui presque seuls peuplent les bourgs et les campagnes... »

Comparant la prospérité matérielle et morale, due surtout à l'influence du catholicisme, avec la misère et la désolation des pays musulmans : « les hérétiques, dit le P. Aréso, les schismatiques et les prétendus philosophes de l'Orient ne pensaient pas que leur révolte contre l'Église causerait les maux terribles, qui attristent aujourd'hui tous ceux qui visitent le Levant, pas plus que les hérétiques et les faux philosophes de l'Occident n'attribuent à leur haine de l'Église catholique les malheurs qui frappent déjà l'ancien monde et le précipitent à sa perte. S'ils pouvaient méditer cette parole que M. Thiers prononçait l'an dernier

(1848) à Paris : « La religion catholique seule peut sauver « la France ! » Oui, M. Thiers a énoncé là une vérité que lui-même avait méconnue. La France et d'autres nations de l'Occident sont sur le bord de l'abîme ; le catholicisme peut seul les sauver. »

A la fin de sa lettre du 2 février, le Père faisait allusion aux paroles de l'Apôtre des Gentils et se les appliquait : « J'ai déjà couru toutes sortes de dangers au milieu des peuplades, dans les déserts, sur terre, sur mer, sur les fleuves ; je vais de nouveau m'y exposer. Demain je m'embarquerai pour Alexandrie et de là, par le Nil, je compte me rendre au Caire. »

Ses prévisions n'étaient pas sans fondement : « Dès le 3 février, en quittant le port de Beyrouth, la mer était déjà grosse et agitée, raconte-t-il lui-même [1]. Bientôt la tempête se déchaîna avec une telle violence, que le pilote nous dit n'en avoir point vue de pareille depuis vingt-cinq années dans ces mers du Levant. Six jours après, nous entrions dans la mer de Rosette. Nous y restâmes deux jours à l'ancre. De là nous descendîmes à Aboukir et, longeant la côte, après dix jours d'une navigation difficile, nous pûmes aborder au port d'Alexandrie. Vous pouvez vous rendre compte des dangers de notre traversée, par ce fait que nous mîmes dix jours à faire un trajet qu'un vapeur parcourt ordinairement en quarante-huit heures. Nous perdîmes une ancre ; une autre se rompit. Pendant quatre jours, nous n'eûmes d'autre pain que le biscuit et, si nous avions tardé une heure à entrer au port, Dieu sait à quelles extrémités nous aurait réduit la famine, à quelle terre nous aurions pu aborder ; car nous avions un vent contraire et le vapeur n'avait de charbon que pour une heure. Gloire à Dieu qui nous a arrachés à la mort ! »

---

[1] Lettre du 23 février, publiée comme les précédentes, dans les *Lieux Saints*.

Ces derniers mots, qui lui échappent comme un cri de reconnaissance, nous laissent supposer des détails intimes que sa modestie a tenus cachés. Dieu seul connaît l'ardeur des prières qui de son cœur et de ses lèvres montèrent à Lui, dans ces jours de périls : aussi ne croyons-nous pas être téméraires en attribuant à la foi vive du Père la préservation de l'équipage. Ainsi l'apôtre saint Paul, auquel faisait naguère allusion notre Missionnaire, naviguant non loin de ces parages et essuyant une tempête plus horrible encore, mérita la vie sauve à tous les passagers.

De retour en Égypte, le P. Aréso profita de ce nouveau séjour pour s'édifier sur les souvenirs chrétiens. Plusieurs de ses lettres nous font part des pensées que lui inspiraient l'étude et le spectacle de cette terre biblique [1].

« L'Égypte entière ne comprend que dix-huit ou vingt mille catholiques sur trois millions et demi d'habitants. Vous voyez par là à quelle extrémité se trouve réduit ce pays fameux où jadis florissaient les sciences, les arts, le commerce, dont la population s'élevait à douze ou treize millions, possédait un patriarche, sept archevêques, environ quatre-vingts évêques et une infinité de Couvents et de solitaires qui firent des déserts de la Thébaïde, de Tabène et de Scété un vrai paradis terrestre.... On peut encore, au milieu des ruines, reconnaître la position de diverses métropoles. Parmi les Monastères les plus célèbres se trouvent ceux de saint Paul, premier ermite, de saint Antoine, abbé, des saints Macaire, Pacome, Arsène, Paphnuce, Jean d'Égypte, Géminien, celui de la Croix, des Martyrs, de l'abbé Apollon, etc. Quelle pensée consolante que celle de tant de saints qui ont peuplé le ciel ! Mais aussi quels sentiments de tristesse on éprouve, en voyant dominer l'erreur et la désolation dans leur patrie terrestre, jadis témoin de

---

[1] *Les Lieux Saints*, 9e et 10e lettres.

leur naissance et de leurs vertus! Que Dieu ait pitié de l'Égypte et lui rende son bonheur et son antique gloire, en y faisant prospérer la religion catholique!... »

Une lettre du R^{me} P. Général de l'Ordre, que nous allons citer à raison de son importance, est adressée au P. Aréso, au Caire. Bien que lui-même ne nous ait rien laissé qui puisse nous assurer de son séjour dans la capitale de l'Égypte, nous pouvons supposer qu'il y fit au moins une halte. Mais nous savons qu'à Alexandrie, où il demeura, il prêcha plusieurs sermons, non sans profit pour les âmes. Toutefois il ne fit pas un long séjour en Égypte. Sa santé n'y fut pas meilleure qu'en Palestine. Ses Supérieurs, cependant, avaient pu apprécier sa vertu, son zèle, son intelligence et son activité. Le R^{me} P. Custode frappé de ses qualités, proposa au R^{me} P. Général, Louis de Lorette[1], de le renvoyer en France en qualité de Commissaire Général de Terre Sainte. C'est ce que le Père nous apprend dans sa lettre du 2 juin 1849:

« Sous peu je m'embarquerai pour l'Europe, chargé d'une mission que m'a confiée le R^{me} Père Général de

---

[1] Le R^{me} P. Louis de Lorette gouverna l'Ordre avec beaucoup de sagesse de 1841 à 1850. Il avait été élu Général de l'Ordre le 19 décembre 1841.

Le P. Louis de Lorette revêtit la livrée séraphique le 15 août 1795, au Couvent des Mineurs Observants de Ripatransone, Province des Marches. Après sa profession religieuse et de brillantes études, il fut chargé d'enseigner au Couvent de l'Observance à Fano, d'abord les mathématiques et la physique, ensuite la théologie. Il avait un goût très marqué pour les sciences exactes, ce qui donnait à son esprit une rare précision dans l'enseignement théologique lui-même. Le 13 mars 1838, le savant professeur fut appelé à faire partie du Définitoire Général. Moins d'un an après, le 13 mars 1839, il était Procureur Général et recevait bientôt sa nomination de Consulteur du Saint Office et de l'Index. Après son généralat, il se retira dans son cher Couvent de Fano où il mourut en 1857. Ses dernières paroles furent celles-ci du *Dies irae*:

Rex tremendæ Majestatis,
Qui salvandos salvas gratis,
Salva me, fons pietatis.

l'Ordre. Maintenant plus que jamais j'ai besoin de prières; j'espère que vous ne m'oublierez pas dans les vôtres [1]. »

A la date du 12 avril, le Ministre Général lui écrivait la lettre suivante qui accompagnait les patentes de Commissaire de Terre Sainte et de Commissaire Provincial.

La double mission du P. Aréso y est très bien déterminée.

« Le R^{me} Père Custode de Terre Sainte m'a écrit, le 16 janvier dernier, que Votre Paternité ne pouvait malheureusement se faire au climat de Jérusalem et qu'il vous avait donné deux obédiences : une pour le Caire, l'autre pour la France où quelques évêques et d'autres pieux personnages désirent voir se rouvrir des Couvents de notre Ordre. Le Père Custode m'a dit aussi que vous pouviez en France être très utile à la Terre Sainte en y rétablissant des Commissariats. Il m'a prié de favoriser ces deux saintes entreprises qui s'aideront l'une l'autre.

« Je n'ignore pas que ce sont des œuvres très difficiles, mais réfléchissant sur les grands besoins de la Terre Sainte et sachant, d'ailleurs, que plusieurs de nos Religieux expulsés de l'Espagne pourront vous aider, en particulier à rétablir les Couvents, je vous envoie bien volontiers, remettant le tout entre les mains de DIEU, des pouvoirs pour aller en France étudier sur les lieux la situation et faire les démarches nécessaires. J'y joins des lettres patentes de Commissaire pour toute la France et je vous laisse libre de vous fixer dans l'endroit qui paraîtra le plus favorable à votre action. Si vous députez des Vice-Commissaires dans les départements à votre choix, je désirerais que ces Vice-Commissaires fussent des ecclésiastiques et, mieux encore, de nos Religieux dispersés. A Marseille, par exemple, d'où partent périodiquement des bateaux à va-

---

[1] *Les Lieux Saints*, 10e lettre.

peur pour le Levant, je crois qu'il faudrait un Vice-Commissaire et le bon P. Bonaventure Salord, qui habite cette ville, en remplirait très bien les fonctions.

« D'une manière générale je vous donne aussi le pouvoir de vous associer, après exhibition de ma lettre, et d'appeler à votre aide tous les Pères et Frères espagnols qui se trouvent présentement en France, pourvu que leur aptitude vous soit connue et qu'ils aient une conduite exemplaire.

« Il est entendu que vous vous rendrez en France quand vous le jugerez plus opportun et j'espère recevoir de vous-même la relation de vos succès. Je vous bénis de tout mon cœur.... [1]. »

Le 28 mai une lettre du R^{me} P. Bernardin de Montefranco, Custode de la Terre Sainte et plus tard Général de l'Ordre, donnait au P. Aréso la preuve des sympathies qu'il s'était attirées en Palestine et lui annonçait les préparatifs que l'on faisait à Jérusalem pour faciliter sa mission. A l'imprimerie de Jérusalem, on avait sous presse un mémoire aux évêques de France que le Père devait leur présenter.

Voilà donc le P. Aréso chargé d'une mission importante et revenant vers l'Occident. Cette mission, nous venons de le voir, est une double charge, celle de Commissaire Général de Terre Sainte et celle de Commissaire Provincial. Il a deux buts à atteindre, celui de rétablir dans la nation très chrétienne le Commissariat de Terre Sainte où doivent être centralisées toutes les offrandes destinées à l'entretien des Saints Lieux de Palestine et celui de restaurer quelques-uns des nombreux Couvents de Frères Mineurs qui couvraient autrefois le sol de la France. Le se-

---

[1] Lettera del R^{mo} P. Fr. Luigi da Loreto, Ministro Generale, Napoli, S. Severo Maggiore, 12 aprile 1849.

cond but était évidemment le principal. Aussi le Père se déchargea-t-il bientôt du Commissariat, pour consacrer toute son énergie, toute son activité apostolique à la poursuite de cette seconde entreprise. Ce sera l'œuvre capitale de sa vie. Nous allons donc maintenant voir agir le Restaurateur des Franciscains de l'Observance dans notre pays.

CHAPITRE IX.

1849-1852.

Divers essais de restauration à Paris, à Montbrison. — Le P. Joseph Aréso part d'Alexandrie d'Égypte. — La petite ville de Saint-Palais. — Mlle Toribia de Tapia, première bienfaitrice. — Mort de M. Fulgence de Zabala. — L'œuvre de Terre Sainte et les Conciles Provinciaux. — Protection de Mgr Fornari, nonce à Paris. — Le Père travaille de ses mains. — Il rassemble des Religieux espagnols dispersés. — Les PP. Obiéta et Izaguirre. — Observances des Collèges Innocentiens établies à Saint-Palais. — Grave maladie du P. Aréso. — Érection canonique du Collège de Saint-Palais. — Le premier Gardien. — Le nouveau Commissaire Provincial. — Lettre de félicitation du Rᵐᵉ P. Général.

Avant l'entreprise confiée au P. Joseph Aréso, divers essais de restauration des Franciscains de l'Observance avaient été tentés dans notre patrie.

Le premier était dû à l'initiative d'un simple fidèle. Il fit prendre à Paris, vers 1825, l'habit religieux à quelques jeunes gens; l'un d'eux était prêtre, un autre clerc. Dans le courant de l'année 1828, il se mit en relation avec le Ministre Général de l'Observance et lui envoya six de ses jeunes gens. Ils firent à Rome leur noviciat à *San Francesco a Ripa*. Mais, après le temps de probation, le Saint-Siège ne jugea pas opportun qu'ils fissent des vœux, à cause du peu de sécurité qu'offrait le gouvernement français aux Ordres religieux. Ils retournèrent à Paris avec la permission de prononcer leurs vœux, quand les temps paraîtraient plus propices. Le prêtre qui fit profession à son retour, était le P. Jean-Baptiste Dury, de Cluny. Après bien des épreuves, la petite Communauté de Paris se dispersa. Le P. Jean-Baptiste alla passer quatre ans à l'Alverne. Quand il quitta cette montagne bénie, en 1834, il parvint à rassembler quelques-uns de ses anciens compagnons qui, avec des émigrés espagnols et un petit nombre de sujets italiens, formèrent deux Communautés. La principale était à Montbrison.

Dans le courant des années 1837 et 1838, le R^{me} Père Jean de Capistran, Général de l'Ordre, avait lui-même le projet d'établir une Communauté à Montbrison, près du Monastère des Clarisses que les Pères devaient diriger. L'abbesse de ce Monastère, Mère Marie de Jésus de Vaux de Chabanolle, appelait de tous ses vœux cette fondation, « espérant voir les fils de saint François renouveler bientôt la belle Église de France où l'Ordre fut autrefois si florissant[1]. » Quelques Pères Italiens furent envoyés dans cette ville ; mais cet essai resta encore infructueux. Ils s'étaient joints au P. Jean-Baptiste qui avait de belles relations en France, mais dont les talents administratifs n'étaient pas à la hauteur de sa mission. Du reste, les jours étaient mauvais pour les Communautés d'hommes, et le préfet du département n'aimait pas les Religieux. Il envoya aux Pères l'ordre de quitter la France.

L'un d'eux pourtant, le P. Alphonse de San Léolino, de la Province Réformée de Toscane, réussit à rester à Montbrison où il fut jusqu'à la fin de sa longue vie le Père spirituel et l'aumônier des Clarisses. Sa mort édifiante arriva le 11 juin 1886. Il était né en 1805 et avait passé quarante huit années dans ses humbles fonctions d'aumônier.

---

[1] Lettre au R^{me} P. Jean de Capistran, 10 juin 1837.

Le P. Alphonse était connu au loin, et nous qui écrivons cette histoire, n'oublierons jamais qu'un prêtre, homme de Dieu lui aussi, fit un voyage exprès pour aller s'édifier et chercher des lumières auprès du Fils de saint François. On n'en parlait qu'avec le respect et la vénération que l'on a pour un saint. Le P. Alphonse avait une dévotion très tendre pour la sainte enfance de Jésus ; avec une statue du divin Enfant il opéra des guérisons et obtint à ses pieds des grâces merveilleuses.

Ce Religieux exemplaire, si aimé de la Province de Saint-Louis, à laquelle il fut agrégé, était comme le précieux débri des petites Communautés franciscaines que de nombreuses vicissitudes n'avaient pas permis d'établir en France, jusqu'au jour où l'Esprit de Dieu allait souffler la vie sur l'œuvre de restauration et lui donner au milieu de nous une parfaite stabilité.

Nous avons laissé le P. Aréso, faisant à Alexandrie les derniers préparatifs pour rentrer en France et s'élancer courageusement dans la carrière. Il porte avec lui les lettres patentes [1] qui l'accréditent auprès de l'autorité ecclésiastique et de l'autorité civile. Il est accompagné des vœux et des témoignages flatteurs d'estime du R^{me} P. Cus-

---

[1] Voici le texte de ces lettres :

Fr. Aloysius a Laureto,

Sacræ Theologiæ lector jubilatus, totius Ordinis Minorum S. P. N. Francisci Minister Generalis, Commissarius, Visitator, et Reformator Apostolicus, humilisque in Domino servus.

Dilecto Nobis plurimum in Christo R. P. Josepho Areso, Regularis Observantiæ S. P. Francisci Alumno, Concionatori, Lectori et Ex-Missionario N. Collegii de Olite, salutem et in Spiritu S. consolationem.

Cum ad aures nostras pervenerit Excellentissimos quosdam Episcopos, aliosque religiosissimos Viros christianissimæ Galliæ, ob peculiarem qua erga Seraphicum N. Ordinem feruntur devotionem, exoptare ut apud Ipsos Minoritica Cœnobia restituantur, vel noviter construantur, hinc ut Eorum piis votis fiat satis, Tibi a præfatis Excellentissimis Episcopis ad id operis exoptato facultatem facimus

tode, Bernardin de Montefranco qui, non content d'une première attestation, lui envoie une seconde lettre remplie d'éloges et de marques d'amitié[1].

Au mois de juin 1849, le P. Aréso quittait Alexandrie d'Égypte pour Marseille. Il se dirigea directement sur Saint-Palais qu'il avait habité. Là il pensait trouver les ressources nécessaires pour inaugurer sa nouvelle mission et fonder un Couvent. Depuis longtemps déjà ses regards s'étaient arrêtés, ainsi que ses plans, sur cette petite ville que le voisinage de la famille de Zabala lui rendait encore plus chère.

Saint-Palais est situé à 54 kilomètres de Bayonne, au pied des Basses-Pyrénées. Les Basques l'appellent Dona-Palaï. Sans être très important, c'est néanmoins le centre d'un commerce actif et le rendez-vous d'un fort marché. La Bidouse arrose la ville, et les routes de Bayonne, Orthez, Mauléon rayonnent sur la moitié de sa ceinture. Depuis quelques années, le chemin de fer de Puyoo à Saint-Jean-Pied-de-Port est arrivé à Saint-Palais. On assure qu'autrefois un parlement en fuite y tint ses tremblantes assises. De cette grandeur historique, il lui reste un tribunal de première instance. Mais ce qui vaut mieux,

---

Galliam petendi ; ibique ea omnia examinandi, et pertractandi, quæ necessaria sunt, ut saltem unum Cœnobium, loco Tibi bene viso, ad excipiendos N. Ordinis Religiosos disponatur. Postquam vero omnia a Te pertractata Nobis retuleris, prout in Domino judicabimus, necessarias ad tantum opus perficiendum Tibi comparabimus facultates. Interim Te maximopere commendamus religiosissimis semperque munificentissimis Reipublicæ Galliæ moderatoribus, Archiepiscopis, Episcopis, Parochis, omnibusque N. Ordinis Benefactoribus, ad quos pro tam sancta opera perficienda accesseris. Vale, Deumque pro Nobis exorare memento.

Dat. Neapoli in N. Con. S. Severi Majoris, die 12 Aprilis 1849.

Fr. ALOYSIUS A LAURETO M' G''

De mandato P. S. Rme

Fr. FULGENTIUS TAURINUS, a Secretis Ordinis.

[1] Datée de Jérusalem, le 28 mai 1849.

elle possède le calme nécessaire à la contemplation et à la préparation de l'apostolat.

Le P. Aréso pouvait compter sur la générosité des habitants ; mais il avait déjà reçu un secours providentiel d'une pieuse demoiselle qu'il ne cessa par reconnaissance, de recommander à Dieu dans de ferventes prières.

Les fidèles de Saint-Palais, présents dans la pauvre église des Franciscains au moment où les Religieux allaient faire au chœur la station du Saint Sacrement, pouvaient entendre la voix grave d'un vieillard, invitant la Communauté à prier pour Mademoiselle Toribia de Tapia, première bienfaitrice. A cette invitation, tous les Religieux étendaient les bras en croix et récitaient six *Pater*, *Ave* et *Gloria Patri*.

Mlle Toribia de Tapia était née à Cerso de Pasco (Pérou) de parents riches et honorables. Lorsqu'elle eut atteint la majorité, elle quitta sa famille pour aller à Lima se consacrer à Dieu. Lima était en pleine révolution. Émue, mais non déconcertée, Mlle Toribia s'embarqua pour l'Espagne, où elle espérait pouvoir exécuter le dessein qu'il n'était pas prudent de réaliser dans sa patrie. Elle fit la traversée sur le même bâtiment que la famille de Zabala et gagna vite leur confiance par sa piété, sa modestie et les charmes de sa conversation. En débarquant, nos passagers apprirent que ce pays était lui aussi en proie aux agitations révolutionnaires. L'Espagne venait de proclamer sa Constitution. Le sort des Ordres religieux était, comme nous l'avons déjà vu, fort menacé, le présent plein de périls et l'avenir incertain. De nouveau arrêtée dans sa voie, Mlle de Tapia cédant aux instances de M. de Zabala, se chargea de l'éducation de sa jeune fille, Dona Maria Nicolasa. Elle fut plutôt une mère qu'une gouvernante.

Le P. Aréso avait eu occasion, dans cet intérieur chrétien, d'admirer la vertu de Mlle Toribia. Elle, de son côté, ne perdit jamais le souvenir de la ferveur et de la mortification de l'enfant de saint François.

Le 10 août 1847, ils pleuraient leur commun bienfaiteur. M. Fulgence mourut à Cibour près de Saint-Jean de Luz où, malgré son état d'infirmité, il était allé accompagner sa fille qui devait prendre les bains de mer. La maladie dont il souffrait s'aggrava tout à coup. Il ne proféra aucune plainte : pas un soupir, pas une parole qui pût alarmer sa famille. Il continuait à faire ses visites au Très Saint Sacrement et ses autres exercices de piété. Le jour même où il se mit au lit pour ne plus se relever, il alla le matin à l'église, comme à l'ordinaire, fit sa méditation à genoux, entendit la messe et reçut la sainte communion. On remarqua seulement qu'à l'action de grâces il s'était assis, ne pouvant plus se tenir à genoux. Il revint à son logis, se coucha et cinq jours après, le 10 août, il rendit son âme à Dieu. Son corps fut embaumé à Bayonne et enterré dans l'église de Beyrie où il avait passé tant d'heures de sa vie devant le tabernacle.

Quelques mois après la mort de M. de Zabala, Mlle de Tapia partit de Beyrie pour l'Espagne où elle mourait elle-même au mois d'avril 1848. Par son testament, elle laissait une somme de 30.000 francs, en faisant connaître son intention que cet argent servît à l'acquisition d'une maison où le P. Aréso pût inaugurer le rétablissement de son Ordre en France.

A son retour de Terre Sainte, le Père s'empressa de remplir les devoirs que lui faisait la charitable testatrice. Mlle de Zabala offrit aussi au P. Aréso une certaine somme qu'il refusa par délicatesse. La famille de Zabala voulut au moins contribuer à l'ameublement de la maison que l'on allait acheter.

Ces ressources matérielles auxquelles la charité des

gens du pays ajoutait sa part, permettaient au Restaurateur de consacrer son activité au recrutement des futurs Religieux.

Tout en travaillant à la fondation d'un Couvent, le Père ne négligeait pas de promouvoir dans toutes les occasions qui s'offraient à lui, l'œuvre de Terre Sainte. C'est ainsi qu'ayant appris la prochaine réunion d'un concile provincial à Tours, il écrivit à l'archevêque de cette ville, le 16 octobre 1849 :

« Je prie Votre Grandeur de présenter aux Vénérables Pères du Concile Provincial, qui va se célébrer à Tours, l'exposition ci-jointe en faveur des Lieux Saints (celle que l'on avait imprimée à Jérusalem). Les Souverains Pontifes, Votre Grandeur le sait, ont fait pour cette fin, par diverses Bulles, l'obligation de quatre quêtes annuelles dans toutes les Églises de la chrétienté. Néanmoins si les temps fâcheux dans lesquels nous nous trouvons, mettaient un obstacle insurmontable à l'exécution entière de ces Bulles, je voudrais que Votre Grandeur recommandât instamment aux Vénérables Pères du Concile, à défaut de mieux, une quête annuelle [1]. »

Cette lettre le P. Aréso l'adressa aux autres Conciles Provinciaux, en y joignant son exposition en latin et son *Appel aux Catholiques* DE FRANCE, au sujet de la même œuvre.

Pour l'érection de son premier Couvent à Saint-Palais, il n'avait pas manqué de solliciter l'agrément et la protection de l'autorité diocésaine et du représentant de l'autorité suprême. Le P. Aréso s'était fait un devoir de présenter au Nonce apostolique, Mgr Fornari, les lettres de

---

[1] On voit ainsi que les dispositions récemment prises par le Saint-Siège à cet égard ne sont qu'une miséricordieuse dispense de l'exécution parfaite des Bulles des Papes, bien loin d'être une charge nouvelle.

recommandation qu'il tenait du R^{me} P. Louis de Lorette et de lui exposer son dessein de rétablir l'Ordre en France. Il s'était tout d'abord ouvert à ce prélat du projet de Saint-Palais.

L'entreprise étant bonne et opportune, le Nonce ne demandait pas mieux que de l'encourager.

Il écrivait au Père : « J'aurais bien volontiers secondé votre pieux désir en vous expédiant les pouvoirs que vous me demandez, pour l'acquisition du terrain nécessaire à l'établissement du nouveau Couvent de l'Ordre séraphique au diocèse de Bayonne. Mais n'ayant pas ces cas compris dans ma délégation, j'ai aussitôt écrit à l'Éminentissime Préfet de la S. Congrégation des Évêques et Réguliers pour en obtenir ce que vous désirez.

« J'ai fait part de ma démarche à Votre R^{me} Père Général qui pourra s'employer afin que la réponse arrive promptement et qu'elle soit favorable. Je vous la transmettrai incontinent.

« Je me recommande à vos prières et vous assure que je suis tout disposé à vous aider en tout ce que je pourrai[1]. »

L'autorisation arriva peu après, avec tous les pouvoirs pour l'érection de la chapelle conventuelle.

Le Père payait généreusement de sa personne. Il pouvait dire plus tard que ses mains avaient travaillé à l'édifice matériel, non moins que son esprit et son cœur à l'édifice spirituel de son Ordre au milieu de nous.

Pendant l'année qui venait de s'écouler depuis son arrivée à Saint-Palais, il s'était procuré une maison avec jardin et l'avait lui-même aménagée pour recevoir ses frères. Les deux premiers arrivés le trouvèrent au milieu des ouvriers, dans la poussière des réparations, servant

---

[1] Lettre de son Excellence le Nonce Apostolique, du 18 août 1850.

les maçons et les plâtriers avec une simplicité et une joie toute franciscaine.

Le Père avait besoin surtout de s'adjoindre des coopérateurs; il lui fallait des hommes remplis de l'esprit séraphique. Il avait songé à faire appel à deux vénérables Religieux dont il connaissait déjà le mérite et qu'il savait très propres à la réalisation de ses projets. C'étaient les PP. Jean d'Obiéta et Joseph Laurent Izaguirre, Missionnaires du Collège de Zarauz, dans la Province de Cantabre.

Le Collège de Zarauz ayant été dissout en 1840, ces deux Pères se retirèrent dans un quartier isolé de la ville d'Aga, à une lieue et demie de leur ancien Couvent; ils choisirent une pauvre maison et vécurent là pendant deux années, uniquement occupés des exercices de la prière et de la pénitence. Ils célébraient tous les jours la Messe dans un petit oratoire voisin, et le dimanche, le P. Obiéta prêchait aux fidèles qui s'y réunissaient.

Les Missionnaires de Zarauz passèrent ensuite en France, séjournèrent un an dans le diocèse de Bayonne et se rendirent de là en Italie. Ils demandèrent au Ministre Général la grâce d'entrer dans l'humble Couvent de Civitella, aujourd'hui Bellegra, près de Subiaco.

Le Couvent de Civitella, que tant de saints Religieux ont habité, est encore tout embaumé du parfum de leurs vertus; on y conserve le corps du B. Thomas de Cori qui fut l'apôtre de ces contrées. Les deux exilés vécurent dans ce Couvent de retraite pendant sept années, édifiant leurs confrères italiens par leur obéissance et leur charité fraternelle. Ils purent, avec l'agrément du R^{me} P. Général, répondre à l'invitation du P. Aréso, dirent adieu à leur solitude et arrivèrent à Saint-Palais vers le mois d'octobre 1850.

Les PP. Obiéta et Izaguirre, à peine réunis au Restaurateur, pensèrent qu'il convenait de faire de cette première maison, un Collège semblable à ceux d'Olité et de Zarauz. Ensemble, ils adoptèrent les statuts Innocentiens et, sur cette base, rédigèrent des statuts particuliers à la fondation nouvelle.

Le P. Aréso venait de faire une grave maladie, qui l'avait conduit aux portes du tombeau, maladie occasionnée par ses préoccupations et les difficultés matérielles de la restauration.

Le 22 janvier 1851, le P. Sixte Escudéro lui écrivait :

« D'après la lettre que j'avais reçue de notre P. Obiéta, je me représentais votre situation comme fort alarmante, et, à vous dire vrai, je m'attendais d'un moment à l'autre à une catastrophe. Aussi m'abandonnais-je aux pensées les plus noires et aux réflexions les plus navrantes ; car, ne connaissant personne parmi nos Pères qui fut capable, à mon avis, de poursuivre votre sainte entreprise, je regardais la chose comme une affaire manquée, et il me semblait voir déjà sur nous l'accomplissement de cette terrible sentence : *Percutiam pastorem et dispergentur oves gregis.*

« J'ai écrit sans délai à nos Pères de Dieppe pour leur annoncer que vous allez mieux, et leur recommander de prier pour le rétablissement de votre santé. »

Le P. Escudéro était un Religieux de la province d'Aragon, exilé comme le P. Aréso et aumônier du vicomte d'Ambray, pair de France. Deux de ses confrères de la même Province : les PP. Roch Claramunt et François Vidal, cousin du P. Roch, étaient à Dieppe, le P. Vidal attaché à la paroisse Saint-Remy et le P. Claramunt, chapelain d'une Communauté.

Ces Pères avaient été appelés par le Restaurateur pour former avec les PP. Obiéta, Izaguirre et deux Frères qui n'avaient pas encore pris l'habit, la première Communauté à Saint-Palais.

Quand les Pères réfugiés en France se réunirent, ils trouvèrent, comme nous l'avons dit, le P. Aréso et les anciens réfugiés d'Italie dans une très humble et très pauvre habitation, suivant les statuts Innocentiens, base de la discipline religieuse observée dans les Collèges des Missionnaires Franciscains. L'installation n'était pas encore faite ; la modeste chapelle qu'il avait fallu bâtir avait retardé l'érection canonique.

Par un Bref du 5 mai 1851, Pie IX autorisait cette érection sous le vocable de l'Immaculée Conception. La cérémonie fut fixée au 12 juin. Mgr Lacroix, évêque de Bayonne, empêché de se rendre à Saint-Palais, délégua M. Larrabure, curé-doyen qui, au milieu de la joie universelle, en présence des autorités et de l'élite de la population, chanta la messe et remplit toutes les prescriptions du Rituel. Le même jour on prononçait la clôture et la vie commune commençait.

Ce fut vraiment pour les enfants du Pauvre d'Assise un jour de bonheur. Tandis que dans la malheureuse Espagne tant de Communautés franciscaines étaient détruites, Dieu leur faisait la grâce d'en relever une presqu'à la frontière de leur pays.

Le R. P. Laurent Izaguirre avait été nommé Gardien et, afin que l'œuvre de restauration put se poursuivre plus activement, le Ministre Général, alors le R^{me} P. Venance de Celano[1], confirma officiellement le R. P. Aréso dans la charge de Commissaire Provincial de l'Ordre en France. Le titre officiel lui fut expédié le 26 août.

Vers ce même temps, le Général de l'Ordre exprimait

---

[1] Le R^{me} P. Venance avait été élu Ministre Général en 1850. Il succédait au P. Louis de Lorette. Après avoir gouverné l'Ordre environ six ans, il se retira et mourut pieusement à Naples en 1861.

au Père tout son bonheur de voir ses premiers succès dans une œuvre si difficile.

« Je me félicite beaucoup avec votre Paternité, lui écrivait-il, de ce qu'elle a réussi heureusement dans une entreprise à dire vrai très difficile. Avec la persévérance, votre Paternité a su vaincre tous les obstacles, et le bon Dieu a béni son œuvre. La fondation de Saint-Palais doit être d'une observance parfaite, parce qu'elle devra servir de modèle aux autres qui se formeront avec la grâce de Dieu, au sein de la généreuse nation française[1]. »

Au mois d'octobre de cette année 1851, deux autres espagnols, les PP. Emmanuel Béovidé et Joseph Elola, vinrent augmenter le nombre des Franciscains de Saint-Palais.

[1] *L'Année Franciscaine*, Bulletin Préliminaire, pages 21 et 22.

CHAPITRE X.

1852.

Projet d'un noviciat. — Paris. — M. du Havelt et quelques personnages du temps. — M. Poujoulat et sa brochure. — Formation d'un Comité. — Amiens : convenances historiques. — Lettre de Mgr de Salinis. — Encouragements de l'épiscopat. — Appel aux Franciscains-Récollets de Belgique. — Installation à Amiens. — Présidence et allocution du cardinal Wiseman. — Mandement de Mgr l'évêque d'Amiens. — Joie et encouragements du Ministre Général.

Le Père qui était à Paris depuis le mois d'octobre 1851, s'ouvrait avec confiance au Ministre Général. « Je ne réussis pas encore, lui disait-il, dans la fondation d'un second Couvent en France, mais j'espère avec le temps et la persévérance y arriver. Les journaux l'*Univers* et l'*Ami de la Religion* ont commencé à parler en notre faveur; ces deux feuilles disposeront l'opinion publique et feront disparaître les entraves qui se présentent sur mon chemin[1]. »

Ainsi le Restaurateur poursuivait sa difficile entreprise, sans présomption comme sans découragement.

Le P. Aréso comprenait bien que Saint-Palais était une trop petite localité, pas assez centrale pour favoriser l'entrée des Français dans l'Ordre. Il songeait donc sérieusement à établir un noviciat dans une ville importante et

---

[1] Lettre datée de Paris, le 26 février 1852; Archives Générales de l'Ordre.

avec laquelle les communications fussent plus faciles de tous les côtés de la France. Il avait également besoin de la publicité, de ressources pécuniaires et de sujets. Nous venons de voir que la publicité commençait à lui venir en aide à Paris ; il recevait aussi les dons des catholiques, ayant à leur tête les premiers pasteurs. Quant aux sujets, il lui arrivait des demandes d'admission et aussi la bonne nouvelle d'une recrue inespérée.

Le P. Custode de Terre Sainte l'informait qu'un prêtre français avait revêtu l'habit de l'Ordre à Jérusalem et qu'il pourrait se joindre aux novices qui allaient être réunis en France. Ce prêtre était l'abbé Joseph Engelvin, déjà très avantageusement connu par sa piété et son éloquence dans plusieurs diocèses[1].

---

[1] Le P. Joseph-Marie-Louis Engelvin était né à Pontgibaud (Puy-de-Dôme) en 1795. Son éducation première fut loin d'être religieuse, comme on peut le voir par ce qu'il en dit lui-même :

« Il y avait dans une petite ville de province un jeune homme élevé dans toutes les erreurs de la philosophie du dernier siècle. Une mère l'avait bercé dans le doute ; les lycées du premier empire n'avaient fait qu'aggraver son état moral ; un savant malheureusement connu sous la Restauration par les ouvrages d'histoire les plus anti-chrétiens, protecteur et patron du pauvre jeune homme à Paris pendant ses études, avait achevé l'œuvre de destruction et de mort.

« Pour revenir de si loin à la foi, ajoute-t-il, il a fallu autre chose qu'un changement de temps ou de vent, autre chose que des déceptions dans la vie, autre chose que de l'imagination et de l'enthousiasme. Je puis assurer que nulle part la réflexion, la méditation, le raisonnement n'ont joué un plus grand rôle que dans ce mystérieux passage des ténèbres à la lumière. »

Aussitôt qu'il eût vu, Joseph Engelvin se trouva, par l'effet d'une autre grâce de Dieu, plein de courage et d'ardeur pour embrasser et mettre dans sa vie pratique la vérité. Mais il disait : « Si je suis du nombre de ceux qui ont eu le bonheur de trouver la vérité, que je sois du nombre de ceux qui, plus heureux encore, ont le courage d'y persévérer jusqu'au bout. » Et c'est en vue d'obtenir ce résultat de persévérance qu'il exécuta le dessein, que le Ciel lui inspirait, d'être prêtre. Il fit donc ses études théologiques et, se sentant un désir immense du salut des âmes, il se voua tout entier à la prédication, dans la société des missionnaires du diocèse de Clermont. Mais là encore, comme dans les fonctions de curé de Pontgibaud qu'il exerça quelque temps, sa mauvaise santé vint lui faire obstacle et l'obliger à la

Le P. Aréso avait écrit de Paris le 15 mars, au T. R. P. Délégué Général :

« Je travaille ici à obtenir quelque secours du gouvernement, afin de pouvoir acheter un Couvent qui est à vendre, en dehors de Paris, mais pas très loin. Si je peux y réussir, je demanderai alors à Votre Paternité l'autorisation d'aller en Belgique [1]. »

retraite. C'est alors qu'il sentit renaître en lui le désir qu'il avait eu les premiers jours de sa conversion, de visiter le tombeau du Sauveur. Il alla en Terre Sainte où il reçut l'hospitalité chez les Franciscains, gardiens du Saint-Sépulcre.

« La Providence m'attendait à Jérusalem, dit-il, pour quelque chose que je n'avais pas prévu. Après avoir rêvé l'état religieux depuis les premières années de mon sacerdoce et rencontré toujours devant moi un obstacle invincible s'opposant à cette pensée, j'ai vu tomber l'obstacle en posant le pied sur la terre des mystères et des miracles. J'ai fourni, avec une santé parfaite, la carrière du noviciat, qui n'est pas sans quelques difficultés, et je me suis levé un jour soldat, enrôlé dans la milice de saint François. L'œuvre de bénédiction et de grâce s'est opérée à Jérusalem. »

Deux ans après son entrée dans l'Ordre des Frères Mineurs de l'Observance, le R. P. Engelvin rentra en France et bien qu'il ne fût pas fils de la Province de Saint Louis, il se mit à la disposition du T. R. P. Aréso. Partout où il parut, il fit éclater tout ce que ses vertus avaient acquis de développement dans la Terre Sainte, et sa parole, de prestige et d'onction. Il prêcha beaucoup en province et même à Paris, avec un réel succès. Les populations accouraient pour le voir et l'entendre, et chacun se retirait persuadé d'avoir vu et entendu un apôtre, un saint. Avant de monter en chaire, il prenait toujours une rude discipline.

En 1856, le Commissariat Général de Terre Sainte ayant été fixé à Paris, sous la direction du T. R. P. Fulgence Rignon, le P. Engelvin lui fut adjoint comme auxiliaire et, pendant cinq années, il ne cessa de lui prêter le concours le plus actif et le plus dévoué ; il fut dans cette charge ce qu'il avait été partout, bon, charitable, d'un zèle à toute épreuve, d'une humilité exemplaire, d'une piété angélique, d'une affabilité presque sans pareille. Pendant les cinq années qu'il passa au Commissariat, il ne cessa de travailler, de prêcher avec une ardeur que l'on fut souvent obligé de modérer dans l'intérêt de sa santé. Après avoir travaillé à la fondation du Couvent du Bourg-Saint-Andéol au diocèse de Viviers, c'est à Clermont-Ferrand que le P. Engelvin termina sa carrière si belle et si bien remplie, le 23 août 1861. Il est auteur de plusieurs ouvrages, entre autres : les *Fleurs de Marie*, le *Voyant*, le *Prêtre*, *Roses célestes*, les *Saintes Larmes*, le *Sage*, *Voyage en Orient*.

[1] Archives Générales de l'Ordre, *Francia*.

Le P. Aréso espérait que le Provincial Belge lui céderait deux ou trois Religieux avec lesquels il établirait le noviciat. Son projet de fondation aux environs de Paris ne devait se réaliser que beaucoup plus tard et dans d'autres conditions.

Quant au voyage de Belgique, le P. Aréso allait bientôt l'entreprendre.

Dans la même lettre, le Père ajoutait : « Les renseignements que je peux donner à Votre Paternité sur les démarches qu'a faites M. le baron du Havelt auprès du gouvernement espagnol, sont qu'il a rédigé une requête pour demander le rétablissement de notre Ordre séraphique en Espagne. On recrutera ainsi plus facilement des Religieux qui se consacreront à la garde des Lieux Saints. Mais je ne crois pas que le gouvernement fasse grand cas de cette requête. Cependant elle est une preuve incontestable du grand zèle que M. le baron a pour la Terre Sainte. »

M. du Havelt fut toujours très secourable au P. Aréso : Par lui le Père, mis en rapport avec plusieurs hommes éminents, trouva en eux des sympathies que M. du Havelt lui ménageait dans les grandes occasions. M. de Montalembert et M. Poujoulat, entre autres, furent de précieux auxiliaires, enrôlés par le baron du Havelt. Il est vrai que toutes les nobles causes les attiraient. M. Poujoulat mit sa plume au service de l'œuvre.

Le P. Aréso avait fait à Paris la connaissance de Mgr de Salinis, évêque d'Amiens, et traité avec l'illustre Prélat de la fondation d'un noviciat dans sa ville épiscopale.

Sous ce titre : *Fondation d'un Noviciat de Franciscains en France*, M. Poujoulat publia une brochure bien digne de sa foi, de son patriotisme et de son talent. Elle reproduisait les idées d'un discours qu'il venait de prononcer. Nous ne pouvons rien faire de mieux que d'en citer les principaux passages :

« Lorsque après deux cents ans de guerre aux pays d'outremer, dit-il, les colonies chrétiennes eurent succombé en Syrie sous les coups des armées parties d'Égypte, la piété européenne ne s'approchait qu'en tremblant des plus augustes sanctuaires de l'univers. Au milieu de Jérusalem, livrée à la domination musulmane, les seuls asiles restés ouverts aux pèlerins chrétiens étaient les hospices de Saint-Jean et de Saint-Lazare. Quand les Hospitaliers se furent éloignés de la ville des Prophètes et du Christ, les visiteurs pieux n'y trouvèrent plus personne qui les accueillît; ils ne rencontraient que des visages ennemis dans ces lieux où les attirait l'ardeur de leur foi. Robert d'Anjou, roi de Naples, inspiré par les devoirs que lui imposait son titre de roi de Jérusalem, s'occupa de remplir le vide que faisait dans la Ville sainte le départ des Hospitaliers de Saint-Jean et de Saint-Lazare; il jeta les yeux sur les Frères Mineurs qui, en 1313, commencèrent autour du divin tombeau leur mission de charité et de vigilance intrépide. Près d'un siècle auparavant, le fondateur de leur Ordre, saint François d'Assise, avait visité la Syrie en missionnaire, s'était dirigé vers Damiette que menaçait une formidable armée chrétienne et avait étonné le soudan Malek-Kamel par l'audace de sa foi. Depuis ce voyage de saint François, l'Orient avait toujours vu des Missionnaires de l'Ordre des Frères Mineurs, et c'est à eux et aux Religieux de Saint-Dominique que le Pape Grégoire IX avait confié le soin de prêcher la guerre sainte en Europe et la paix entre les chrétiens.

« L'établissement en Terre Sainte des Frères Mineurs ou Franciscains, chargés de recevoir les pèlerins chrétiens et de garder le Saint-Sépulcre date donc de l'année 1313. Plusieurs bulles des Souverains Pontifes ont confirmé cette mission. Elle a été confirmée aussi dans les Capitulations de François Ier, renouvelées et augmentées par

Henri IV, Louis XIV et Louis XV. La protection française et l'assistance de la chrétienté ne manquèrent jamais aux Franciscains. Plus de cinq siècles se sont écoulés depuis que les disciples de saint François d'Assise ont pris possession des sanctuaires de la Palestine et, malgré les persécutions de toute nature, inséparables d'une vie passée au milieu de la barbarie musulmane, ils sont restés au poste d'honneur! Le royaume Français de Jérusalem, fondé par des prodiges de bravoure, ne put durer que quatre-vingt-huit ans, et quelques hommes qui vont nu-pieds avec la robe de laine et le cordon blanc, sans autres armes que la prière, sans autre bouclier que la persévérante énergie de leur foi, se succèdent à travers les temps autour du Calvaire et de la crèche de Bethléem, sorte de dynastie religieuse, toujours soumise à la même Règle et se soutenant par la pauvreté et l'oraison!

« Une histoire qui, remontant à la première époque de l'établissement des Franciscains en Palestine, nous offrirait le tableau de leurs souffrances, de leurs luttes, de leur patience courageuse, serait d'un intérêt grave et touchant; le récit se changerait plus d'une fois en martyrologe, et après avoir vu que les premiers gardiens du saint Tombeau furent des Franciscains de notre nation, nous verrions aussi que le premier martyr fut un Français; il se nommait Frère Limin, il était né en Touraine....[1]

« A défaut de sentiments religieux, il suffirait d'un peu de patriotisme pour souhaiter que la France reparaisse sous les pieux étendards de François d'Assise, dans ces phalanges obscurément immortelles qui se dévouent à la

---

[1] Ce vœu de M. Poujoulat est en voie de réalisation. Un auteur de beaucoup de talent, madame Sodar de Vaulx, écrit cette histoire, sous le titre bien choisi de *Gloires de Terre Sainte*. Elle ne pouvait mieux préluder à ce récit qu'en publiant son beau livre *Les Splendeurs de la Terre Sainte* dont la lecture nous a ravi.

plus glorieuse des missions. Que faut-il pour atteindre ce but? La fondation d'un noviciat de Franciscains dans notre pays. Rien de plus simple que l'accomplissement d'une telle œuvre, si la bonne volonté l'accueille... La France, depuis quelques années, nous a donné le droit de croire à son retour vers des idées de justice religieuse ; elle voit passer des robes de moine, sans avoir peur que le soleil de la civilisation ne s'éteigne ; elle ne regarde plus la perfection chrétienne comme un danger pour l'avenir du monde.

« Un Religieux, d'un doux caractère et d'un esprit éclairé, le Père Joseph Aréso, Commissaire Provincial des Franciscains, et Commissaire de Terre Sainte en France, avait reconnu de loin les tendances réparatrices de notre temps, lorsque, envoyé par ses chefs et autorisé par le Saint Siège, il est venu au milieu de nous travailler au rétablissement de l'Ordre de saint François. Il s'est présenté au nom de notre propre gloire et aussi au nom des intérêts nouveaux et religieux de notre patrie qui a tant besoin d'ouvriers évangéliques. C'est ici le second caractère de l'œuvre à laquelle nous convions tous les nobles cœurs..

« L'Ordre de saint François ne se borne pas à la garde des Saints Lieux ; il est encore missionnaire. Les établissements des Frères Mineurs en Syrie, en Egypte et dans l'île de Chypre sont autant de missions. Leurs prédications ont retenti en Occident comme en Orient ; l'Église garde la mémoire de leurs travaux d'apôtres....

« La France que les longues révolutions et les vastes ruines commencent à ramener aux pensées éternelles, trouverait dans les Frères Mineurs des instruments au profit du travail religieux. Les ouvriers manquent en face des moissons blanchissantes : que sont les ressources actuelles de l'Église de France en présence des besoins immenses de l'apostolat ? La révolution a brisé entre les mains de l'Église ces outils providentiels qui servaient à l'accomplissement de tant de grandes choses. Des efforts réparateurs se produisent ; l'association religieuse se refait par la force invincible des choses ; elle reparaît parce qu'on ne ne peut plus s'en passer. Il faut que les enfants de saint François d'Assise soient admis à faire le bien parmi nous, comme on a vu les enfants de saint Dominique payer par de bons et d'illustres services la liberté qui leur a été donnée.

« Ainsi donc en Orient l'influence française, au milieu de nous de nouveaux apôtres, tel est le double caractère de l'œuvre du R. P. Joseph Aréso ; du noviciat de Franciscains en France sortiront des gardiens du Saint Sépulcre et des missionnaires pour notre pays.

« Une œuvre aussi nationale méritait l'appui du gouvernement ; hâtons-nous de dire que cet appui lui a été accordé. L'autorité des évêques se mêle à l'autorité des plus grands souvenirs pour recommander une pensée dont les fruits seront si éclatants. C'est déjà mieux qu'une pensée, c'est un fait. La maison qui doit servir au noviciat est achetée, le noyau de la Communauté est là tout prêt ; des vocations se sont déjà rencontrées parmi les ecclésiastiques français.[1] »

Un comité s'était formé pour diriger l'action recommandée par la brochure de M. Poujoulat[2]. Une supplique, présentée aux évêques de France par le Restaurateur des Franciscains de l'Observance, poursuivait le même but.

---

[1] Poujoulat, *Fondation d'un Noviciat de Franciscains en France*. p. 10. Paris, Ch. Douniol. 1852. Cette brochure fut répandue par milliers d'exemplaires.
[2] Il convient de faire connaître les noms des membres du *Comité pour la fondation d'un Noviciat de Franciscains en France*, les voici : Mgr l'évêque d'Amiens, Président ; MM. le comte de Montalembert, député au Corps Législatif, et Poujoulat, ancien représentant, ancien voyageur en Orient, Vice-Présidents. Venaient ensuite : MM. de Corcelles, ancien représentant, Lenormant, membre de l'Institut,

Le diocèse d'Amiens est une portion privilégiée du champ de l'Église, où Dieu semble se plaire à jeter les semences d'œuvres importantes. C'est un enfant d'Amiens qui le premier poussa dans le monde ce cri : — *Dieu le veut;* c'est un évêque d'Amiens qui donna l'impulsion au mouvement organisateur des communes ; c'est sur le territoire picard que les compagnons de Godefroy de Bouillon, duquel devait descendre un héros franciscain, saint Antoine de Padoue,[1] jurèrent tous de délivrer le tombeau du Sauveur; près du même lieu, à plusieurs siècles de distance, le roi Louis XIII formait le projet, réalisé plus tard par un vœu, de consacrer la France à la Sainte Vierge ; c'est sur un autre point du même diocèse que fut signé l'acte de la Ligue, à laquelle les fils de saint François prirent tant de part et qui arracha la France au protestantisme. Les premières années de ce siècle ont vu s'élever sur le sol fécond de la cité Amiénoise, à l'ombre de sa magnifique cathédrale, un rameau plein de sève qui, transplanté ailleurs est devenu un grand arbre : la société des Dames du Sacré-Cœur. Quelques années plus tard, la Congrégation des Prêtres du Saint Cœur de Marie, destinée spécialement à évangéliser les nègres, naissait près des reliques de saint Firmin. Ce fut là même, que les Franciscains, succédant aux enfants du vénérable Libermann, unirent harmonieusement dans une fondation nouvelle les temps de Pierre l'Ermite et l'époque contemporaine.

Le nom de l'évêque d'Amiens, le crédit dont il jouis-

---

le baron Cauchy, lui aussi, membre de l'Institut, Laurentie, le baron du Havelt, Henri de Riancey, ancien représentant, d'Olivier, ancien représentant, le chevalier d'Alvimare, Hélonis Joselle, ancien consul à Jérusalem, Baptistin Poujoulat, l'abbé Sisson, correspondant de l'œuvre, dont le siège était au Séminaire du Saint-Esprit, rue des Postes, 300.

[1] Saint Antoine de Padoue, (Fernand de Bouillon,) né à Lisbonne, descendait du Chef des Croisés par une branche de cette illustre maison établie en Portugal.

sait, ne furent pas étrangers à la détermination du P. Aréso. C'est au commencement de 1852, que le Père s'était adressé à Mgr de Salinis pour la fondation d'un noviciat. Accédant à un désir qui lui parut parfaitement motivé, le prélat lui fit cette belle réponse le 25 avril de la même année.

« Mon Révérend Père,

« Le dessein que vous avez conçu d'établir au milieu de nous un noviciat, destiné à fournir des sujets à vos établissements de Terre Sainte, éveillera les plus vives sympathies : le concours du clergé et des fidèles vous est assuré. La nation de Pierre l'Ermite et de saint Louis comprendra qu'elle doit être représentée au sein de cette famille vénérable des enfants de saint François qui représentent le monde catholique auprès du tombeau du Sauveur, et qui accueillent les pèlerins de tous les pays avec une si touchante hospitalité. »

Le 10 mai, son Eminence le cardinal Gousset, archevêque de Reims « adhérait de tout son cœur à l'œuvre si catholique et si française du P. Aréso. » Il promettait « de faire tous ses efforts pour la répandre et en assurer le succès. »

Le 30 du même mois, Mgr Sibour écrivait : « J'ai lu avec plaisir votre projet de fondation d'un noviciat de Franciscains en France. Je crois qu'un véritable intérêt religieux et national s'attache en effet à un pareil établissement. » Les cardinaux Du Pont, archevêque de Bourges et Donnet, archevêque de Bordeaux, envoyaient au Père leurs encouragements dans les termes les plus gracieux.

Le cardinal Mathieu disait : « Il serait bien malheureux que la France qui protège la Terre Sainte de son bras armé, n'eût pas aussi des mains pures et consacrées qui s'élevassent en ces lieux pour la prière, qui lui est encore plus nécessaire que le pouvoir et la renommée.

« Votre noviciat me paraît d'ailleurs destiné à rendre à notre pays des services inappréciables ; il ne recrutera pas seulement des Religieux pour la Terre Sainte ; ce sera un séminaire d'où sortiront des apôtres éminemment propres à accomplir la grande mission de la religion, dans le temps où nous sommes. Le christianisme peut seul résoudre le formidable problème qui s'agite au sein de notre société, les rapports des riches et des pauvres, et les enfants de saint François ont une grâce particulière pour faire comprendre au monde le mot divin de ce problème : leur humilité et leur abnégation prêchent aux riches le dévouement, et leur pauvreté volontaire dispose le pauvre à la résignation...

« Je m'associe donc de grand cœur au vœu des Prélats qui voient avec consolation le projet de former en France un noviciat d'ouvriers évangéliques de votre Ordre, soit pour répandre parmi nous la bonne odeur de Jésus-Christ, soit pour garder et conserver son sanctuaire dans les lieux mêmes où, par sa mort il nous rendit la vie. »

Mgr Régnier, archevêque de Cambrai et l'archevêque de Rouen félicitaient le P. Aréso.

Mgr de Bonnechose, archevêque de Rouen lui adressait ces lignes bienveillantes : « Mes sympathies sont acquises depuis longtemps à votre Ordre, et je le verrai avec bonheur se former et grandir au milieu de nous. La France, qui depuis quelques années semble se réveiller de son apathie religieuse, applaudira, j'en suis sûr, à vos progrès. Elle sera fière de porter par vous son nom et sa langue dans ces Lieux Saints qu'elle arrosa autrefois du sang de ses héros, et de retrouver, parmi ses enfants, des disciples de saint François et des Frères du Docteur séraphique [1]. »

---

[1] Voir ces lettres à la fin de la brochure de M. Poujoulat.

Ces lettres de membres illustres de l'épiscopat français étaient un secours précieux pour le Restaurateur, en même temps qu'elles révélaient le véritable état des esprits, elles proclamaient l'opportunité de ses démarches.

L'abbé Gerbet, ami de Mgr de Salinis et de l'Ordre séraphique, s'intéressait vivement à la fondation d'Amiens. Il travaillait de concert avec le prélat pour faire réussir l'établissement projeté.

A la date du 24 juin, le P. Aréso écrit de Paris au T. R. P. Antoine de Rignano, Délégué Général.

« Trois cardinaux, trois archevêques et un évêque se sont déclarés en faveur de mes projets. Tout me porte à croire que je pourrai faire des fondations si quelques Religieux voulaient se joindre à moi [1]. »

Le mois suivant le Père agissait auprès de ses Frères. Il crut bon d'adresser un appel, le 26 juillet, aux Récollets de Belgique avec l'autorisation du Rme P. Général.

Un petit nombre de jeunes Religieux Belges répondirent à cet appel. Quand ils crurent « avoir accompli leur mission » ils retournèrent dans leur Province. Les religieux Belges conservèrent toujours un excellent souvenir du P. Aréso nous en avons sous les yeux plusieurs témoignages.

Le P. Aréso avait obtenu du Provincial de Belgique trois prêtres, un diacre qui venait d'achever son cours d'étude et allait être ordonné prêtre, deux étudiants en théologie et un Frère tertiaire. Il écrivait :

« C'est avec ces sept Religieux, un Père espagnol et un jeune novice de la même nation que je suis arrivé à Amiens pour y jeter les fondements de notre noviciat [2]. »

---

[1] Archives Générales. Lettre *ult supra*.
[2] Lettre datée d'Amiens, le 3 septembre 1852. Archives Générales de l'Ordre.

Le Père espagnol était le P. Roch Claramunt et le novice le Frère Antoine.

Le 25 août, fête de saint Louis, roi de France et Patron du Tiers-Ordre, fut choisi pour l'installation des Franciscains dans la maison qui avait appartenu, aux Prêtres du Saint Cœur de Marie, située faubourg de Noyon, n° 52 [1].

La veille de la solennité, Mgr de Salinis vint visiter le couvent avec son Éminence le cardinal Wiseman, qui était arrivé à Amiens. Le célèbre Prince de l'Église avait pour compagnon de voyage un jeune gentilhomme anglais, M. Edward Howard, lui-même plus tard cardinal. L'archevêque de Westminster, ayant appris que l'installation des Religieux devait avoir lieu le lendemain, voulut bien retarder d'un jour son départ, afin de présider la fête. Cette proposition fut accueillie de grand cœur par Mgr l'évêque d'Amiens et par la Communauté. Comme on craignait, avec raison, que la chapelle ne fut beaucoup trop petite pour contenir les fidèles qui voudraient assister à cette cérémonie, rehaussée par la présence de deux prélats illustres, on dressa pendant la nuit trois tentes dans la cour et, sous l'une de ces tentes, un autel sur lequel son Éminence devait célébrer le saint Sacrifice.

« Ce fut sous cette voûte du ciel, dit l'*Ami de l'Ordre* [2], la seule au monde qui soit plus belle que celle de la cathédrale, que se fit la cérémonie. A huit heures et demie, Son Éminence le cardinal-archevêque arriva, accompagné de Mgr l'évêque d'Amiens, des vicaires généraux, du Chapitre de Notre-Dame, et d'un grand nombre d'ecclésiastiques de la ville. Le Cardinal entonna le *Veni Creator*,

---

[1] La cellule qu'occupait autrefois le Vénérable P. Libermann, fondateur de cette Congrégation, a été convertie en oratoire par les nouveaux hôtes.
[2] L'*Ami de l'Ordre*, n° 1176.

et commença la Messe, assisté de MM. Gerbet et Maillard, vicaires généraux ; les Frères Mineurs, au nombre de neuf, y compris le R. P. Aréso, étaient tous sur une ligne en face de l'autel. Pendant la Messe la belle voix de M. l'abbé Le Boullenger, accompagnée par tous les fidèles assistants, fit entendre le *Nisi Dominus ædificaverit domum*, l'*O salutaris Hostia* et le *Sub tuum*.

« Le Saint Sacrifice achevé, Son Éminence, après avoir quitté les ornements sacerdotaux, se tourna vers l'assistance et lui adressa quelques mots qui furent écoutés avec une grande attention par toute cette foule, avide d'entendre la voix éloquente qui remplit l'Europe de sa renommée [1]. Son allocution fut courte, mais bien pensée. Ce qui suit n'en peut donner qu'une idée :

« Invité, mes Frères, par votre digne Évêque à m'associer à lui dans l'inauguration de cette nouvelle œuvre, j'ai le bonheur de me trouver au milieu de vous, pour répandre sur elle le peu de bénédictions qui restent entre les mains d'un ministre des autels, après que le DIEU des armées les a fait descendre en abondance ; oui, je dis bien, le DIEU des armées, ce DIEU tout-puissant, qui dans cette même ville d'Amiens, s'est servi des accents pathétiques d'un ermite pour exciter la foi et le courage indomptable des guerriers, des nobles, des princes et des rois de France, et les a fait se précipiter l'épée à la main et la croix sur la poitrine, pour arracher le tombeau de Notre-Seigneur aux infidèles. » Puis le Cardinal parla des bonnes œuvres auxquelles les disciples du séraphique François doivent se livrer, de la Terre Sainte dans laquelle se rendraient des Franciscains français formés en France, des espérances que donnaient, pour l'avenir de la fondation, l'empressement des fidèles d'Amiens et son

---

[1] *L'Ami de l'Ordre*, déjà cité.

inauguration le jour de la fête de saint Louis qui appartenait à la famille de saint François ; enfin il termina par cette prière : « Dieu tout-puissant, bénissez cette œuvre, bénissez ces bons Pères venus de la terre étrangère, mais unis à nous par les liens de la foi catholique. Bénissez ce lieu ; faites-le noble, grand, saint, devant les yeux de vos fidèles ; qu'il soit lui-même une Terre Sainte, qu'il soit saint par les fruits qu'il produira. Bénissez ce peuple qui se réunit avec tant d'effusion de cœur, pour partager une si belle entreprise, bénissez particulièrement tous ceux qui l'ont aidée, propagée, qui ont eu la belle pensée de cette œuvre pour la France, et qui ont voulu unir ces deux esprits, l'esprit de saint François d'Assise à l'esprit de saint Vincent de Paul [1]. »

Après son allocution, le cardinal Wiseman prononça les paroles liturgiques de la bénédiction des monastères : « Que ce lieu soit béni, que la sainteté, la chasteté, la force y habitent. » Puis il donna solennellement la bénédiction pontificale et entonna le *Te Deum* qu'on alla continuer dans la chapelle du Couvent.

Le P. Aréso rendit compte de ce qui s'était passé à Amiens, au R^{me} P. Général, le 3 septembre.

« Pendant les quelques jours, écrivait-il, que notre établissement est resté ouvert à toutes les personnes qui désiraient le visiter, jamais je n'ai vu un concours aussi considérable. Les visites commençaient même avant sept heures du matin et ne finissaient qu'après huit heures du soir. Ce furent des jours de fatigues, mais bien consolants pour nous. Nous fûmes témoins d'un encombrement extraordinaire, tellement que la chapelle, la cour, le jardin, le rez-de-chaussée, les deux étages supérieurs, voire même le grenier étaient à la fois pleins de visiteurs. Dans ces

---

[1] Voir *Notice sur les Fondations Franciscaines* par le P. Jean-Baptiste de Beauvais, p. 9.

moments toutes les conditions étaient confondues : riches, pauvres, soldats se pressaient autour de nous et ne se retiraient contents qu'après avoir entendu quelques mots de notre bouche. Un grand nombre de personnes tombaient à genoux pour demander notre bénédiction ou pour baiser notre habit.

« Quinze jours se sont à peine écoulés depuis notre arrivée à Amiens et déjà de nombreuses demandes de missions, de retraites viennent nous assaillir [1]. »

Dans un mandement qu'il publia pendant l'Avent 1853, Mgr de Salinis expliquait aux fidèles l'œuvre du P. Aréso et se félicitait avec eux de la voir établie dans la ville d'Amiens.

« La première des œuvres que nous recommandons à votre charité, disait l'Évêque, est la maison des Franciscains récemment fondée à Amiens. Elle doit vous intéresser sous plusieurs rapports. Les Franciscains ont été chargés par le Pape de desservir les sanctuaires de Jérusalem, de Nazareth, de toute la Palestine. Ils offrent aux pèlerins qui y affluent de toutes les parties du monde catholique, cette hospitalité touchante, que tant d'écrivains ont célébrée dans les récits de leurs voyages. Si ces asiles venaient à manquer, la visite des Lieux Saints deviendrait impraticable. On peut donc dire que ces bons Religieux sont encore aujourd'hui les gardiens d'une liberté qui est une des conquêtes, l'un des fruits inestimables des croisades. Mais il était triste de songer que dans ces monastères qui sont sous la protection spéciale de la France, on ne rencontrait plus, depuis longtemps, aucun Religieux de notre nation. Pour faire cesser une anomalie aussi regrettable, il était nécessaire de fonder en France un noviciat destiné à recruter les couvents de Terre

---

[1] Même lettre du 3 septembre 1852. Archiv. Gén. de l'Ordre.

Sainte. C'est la pensée que réalisera ce monastère qui vient d'être établi dans notre ville épiscopale. Nous devons tous bénir la Providence d'avoir choisi ce diocèse pour le doter d'une œuvre si belle, qui reliera, par des communications permanentes, les rives de la Somme aux rives du Jourdain, les lieux où se passe notre vie aux Lieux trois fois saints, consacrés par la naissance, par les travaux, par la mort du Sauveur.

« Mais cette maison ne fournira pas seulement des Religieux aux monastères de la Terre Sainte : elle partagera les travaux des hommes apostoliques qui évangélisent, avec tant de zèle et tant de succès, les paroisses de notre diocèse. Les humbles enfants de saint François sont assurés d'éveiller les plus profondes sympathies. Vénérés de toutes les classes, ils sont particulièrement aimés du peuple. En rapport plus intime avec lui, ils sont les confidents de ses embarras, de ses peines. Leur simplicité, leur vie pauvre et rude l'attire à eux comme à des frères qui lui ressembleraient en tout, si la sainteté de leur état n'établissait une distance qui disparaît devant leur charité. Ceux qui portent l'habit de l'indigence, s'approchent volontiers de ces hommes qui le portent par choix. Cette abnégation est, en même temps, une leçon pour les riches de ce monde ; ils contemplent avec respect cette robe de bure, ces pieds nus, signe d'une grande victoire, remportée sur tout ce qui les captive. La parole sainte, annoncée par ces hommes de Dieu, est d'autant plus efficace que leur vie est une exhortation permanente et que, à l'exemple de saint François, ils prêchent en se montrant. Leur présence au milieu de nous sera donc une source de bénédictions. Nous attribuerons cette grâce à la protection de nos saints Prédécesseurs qui veillent, du haut du ciel, sur les âmes qu'ils nous ont léguées. Nous aimons à remarquer que le Père Franciscain, fondateur de cette maison, est originaire de Pampelune, patrie de saint Firmin ; ce monastère est donc comme un lien qui vient unir de nouveau, après quinze siècles, le pays qui fut le berceau de notre grand apôtre et le pays qui garde sa tombe [1]. »

Au dispositif de ce beau mandement, Mgr de Salinis ordonnait une quête générale dans toutes les églises du diocèse en faveur de *l'œuvre du P. Aréso.*

Au sujet de la fondation dans la ville d'Amiens, le Ministre Général de l'Ordre écrivait : « Il nous serait difficile de vous dire de quelle joie notre cœur fut rempli, lorsque nous apprîmes la nouvelle de votre établissement à Amiens.... Oh ! enfants vraiment bénis de Dieu ! le Seigneur vous a préparé une grande moisson ; soyez donc des ouvriers fidèles et laborieux, travaillant avec zèle au salut des âmes et renouvelant le spectacle des vertus séraphiques, en particulier de la pauvreté, qui fit admirer nos Frères et du monde, et des Anges et des hommes [2]. »

Dans la même lettre, le successeur de saint François, envisageant l'ensemble de l'œuvre confiée au P. Aréso, s'exprimait de la sorte :

« Nous bénissons, notre cher Fils, tous vos travaux ; vos entreprises ont reçu notre approbation ; mais notre sollicitude ne saurait trop vous conjurer pour l'éducation des jeunes gens, si quelques-uns ont eu le bonheur de recevoir notre saint habit, d'avoir sans cesse présentes à l'esprit les Constitutions des Souverains Pontifes, principalement celles de Nicolas III et de Clément V, ainsi que nos Statuts généraux. *L'Ordre séraphique doit renaître en France dans sa pureté primitive, ou bien qu'il n'en soit*

---

[1] Mandement de Mgr l'Évêque d'Amiens pour la publication d'une indulgence plénière en forme de Jubilé accordée par N. S. P. le Pape Pie IX, etc.

[2] Lettre du Rᵐᵉ P. Venance de Celano, citée dans la Circulaire n° 2.

nullement question. Telle est notre volonté, qui est la volonté même de Dieu*; telle est la nécessité des peuples; tel est enfin le but de votre mission*[1]. »

[1] Ordo seraphicus in Gallia, aut in nativa sua puritate resurgere aut nullo modo debet. Hæc est nostra voluntas, quæ est voluntas Dei; hoc populorum necessitas; hoc tuæ missionis propositum. (Lettre du R me P. Venance de Celano, Min. Gén.)

CHAPITRE XI.

1852-1855.

Consolations et épreuves. — Le P. Casimir Azevedo. — Le nouveau Couvent d'Amiens et les travaux des Religieux. — Formation des novices; les volontés du Ministre Général. — Projet de Fondation à Noirétable. — Fondation du Couvent de Limoges. — Récits du Missionnaire : La première mission en langue française du P. Aréso. — Missions de Péronne, Corbie, Pierregot, Boisleux-au-Mont, Bapaume, Rochechouart. — Les trois degrés de la joie parfaite. — Mission de Nexon.

La Province naissante possédait déjà deux Couvents aux deux extrémités de la France, Saint-Palais et Amiens. Le pieux Restaurateur s'appliquait à faire refleurir cet esprit de pauvreté, de pénitence et d'exacte observance, qui fait l'honneur autant que la sécurité de l'Ordre séraphique. Il eut la consolation de voir ses Religieux suivre l'élan qu'il leur communiquait.

Pendant cette année 1852, si remplie d'événements heureux, il eut cependant la douleur de perdre un vieil ami, qui lui avait rendu de nombreux services et sur lequel il espérait pouvoir compter encore.

Nous ne pouvons passer au récit des événements des années suivantes, sans rendre hommage au P. Casimir Azevedo, avec lequel nos lecteurs ont déjà fait connaissance.

Le P. Azevedo devait faire partie de la Communauté de Saint-Palais. Il n'attendait que le moment de l'organisation complète, pour quitter le Collège de la ville et aller reprendre la vie commune. Mais Dieu en avait disposé autrement. Le P. Azevedo devait mourir dans la maison hospitalière qu'il édifiait depuis douze ans.

Chose remarquable, attestée par plusieurs personnes dignes de foi, entre autres par M. l'abbé Duc, professeur, et plus tard principal du Collège de Saint-Palais, le P. Casimir avait prédit, depuis près de dix ans, le jour de sa mort et avait désigné le 4 mars, fête du saint roi de Pologne, son patron.

C'était un jour mémorable dans sa vie. Il était né à pareil jour ; à pareil jour encore, il était entré en religion et avait reçu la dignité sacerdotale. Comme il répétait souvent que le 4 mars 1852 serait le dernier jour de sa vie, on l'observait avec attention à l'approche de cette date solennelle. Rien n'avait changé jusqu'au 3 mars ni dans les habitudes, ni dans la santé du Père. Ce jour-là pourtant, il rappelle à quelques intimes que le lendemain il ne sera plus de ce monde.

Le 3, au soir, il se couche tranquillement, après avoir satisfait à tous ses devoirs et à ses dévotions accoutumées, en manifestant un malaise physique. On fait venir deux Frères Convers du Couvent pour le veiller pendant cette nuit. Vers minuit, le malaise avait pris de la gravité et les Frères crurent devoir appeler un prêtre qui administra au malade le sacrement de l'Extrême-Onction.

Le lendemain, fête de saint Casimir, le P. Casimir avait cessé de vivre, comme il l'avait prédit.

Son souvenir est encore vivant à Saint-Palais et on conserve son portrait dans la famille de M. Ségalas, fondateur du Collège.

Le P. Azevedo a laissé un petit manuscrit espagnol. C'est une préparation à la mort en forme de neuvaine. On conçoit que cette préparation devait être sa dévotion particulière.

Un Religieux ainsi prévenu des grâces du Ciel, connu avantageusement depuis des années dans cette petite ville de Saint-Palais, où venait d'être inaugurée la restauration de l'Ordre, eut été assurément très utile au P. Aréso.

Dieu ne manqua pas toutefois de récompenser la résignation de son serviteur à sa volonté sainte, en bénissant la fondation du nouveau Couvent d'Amiens et en fécondant les travaux apostoliques des Religieux.

Tant à Saint-Palais qu'à Amiens, le ministère des Franciscains était très recherché pour la prédication et la confession. Le clergé paroissial fraternisait avec eux. Dans le pays basque ils rendaient d'importants services ; quelques-uns des Pères connaissaient la langue et avaient l'entière confiance des habitants.

Ils rayonnaient au loin par les missions qu'ils ne cessaient de prêcher. Quand les affaires générales de sa charge ne l'obligeaient pas à quelque long voyage, le P. Aréso donnait des missions comme ses confrères et retrouvait, même en français, le prestige de sa parole ardente et convaincue.

Les premiers temps, une difficulté facile à prévoir se présenta pour le noviciat, espoir de la Restauration. Tous ces bons Religieux espagnols avaient gardé les usages de leur pays, ce qui est assez naturel. De plus, le P. Aréso avait donné à suivre les statuts particuliers à son Collège d'Olité et aux autres Collèges innocentiens, et non les Statuts Généraux faits pour toutes les nationalités.

Les jeunes français, qui entrèrent les premiers au noviciat, éprouvèrent un peu de surprise et trouvèrent compliqué de se transformer non seulement de simples profanes en Franciscains, mais aussi plus ou moins de Français en Espagnols.

Le P. Escudéro, sur un ton moitié plaisant, moitié sérieux, écrivait à son Supérieur :

« *Francisons-nous*, plutôt que de chercher à *espagnoliser* les autres ; sans cela notre Maison n'a pas d'avenir. »

Plus gravement, le Ministre Général exprimait au P. Aréso sa volonté formelle. « Qu'en France, disait-il, nos Religieux soient ce qu'exige la Règle et les Déclarations des papes Nicolas III et Clément V, ou qu'ils ne soient pas, *sint prout regula postulat, aut non sint* [1]. »

Peu de temps après la fondation de Saint-Palais, il avait été question de fonder un nouveau Couvent dans le département de la Loire, à l'Hermitage, près de Noirétable.

C'était une vaste propriété, ancienne résidence d'une fervente Communauté de prêtres missionnaires du diocèse de Clermont. Elle devint le domaine d'un Tertiaire, du nom de Lamartine, qui l'offrit au P. Aréso pour lui et ses Religieux. La cérémonie de l'installation eut même lieu, mais des difficultés, nées des conditions faites par le propriétaire, et diverses circonstances obligèrent bientôt le Restaurateur à quitter cette Maison.

Le Père le fit à regret. Mais bientôt il communiquait à ses Frères un autre projet de fondation qui s'annonçait mieux.

Il écrivait : « Un illustre et pieux prélat, Mgr Buissas, évêque de Limoges, nous a demandé une nouvelle fondation. Songeant, en effet, à ériger dans sa ville épiscopale un Couvent de Religieux, il nous offre de venir nous y établir... Cette réunion de joies et de peines nous fait connaître que l'œuvre que nous avons entreprise est vraiment une œuvre de Dieu [2]. »

Le pieux évêque de Limoges avait à cœur d'imiter son illustre collègue d'Amiens. Il entrait dans les desseins de la Providence que tous les deux fussent avec le P. Aréso

---

[1] Epistola R⁻ⁱ Venantii à Culano, 26 Julii 1853.
[2] Circulaire n° 2.

de véritables restaurateurs, car Amiens et Limoges avaient autrefois figuré sur la carte du monde Séraphique. Mgr Buissas disait au Père :

« J'ai appris avec beaucoup de joie que Mgr l'évêque d'Amiens vient de fonder dans son diocèse une Maison de l'Ordre de saint François. Cette fondation a excité en moi l'ardent désir de voir s'établir aussi dans mon diocèse cet Ordre si vénéré, autrefois si florissant à Limoges [1] et qui rendrait, j'en suis sûr, les plus grands services dans nos contrées. Je suis maintenant en mesure de faire cette fondation, et je m'adresse à vous, mon Révérend Père, avec une pleine confiance pour la réalisation de cet important projet. C'est à un kilomètre de ma ville épiscopale, dans une belle position, auprès même du faubourg que je me propose d'établir une Communauté religieuse dont le but principal serait d'évangéliser mon diocèse. J'ai des ressources suffisantes, soit pour la construction immédiate de la maison conventuelle, soit pour l'entretien des Religieux.

« Je vous serais bien reconnaissant, mon Révérend Père, si vous accueilliez favorablement la demande que je vous adresse, et je suis assuré que la joie que j'en éprouverai sera bien partagée par mes diocésains et en particulier par mes chères filles de sainte Claire, dont j'ai le bonheur de posséder une maison auprès de mon palais épiscopal [2]. »

A ces avances et à ces offres si généreuses, le P. Aréso, sans dissimuler la difficulté qui lui venait du petit nombre de sujets dont il disposait, promit de tout faire pour réaliser les intentions du digne évêque. « Dans le courant de

---

[1] Saint Antoine de Padoue fut mis à la tête de la Custodie de Limoges vers 1226.
[2] Lettre de Mgr l'évêque de Limoges, du 22 février 1853. Un capital de 30,000 francs, donné par un vénérable Sulpicien pour une fondation de messes à perpétuité, était affecté à l'établissement projeté.

l'année, lui écrivait-il, j'aurai à ma disposition trois ou quatre Religieux prédicateurs, parmi lesquels se trouve le P. Engelvin qui doit arriver incessamment de Jérusalem... Je dois prévenir Votre Grandeur que, puisqu'on doit construire le bâtiment qui nous est destiné, il faut qu'il soit fait selon la règle de notre Père saint François, et porter un cachet de pauvreté et d'humilité[1]. »

Le P. Aréso n'avait garde d'oublier ce point. Il tenait à l'honneur de dame Pauvreté, comme tout vrai Franciscain.

Mgr Buissas datait sa réponse du 19 mars, fête de Saint-Joseph, patron du P. Aréso.

« Votre lettre m'a comblé de joie, lui écrivait-il... Il serait bien essentiel, pour une œuvre aussi importante, que vous prissiez la peine de venir vous-même à Limoges pour traiter toute cette affaire.

« Je recevrai avec plaisir le bon P. Engelvin, pour qui j'ai toujours eu la plus haute estime et la plus tendre affection ; il est très-connu et très-aimé à Limoges, il fera beaucoup de bien dans mon vaste diocèse[2]. »

Les travaux incessants de ces premiers temps de la restauration de l'Ordre ne permirent pas au Père de traiter verbalement l'affaire du Couvent de Limoges. Heureusement le pieux évêque était si bien disposé, et recevait avec tant de bonne grâce les remarques et même les conseils du P. Aréso, que cette affaire n'eut guère à souffrir d'être traitée par lettres.

Le Père savait d'ailleurs donner des avis avec beaucoup de tact.

Après avoir exposé, sans rien cacher, les difficultés, il ajoutait : « Le laboureur qui confie la semence à la terre

---

[1] Lettre du P. Aréso à Mgr Buissas, mars 1853.
[2] Lettre de Mgr Buissas, 19 mars 1853.

se repose sur la Providence du soin de la faire germer, croître et produire, et, comme dit saint Jacques, il attend dans la patience les pluies de l'avant et de l'arrière-saison : *patienter ferens donec accipiat temporaneum et serotinum.* Force nous est donc d'embrasser le conseil de cet apôtre : *patientes igitur estote.* Si j'osais, j'inviterais Votre Grandeur à s'y conformer avec nous [1]. »

« Comme vous, répondit l'évêque, je suis d'avis que la maison ne devra être habitée qu'à Pâques 1854 ; ce sera donc à cette époque, *sans plus tarder,* que notre œuvre commencera et que vous m'enverrez tous les Franciscains qu'il vous sera possible de m'envoyer.

« La bâtisse monte, les ouvriers travaillent avec ardeur... J'ai annoncé votre arrivée dans le diocèse : tout mon clergé et mes fidèles vous voient arriver avec plaisir et me remercient beaucoup de fonder cette œuvre des Franciscains, tant pour remplir les fonctions si saintes du ministère, que pour les missions et les retraites [2]. »

Ainsi, les quelques difficultés de détail qui se présentèrent, furent heureusement surmontées. Le 13 mars 1854, le P. Aréso écrivait au T. R. P. Délégué Général de l'Ordre, que l'accord était parfait et que l'installation aurait lieu le dimanche de Quasimodo. Mgr Bernard Buissas avança cette cérémonie, qui fut faite le jeudi de la semaine de Pâques, 18 avril.

Sa Grandeur n'avait prévenu aucune autorité, désirant que tout se passât sans apparat. Elle arriva elle-même sur les deux heures de l'après-midi, accompagnée seulement d'un de ses Vicaires Généraux et de son secrétaire. Il fut alors procédé à la bénédiction de la maison, selon les rites sacrés. Une heure après, Monseigneur donna l'ordre à

---

[1] Lettre du P. Aréso à Mgr Buissas, évêque de Limoges.
[2] Lettre de Mgr Buissas, 31 juillet 1853.

toutes les dames qui avaient assisté à la cérémonie de sortir du Couvent et déclara la clôture. Puis, s'étant entretenu quelques moments avec les Religieux, il prit congé d'eux, leur laissant le souvenir de sa bienveillance et de son affabilité, uni à celui de cette douce fête de famille, la troisième du même genre, à laquelle assistait en France le zélé Restaurateur.

Les travaux de son œuvre distrayaient à peine le P. Aréso du ministère apostolique. Les Religieux de la Province aimeront à lire quelques-uns de ses récits de missions. Il en a laissé un recueil manuscrit.

Rien n'est touchant comme la manière de conter du P. Aréso dans son mémoire [1], où il cherche à perpétuer la méthode traditionnelle, apostolique et franciscaine d'évangéliser les peuples. A certains moments, on croit lire un passage des *Fioretti*. Nous citons presque textuellement:

« Après sa profession, le P. Jean-Baptiste commença bientôt à faire des missions. Instruit par le R. P. Aréso, il prit à cœur ces paroles de l'Évangile [2] : « Allez, prêchez, ne portez ni sac, ni besace, ni chaussures ; et ces autres [3] : « Ne possédez ni or, ni argent, ni monnaie. »

« Ainsi, pauvres, pieds-nus, à pied, le crucifix sur la poitrine et la croix de mission à la main, c'est-à-dire un bâton surmonté d'une petite croix, les Pères Aréso et Jean-Baptiste prirent le chemin de Ménancourt, qui est à quatorze lieues environ d'Amiens, au mois de mars 1854.

« A peine avaient-ils fait deux lieues, depuis leur départ d'Amiens, que le P. Aréso dit au P. Jean-Baptiste : « Mon cher Père, je suis tenté de retourner à Amiens, j'ai peur et même grand peur d'aller prêcher la mission. »

---

[1] Ce mémoire est intitulé : *Quelques voyages Apostoliques des RR. PP. FF. Joseph Aréso et Jean-Baptiste de Beaucais*.
[2] Luc. x, 4.
[3] Math. x, 9.

« C'était la première fois qu'il devait prêcher en français.

« Comment, ajouta-t-il, pourrai-je annoncer la parole de Dieu dans une langue que je ne connais pas ? Je commence à peine à balbutier quelques mots français ; que dirai-je en chaire ? Je tremble, mon cher Père ! Il me semble que c'est une témérité d'entreprendre cette mission.

« Le P. Jean-Baptiste répondit : « Très Révérend Père, vous craignez d'aller prêcher à ces pauvres paysans ? croyez-vous qu'ils parlent la langue française avec élégance ? et quand même ils la parleraient bien, ne craignez pas. Les Français sont indulgents envers les étrangers. Si moi je fais des fautes de français, on rira peut-être ; mais on ne rira pas de vous. Aussitôt qu'ils connaîtront que vous êtes étranger, ils auront pour vous toute l'indulgence possible. Croyez-vous que les Missionnaires français, qui vont en Arabie et en Chine, prêchent dans ces langues étrangères aussi bien que les Arabes et les Chinois ? Eh bien, pour vous, mon Père, la langue française est comme pour nous le chinois et l'arabe. Allons, allons, mon Père, ne vous arrêtez pas, on vous comprendra et cela suffit. Marchons, le Seigneur nous aidera [1]. »

Ces paroles d'encouragement du P. Jean-Baptiste déterminèrent le P. Aréso à poursuivre sa route.

« A l'arrivée des missionnaires à Ménancourt, les gens fuyaient. Ils n'avaient jamais vu de Frères Mineurs. L'habit grossier, les pieds-nus, l'air grave des Pères leur faisaient peur. Ménancourt est une paroisse de 1400 âmes. L'église est grande. Or, le premier jour de la mission, quarante personnes, tout au plus, assistaient au sermon. Le second jour, il y en avait plus de trois cents, le troisième jour l'église était pleine, et bientôt elle fut insuffisante,

---

[1] Mémoire du P. Aréso, p. 2.

ainsi que la place, à contenir la multitude des fidèles de la paroisse et des paroisses voisines qui accouraient entendre les Missionnaires.

« Bientôt les confessionnaux furent assiégés, de grand matin, par les hommes comme par les femmes, et la journée entière ne suffisait pas aux Missionnaires pour confesser ceux qui se présentaient; il fallut encore prendre une partie de la nuit.

« Plusieurs prêtres des environs, qui assistèrent aux cérémonies de la clôture, admiraient les fruits abondants de cette mission.

« Le jour du départ des missionnaires Franciscains était un jour de travail. Néanmoins, une multitude d'hommes et de femmes quittèrent leurs occupations pour accompagner les Religieux à deux kilomètres. Là, ils reçurent la bénédiction des Pères et retournèrent chez eux en pleurant. Tel fut le résultat de la première mission en langue française du P. Aréso [1].

« Au mois de novembre 1854, les P.P. Aréso et Jean-Baptiste partirent d'Amiens pour aller prêcher une retraite aux Clarisses de Péronne, et une autre à l'église paroissiale de la même ville. Le jour du départ des Missionnaires était une journée bien dure. Un vent glacial faisait frissonner les voyageurs. Ils arrivèrent à midi à Villers-Bretonneux et, le soir, ils continuèrent leur marche avec beaucoup de peine. La nuit vint les surprendre, à six kilomètres environ, avant d'arriver au village où ils s'étaient proposé de prendre leur repos. Le R. P. Aréso ne pouvait presque plus marcher; il sentait ses jambes blessées et il était sur le point de tomber en défaillance.

« Mon cher Père, dit-il alors au P. Jean-Baptiste, donnez-moi le bras, je vous prie, je ne peux plus marcher. »

---

[1] Mém. ms. du P. Aréso, p. 1-3.

« Ainsi, à pas de tortue, et à grand peine, ils arrivèrent au village, distant de deux lieues de Péronne. M. le curé leur donna l'hospitalité de très bonne grâce.

« Le P. Aréso alla aussitôt à la chambre et vit ses pieds ensanglantés. Le froid et le frottement de l'habit avaient blessé les chevilles et faisaient sortir le sang de plusieurs côtés. Il mit de la toile sur ses blessures et les banda. Il appela ensuite le P. Jean-Baptiste et lui dit :

« Vous souffrez des pieds, n'est-il pas vrai ?

— Oui, et beaucoup.

— Voyons-les.

Et il vit ses pieds tout meurtris.

« Voilà ce que nous avons gagné, dit le P. Aréso. Vous m'avez poussé à faire neuf lieues par un si grand froid. Heureusement que nous sommes à deux lieues de Péronne, autrement nous ne pourrions arriver au bout. Dorénavant je marquerai les étapes ; il vaut mieux faire six lieues par jour, que neuf, dix ou douze, et se mettre dans l'impossibilité de continuer la marche. Mais le mal est fait, voyons si nous pouvons le réparer.

Il mit alors du cérat sur les blessures du P. Jean-Baptiste, les banda et tous deux allèrent souper et se reposer.

« Le lendemain, après avoir célébré la sainte Messe, ils partirent encore à pied pour Péronne où ils arrivèrent pour midi avec beaucoup de peine. La retraite des Clarisses commença le soir même et, ensuite, eut lieu celle de la paroisse. Tout se passa bien : il y eut des fruits abondants de salut dans les âmes.

« Après les deux retraites de Péronne, nos Missionnaires durent aller prêcher une mission à Corbie, patrie de sainte Colette, ville connue dans l'histoire par son ancienne abbaye de Bénédictins. Les Pères souffraient encore des pieds : malgré les soins qu'on leur avait prodigués à Péronne, leurs blessures n'étaient pas cicatrisées. M. le Curé de Péronne les engagea fortement à prendre une voiture et, voyant qu'il y avait une nécessité réelle, les Pères acceptèrent l'offre du charitable prêtre, qui alla les conduire lui-même.

Arrivés à moitié chemin, à peu près, le cheval s'arrêta tout à coup. M. le Curé le frappe, le cheval, fait quelques pas et s'arrête encore. M. le Curé le frappe de nouveau, le cheval fait cinq ou six pas et s'arrête. M. le Curé descend de voiture, traite avec douceur le cheval qui, avance encore, puis s'arrête immobile. Alors les Missionnaires dirent à M. le Curé que, sans doute, leur Père saint François ne voulait pas qu'ils allassent en voiture. Ils descendent tous les deux, font leurs adieux au bon Curé, qui était désolé, et achèvent à pied leur route. Il leur restait à faire trois ou quatre lieues jusqu'à Corbie. M. le Curé tourna bride, et le cheval capricieux ne s'arrêta plus jusqu'à Péronne.

« Le même jour, les Pères, aussitôt arrivés à Corbie, allèrent faire une visite aux maîtres des fabriques pour les prier de laisser aller leurs ouvriers aux instructions, tous les soirs, pendant la mission : ce qui leur fut accordé bien volontiers. Ce premier succès fit penser au P. Jean-Baptiste que la mission réussirait ; il ne se trompait pas ; mais il ne s'attendait pas à passer au lit presque tout le temps de cette mission. Le quatrième jour, le P. Aréso s'aperçut que le P. Jean-Baptiste ne pouvait presque plus marcher et il lui demanda ce qu'il avait :

« J'ai mal à un pied, répondit-il.

— Voyons, voyons.

Il le montra. Il avait un ulcère profond et la jambe enflée.

— « Vous n'avez pas eu soin de vous, lui dit le P. Aréso, il y a là beaucoup de mal ; il faut vous mettre au lit et y rester jusqu'à ce que vous soyez entièrement guéri. »

Le P. Jean-Baptiste obéit et passa quatorze jours, couché, sans bouger, quoiqu'il dut se faire une grande violence, voyant son compagnon chargé seul de toute la besogne. Toutefois, le curé et le vicaire aidèrent beaucoup le P. Aréso à entendre les confessions. La mission de Corbie réussit complètement. Voici ce que M. le Curé écrivit et que le journal l'*Ami de la Religion* reproduisit, dans son numéro du 3 février 1855.

« La petite ville de Corbie (diocèse d'Amiens), si célèbre dans l'Église par ses antiquités monastiques, vient de donner un beau spectacle. Les Pères Franciscains, établis à Amiens, avaient été appelés pour y prêcher la station du Jubilé. Pendant quinze jours entiers, il y eut autour de leur chaire un immense concours de peuple. Ni l'intempérie de la saison, ni l'obscurité de la nuit n'arrêtaient l'empressement général. Dès cinq heures du matin, les fidèles arrivaient en masse pour prier et méditer. Pour l'instruction du soir l'église des Bénédictins, si vaste encore, malgré les réductions qu'elle a subies, était littéralement remplie des habitants de la ville et des villages voisins. Ce qui ajoutait à la ferveur générale, c'est la vue de ces bons Pères Franciscains qui rappelaient dans tout leur extérieur, aussi bien que par l'éloquence et l'onction de leur parole, les plus beaux temps de la famille de saint François. Ils reçurent d'ailleurs une ample consolation en voyant, dans la nuit de Noël, presque tout le peuple qu'ils avaient évangélisé, s'approcher de la sainte Table. La parole du prédicateur fut si animée et si touchante, que l'émotion était universelle et que d'abondantes larmes coulaient des yeux des auditeurs. *Digitus Dei est hic*. L'esprit de l'homme ne peut expliquer ce qui est la vertu de Dieu... »

Après la mission de Corbie et la retraite donnée à la paroisse annexée, qui réussit très bien aussi, les Missionnaires partirent pour Pierregot, au commencement de janvier 1855. Cette paroisse est à deux bonnes lieues de Corbie. La mission de Pierregot réussit aussi parfaitement. Il n'y eut qu'un petit nombre de paroissiens qui ne s'approchèrent pas du tribunal de la Pénitence et qui ne firent pas la sainte communion.

« Ainsi finit cette course apostolique des RR. PP. Aréso et Jean-Baptiste, qui retournèrent à Amiens, *Apostolorum more pedibus viam conficientes*[1]. »

« Après une semaine de repos au Couvent d'Amiens, les Pères missionnaires partirent pour prêcher à Boisleux-au-Mont, diocèse d'Arras, une mission qui réussit très bien. Les habitants se rendirent dociles à la parole de l'Évangile et profitèrent des grâces extraordinaires que le bon Dieu répandit dans leurs âmes. Une mission est une grande faveur que le Seigneur fait à une paroisse. Malheur au peuple qui ne se rend pas à la voix des Missionnaires. Malheur à l'homme qui assiste aux sermons d'une mission et qui ne se convertit pas. On peut dire, sans témérité, qu'il a une marque de réprobation.

« La mission de Boisleux-au-Mont finie, les Missionnaires prirent la route de Bapaume pour se rendre au Couvent. Il gelait bien fort ce jour-là, et chacun restait dans sa maison. Aussi, grande fut la stupéfaction des habitants de Bapaume, lorsqu'ils virent arriver pieds nus les deux Franciscains. On sortait sur le seuil des maisons, on s'interrogeait les uns les autres. Qu'est-ce que cela? Qu'est-ce que cela? Nous n'avons jamais vu d'hommes pareils : un crucifix sur la poitrine, un bâton surmonté d'une petite croix et, nonobstant un froid si intense, ils vont les pieds nus. Qu'est-ce que cela?»

Les Religieux demandèrent qu'on voulût bien leur in-

---

[1] Mémoire ms. du P. Aréso, p. 5-8.

diquer la maison de M. le Curé, et ils y furent conduits. La domestique se présenta à la porte et n'eut pas plus tôt aperçu les Pères que, saisie de frayeur, elle resta comme muette, ne sachant que répondre à leur demande.

« M. le Curé est-il présent ? Ne craignez rien, ma pauvre fille, lui dit le P. Jean-Baptiste, nous sommes des Religieux Franciscains ; nous venons demander à M. le Curé l'hospitalité pour cette nuit, et demain nous continuerons notre voyage.

Alors, elle se remit un peu et répondit : « M. le Curé n'est pas présentement à la maison. »

« Mais elle dépêcha aussitôt vers lui avec prière de venir à l'instant, parce que des inconnus étaient arrivés et, en même temps, elle tremblait de les laisser entrer au presbytère, tandis que ceux-ci la priaient de leur donner un petit coin, près de la porte, pour se reposer.

« M. le Curé, en recevant cet avis de sa domestique, arriva ; ses deux vicaires étaient avec lui : il s'imaginait que ces étrangers n'étaient autres que des filous : c'est pourquoi, les prenant à part et les interrogeant d'un œil scrutateur, « qui êtes-vous ? demanda-t-il.

— Nous sommes des Religieux Franciscains, répondirent les Pères.

— Et d'où venez-vous ?

— De Boisleux-au-Mont, où nous avons prêché une mission.

— Où est-ce Boisleux-au-Mont ? demanda le Curé à l'un de ses vicaires. (Il y avait peu de temps qu'il était curé à Bapaume.)

— C'est à trois lieues d'ici, répondit le vicaire.

— Où allez-vous maintenant ?

— Nous allons à notre Couvent d'Amiens, nous reposer quelques jours et, de là, repartir pour donner une autre mission à Mers, département de la Somme.

— Y a-t-il un Couvent de Franciscains à Amiens ? demanda le Curé à ses vicaires.

— Oui, Monsieur, répondirent-ils.

M. le Curé se tournant alors vers les Pères d'un air plein de confiance : « J'avais cependant résolu de vous refuser l'hospitalité, dit-il, si vous ne m'aviez pas donné d'autres garanties que des passeports, des lettres d'ordination, des papiers soi-disant en règle. Il y a quelques jours, un voleur, déguisé en prêtre, se présenta chez un curé, lui demandant l'hospitalité, les papiers en main : ses manières inspirèrent de si graves soupçons à ce dernier qu'il crut de la prudence de ne pas le recevoir chez lui. Heureusement, car le prétendu prêtre fut pris, quelques temps après, par les gendarmes et conduit en prison ; mais vos réponses si précises et votre abord si franc, si humble, si naturel me donnent une pleine assurance à votre égard. Asseyez-vous, je vous donne volontiers l'hospitalité. (Ici la scène change.)

« Je vous donne donc l'hospitalité, reprit M. le Curé, mais à une condition : ce sera de prêcher une mission dans ma paroisse ; elle devra commencer après-demain. Le Jubilé général est annoncé, j'avais prié quelques curés des environs de venir m'aider ; mais, puisque maintenant vous êtes à moi, vous ferez la besogne. »

— A cette condition, répondirent les Pères, nous ne saurions accepter : encore quatre jours et nous devons être rendus à Mers où nous avons promis la mission.

— Je n'entends pas cela, reprit le Curé, ici d'abord, et après vous irez à Mers.

— Impossible, répliquèrent les Missionnaires, notre parole est donnée.

— Dans ce cas, dit M. le Curé, j'écrirai moi-même à votre Supérieur que je vous ai retenus pour prêcher la mission dans ma paroisse, qui en a un plus grand besoin que celle de Mers.

— Votre Supérieur où est-il ?

La naïveté du P. Jean-Baptiste, laissa échapper une parole.

« Ha! ha! s'écria M. le Curé, c'est bien, c'est bien, le Ciel vous a envoyés ici : c'est l'ange gardien de mon église qui vous a conduits chez moi. Allons, allons MM. les vicaires, allons annoncer que deux Religieux Franciscains commenceront, dès après-demain, les instructions du Jubilé. »

Et, nonobstant les protestations réitérées des Pères, sans faire plus de cas de leurs remontrances, M. le Curé lui-même et ses deux vicaires sortirent, pour aller avertir les paroissiens.

« Que faire ? se demandèrent alors nos voyageurs : aller plus loin est impossible... la nuit arrive, ce serait de la dernière imprudence de nous hasarder la nuit au milieu des glaçons, fatigués comme nous le sommes. L'affaire où nous voilà engagés est aussi inattendue qu'extraordinaire; nul doute, Dieu le veut ainsi. Nous n'avons qu'à nous soumettre et à nous résigner : espérons que M. le Curé de Mers, que nous allons informer de tout ceci, voudra se résigner à son tour, en attendant que nous puissions bientôt donner, dans sa paroisse, cette mission dont il se voit privé. »

C'est ce qui arriva.

« La mission de Bapaume commença au jour annoncé, mais d'abord sous de mauvais auspices. Bapaume compte cinq mille âmes environ. En ce moment, elle se trouvait divisée en deux factions. Comme il arrive d'ordinaire, l'une et l'autre se croyait dans son droit. Comment convertir en si peu de jours ces gens ameutés ? Comment les réconcilier ? Apaiser des colères où l'amour-propre est en jeu, n'est pas chose facile. Le Rédempteur du monde nous dit bien sans doute à tous : *Aimez vos ennemis ;* mais que de prétextes, que d'excuses ne trouve-t-on pas à opposer à l'accomplissement de ce précepte ? Aussi la mission de Bapaume ne réussit-elle pas entièrement. Deux mille cinq cents âmes se présentèrent à la sainte Table, le jour de la communion générale. Les Pères rentrèrent ensuite au Couvent d'Amiens, enfants de la Providence divine, pauvres, à pied, pieds nus, comme ils l'avaient quitté[1]. »

Nous avons quelques détails fournis par le P. Jean-Baptiste sur les deux missions de Rochechouart et de Nexon, les seules que le P. Aréso paraît avoir prêchées dans le diocèse de Limoges.

Il avait pour secrétaire et compagnon de ses travaux son cher P. Jean-Baptiste, dont nous citerons les paroles : « Le curé de Rochechouart avait fait demander au P. Aréso, par l'entremise de Mgr Buissas, un prédicateur pour les deux dernières semaines du carême de 1855. Le T. R. Père préféra y aller lui-même. La mission s'ouvrit le mercredi soir de la semaine de la Passion, sous forme de simple station, par le P. Jean-Baptiste seul. Le P. Aréso, retenu au Couvent par la fièvre, suite de fatigue et d'épuisement, ne put arriver que le lundi de la Semaine-Sainte, dans l'après-midi. Il prêcha, le soir même de son arrivée, sur la mort du juste et, le lendemain, sur la mort du pécheur.

« L'église était comble ; dès ce moment on accourut en foule aux confessionnaux. La communion générale du Jeudi-Saint, celle du jour de Pâques et encore celle du lundi furent de touchants et magnifiques spectacles. Beaucoup d'âmes dévoyées, qui avaient abandonné la pratique des sacrements, et quelques-unes jusqu'au chemin de l'église, rentrèrent dans la bonne voie et consolèrent le cœur de leur pasteur. »

Ce digne prêtre, sur-le-champ, réclama le ministère des missionnaires Franciscains pour une mission plus complète, fixée à l'année suivante[2]. »

[1] Mémoire ms. du P. Aréso, p. 9-12.
[2] Notes du P. Jean-Baptiste de Beauvais.

Le mardi de Pâques, ils quittèrent Rochechouart et, malgré une pluie battante, partirent pour Nexon. Dans une halte à Saint-Laurent, M. le Curé leur offrit généreusement à dîner. Après le repas, bien que la pluie tombât toujours avec abondance, ils voulurent poursuivre leur route jusqu'à Sereilhac. Ils eurent beaucoup à souffrir de cette grosse pluie qui leur fouettait le visage et les jambes, « Dieu sait comme ! » selon l'expression du P. Jean-Baptiste.

Le P. Aréso ajoute : « Ils furent mouillés jusqu'aux os et leurs pieds s'enfonçaient dans la boue ; la nuit arrivait : impossible d'aller plus loin. »

— « Bon, s'écrie le P. Jean-Baptiste, voilà un commencement de joie parfaite. »

Forcés de s'arrêter dans la petite localité de Sereilhac, ils allèrent demander un gite à M. le Curé. Ils frappent à la porte du presbytère. La servante ouvre et se retire à l'instant, épouvantée, en poussant un grand cri, laissant dehors nos voyageurs.

— « Bon, reprit le P. Jean-Baptiste, second degré de la joie parfaite. »

Cependant, la servante disait à M. le Curé que deux individus, habillés d'une manière étrange, étaient à la porte, que c'étaient probablement des voleurs, qu'il fallait bien se garder d'aller ouvrir une seconde fois.

Le bon Curé aurait partagé les mêmes craintes, si la charité n'avait pas été plus grande chez lui que la peur. Il descend, ouvre la porte avec beaucoup de précautions et se jette dans les bras des Pères.

— « Pauvres Pères, dit-il, soyez les bienvenus ? »

— « Quel malheur ! » s'écrie le P. Jean-Baptiste. Cette exclamation surprend M. le Curé. Il veut en avoir l'explication.

— « Ah ! c'est que nous avons manqué le troisième degré de la joie parfaite. »

— « Comment? je ne comprends pas? »

Il fallut alors raconter au Curé le trait des *Fioretti* sur la vie du séraphique Père saint François.

Ce bon curé de Sereilhac les reçut avec une charité toute fraternelle. Ils passèrent la nuit chez lui. Le lendemain, vers neuf heures du matin, ils arrivèrent à Nexon.

Le temps était devenu très beau et les gens du pays en profitaient pour se livrer aux travaux des champs. Ce fut un obstacle au bien qu'eût pu produire une mission de deux semaines. Le dimanche l'auditoire était nombreux, mais, pendant la semaine, il n'y avait que très peu de monde. Les confessions et les communions furent rares, et cette mission ne donna pas de consolations aux enfants de saint François.

« Mais, disait le P. Aréso, le Missionnaire recevra sa récompense selon son travail; alors même qu'il ne peut voir le succès de ses efforts, il a, sans nul doute, déposé dans plus d'une âme un germe de salut. Le soleil de la grâce fera fructifier ce germe et un autre Missionnaire viendra plus tard cueillir ce que le premier avait semé. »

Les deux Pères rentrèrent sans découragement dans leur cellule.

Dans une circulaire à la Province, datée de la mission de Bapaume, le Restaurateur avait bien le droit de dire : « On nous désire partout : on aime la simplicité, la pauvreté de vie des Franciscains, et tout cela prouve le grand bien que notre Ordre est appelé à faire en France[1]. »

[1] Circulaire n° 7, du 16 février 1855.

CHAPITRE XII.

1856

Chapitre Général de l'Ordre. — Départ pour Rome. — Voyage à pied. — Impression produite par le P. Aréso. — Hospitalité des Récollets d'Avignon. — Mauvais temps et bonne humeur. — La traversée. — Civitavecchia. — La route de Rome. — Mortification et modestie du Père. — Nuit passée aux portes de Rome. — Ouverture du Chapitre. — Les réunions. — Le Père fait partie d'une commission. — Élection du R^{me} P. Bernardin de Montefranco. — Présidence de Pie IX. — Divers travaux des capitulaires. — Allocution du Pape. — Le P. Aréso demande à être déchargé de ses fonctions. — — Il prêche à Saint-Louis des Français. — Les sanctuaires de la Ville éternelle. — Retour en France.

Par une lettre encyclique, datée du 8 juin 1855, le R^{me} P. Venance de Celano annonçait à son Ordre la convocation d'un Chapitre Général à l'*Ara-cœli*, pour le 10 mai de l'année suivante. Le 26 février 1856, il ajoutait à cette bonne nouvelle une autre non moins consolante, c'est que Pie IX, le Pape Tertiaire, voulait présider en personne l'assemblée solennelle des Frères-Mineurs, la première tenue en ce siècle. Le P. Aréso, qui avait communiqué officiellement à ses Religieux ces lettres de Rome, se préparait à se rendre dans la Ville éternelle pour prendre rang parmi les Pères Capitulaires [1].

L'abbé A. Sisson écrivait dans l'*Ami de la Religion*: « L'objet du voyage du R. P. Aréso à Rome est de la plus haute

---

[1] Circulaires, n°s 10 et 11.

importance. Après un intervalle de près d'un siècle, son Ordre va tenir un nouveau *Chapitre Général*. Le dernier a eu lieu, en effet, l'année 1768, dans la ville de Valence (Espagne). Il est facile de deviner les causes qui ont empêché depuis lors la tenue d'une pareille assemblée. Au milieu des bouleversements de toute nature dont l'Europe et le monde entier ont été le théâtre, depuis la seconde moitié du dix-huitième siècle, il devenait impossible de réunir tous les supérieurs Provinciaux d'un Ordre répandu sur tous les points du globe.

« C'est la veille de la Pentecôte que doit s'ouvrir, conformément à l'usage, le Chapitre Général. Le Saint-Père s'est réservé la présidence de cette réunion qui aura à s'occuper des plus graves matières. Les Chapitres Généraux ont le pouvoir non seulement d'élire le Ministre Général, mais encore de reviser les statuts de l'Ordre, et, en prévision de celui qui a lieu cette année, le P. Général de l'Observance a demandé, dès l'année dernière, à chaque Provincial, un mémoire contenant ses requêtes et ses observations.

« Après avoir été si longtemps privée de ces humbles et pieux Religieux, la France qui possède aujourd'hui trois Maisons de l'Observance, à Amiens, à Limoges et à Saint-Palais, va être représentée dans le prochain grand Congrès de la famille franciscaine. Le R. P. Aréso, le digne et fervent Restaurateur des Missionnaires Observants parmi nous, pourra déjà raconter à ses Frères les bénédictions que Dieu a répandues sur son œuvre. En revenant en France, il apportera une nouvelle énergie et une nouvelle fécondité, pour mener à une fin heureuse, pour consolider et étendre l'œuvre sainte à laquelle il s'est dévoué[1]. »

Le Père rentra de la mission d'Hangest le lundi ou le

---

[1] *L'Ami de la Religion* tome LXXXII, n° du samedi 5 avril 1856, page 46 et 47.

mardi de Pâques, et partit d'Amiens le vendredi suivant, après dîner, avec le Frère Louis de Saint-Étienne. Ils voyagèrent à pied jusqu'à Paris, demandant l'hospitalité sur leur route en vrais pauvres de Jésus-Christ, comme le séraphique Patriarche. Les hospices de Clermont et de Chantilly, en particulier, leur firent un accueil plein de charité. A Paris, ils prirent le chemin de fer de Montbrison. Là, ils furent reçus fraternellement chez les Clarisses.

Le Frère Louis était de Saint-Étienne. Le P. Aréso voulut lui donner la consolation d'aller voir sa famille, en passant, et ils se rendirent à pied dans cette ville. « Je me rappelle encore, écrit une sœur du Frère Louis, aujourd'hui Franciscaine de N.-D. du Temple, je me rappelle encore l'impression que produisit le P. Aréso sur toute ma famille, lorsqu'il voulut bien avec mon frère nous faire une visite.

« Un homme de foi, mais non pourtant d'une piété exemplaire, se trouvait en ce moment chez mes parents. Les yeux fixés sur la personne du Père, les oreilles attentives à chacune de ses paroles, il ne pouvait se lasser de le considérer et de l'entendre.

— « Ce Père-là est un saint, répétait-il ensuite, dans son admiration, oui ce Religieux est un saint. »

Telle était, du reste, l'impression que produisait ordinairement le P. Aréso sur ceux qui le voyaient pour la première fois. Sa haute stature, sa tête chauve, ses traits réguliers, sa démarche grave et majestueuse frappaient, et l'on était porté à lui donner des témoignages de respect.

De Saint-Étienne, la route se fit à pied jusqu'à Vienne et, de Vienne à Avignon, en chemin de fer.

Un Père Récollet d'Avignon [1], qui se trouvait là au

---

[1] Le P. Bénigne de Valbonne, en 1852, avait établi en France les Frères Mineurs Réformés d'Italie, presque en même temps que le P. Aréso faisait ses fondations des Mineurs Observants. Toutefois le

moment du passage du P. Aréso, raconte son arrivée.

« Harassé de fatigue, après les longues marches des jours précédents, le Père avait, de plus, les pieds ensanglantés. En entrant au Couvent, il eut soin de ne pas se faire connaître et, aux Religieux qui lui demandaient son nom, il se bornait à répondre qu'il était un Père de la Province de Saint-Louis, venant d'Amiens. Il se fit de suite indiquer la chapelle et, avant de prendre aucune nourriture, aucun rafraîchissement, il alla passer trois quarts d'heure devant le Très Saint Sacrement. »

D'Avignon, nos voyageurs reprennent à pied leur route. Mais bientôt la pluie tombe en abondance et les deux Franciscains sont trempés jusqu'aux os. On pensera, sans doute, que ce fâcheux incident ne devait guère favoriser la bonne humeur. Ce serait vrai pour tout autre qu'un Frère Mineur. Mais lui, a pu apprendre, à l'école de François d'Assise, la théorie évangélique de la *joie parfaite*. Dans un transport de cette joie, comme il en eut souvent pendant sa longue vie, le Restaurateur en France des Frères Mineurs entonne le cantique des Trois Enfants de Babylone et chante de tout son cœur : « Bénissez le Seigneur vous toutes, créatures du Seigneur, louez-le, exaltez-le dans tous les siècles.

« Bénissez le Seigneur, eaux qui êtes au-dessus des cieux, louez-le, exaltez-le dans tous les siècles.

« Pluies et rosées, bénissez toutes le Seigneur, louez-le, exaltez-le dans tous les siècles.

P. Bénigne, présumant que le nom de Réformés produirait une mauvaise impression chez les Français, à cause des prétendus Réformés du protestantisme, donna aux Pères de cette nouvelle Province le nom de *Récollets* déjà connu dans notre pays, et mit ses Couvents sous le vocable de saint Bernardin de Sienne, patron d'une ancienne Province de Récollets. Mais, sauf le nom, les Pères Récollets de France ont conservé les constitutions et les usages des Réformés d'Italie.

« Rosées et brumes, gelées et froidures, glaces et neiges, éclairs et nuages, bénissez tous le Seigneur, louez-le, exaltez-le dans tous les siècles[1]. »

Et l'écho de la campagne répétait les paroles du Frère Mineur, et les oiseaux cachés sous la feuillée, comme autrefois le rossignol qui voulut être l'émule du Pauvre d'Assise, répondaient aux accents de cette âme franciscaine, en envoyant vers le ciel leur gazouillement.

Le clocher d'une église apparut bientôt dans la plaine. Nos deux Religieux frappèrent à la porte d'un presbytère et reçurent une opportune hospitalité.

La fatigue augmentant, ils durent prendre le chemin de fer jusqu'à Marseille, où le P. Aréso avait résolu de s'embarquer pour Civitavecchia.

La traversée fut heureuse. A peine débarqués, le Commissaire Provincial et son compagnon reprennent, toujours à pied, le chemin de Rome. L'hospitalité n'était pas facile à demander dans ce pays étranger. Il fallut donc, une fois, vaincu par la faim et la fatigue, se résigner à descendre à l'auberge et recourir à la petite somme remise à Amiens au Frère Louis qui, encore Oblat, remplissait les fonctions de sous-syndic.

Un incident de ce trajet caractérise bien l'esprit de mortification du P. Aréso, ainsi que la tenue religieuse dont il ne se départait jamais. Le soleil, déjà si ardent au mois de mai en Italie, dardait ses rayons brûlants sur la tête chauve du Père et lui causait un vrai tourment. Se couvrir de son épais capuce de laine, c'était ajouter un nouveau supplice au premier.

« Mettez votre mouchoir sur la tête, mon Très Révérend Père, lui dit alors le Frère. »

— Je le ferais volontiers, mon cher, répond le Père,

---

[1] Dan. III.

mais il faut donner l'exemple de la bonne tenue et de la gravité religieuse. »

Cependant, n'y tenant plus, il se résigne à prendre le soulagement conseillé. Il était temps, sa tête commençait à être brûlée, et il se forma sur la peau du crâne de petites plaies qui ne disparurent qu'après plusieurs jours.

« Dans le chemin, remarque le Frère Louis, notre Père était presque aussi silencieux qu'au Couvent. Nous faisions notre méditation et nous récitions en commun la couronne franciscaine [1]. »

On approchait enfin du terme du voyage. La Ville éternelle n'était plus éloignée que de quelques minutes de marche et il eut été facile d'y arriver pour la nuit. Mais c'était la veille de l'Ascension, et la Circulaire du Rme P. Général n'avait convoqué les Pères capitulaires que pour le jour de la fête. Bien qu'un autre Provincial lui eût assuré, à Marseille, que la fixation de cette date n'avait rien de mathématique, qu'elle n'était faite que pour se conformer aux anciens usages de l'Ordre, le P. Aréso ne voulut point s'écarter de sa ponctualité ordinaire. Il préféra passer la nuit, presque aux portes de la Ville, dans l'humble maison d'un jardinier. Le lendemain matin, à l'heure indiquée, il gravissait les degrés du grand escalier de l'*Ara-Cœli* et se présentait au Ministre Général, qui fut aussi étonné qu'édifié de cette exactitude militaire.

Dans cette matinée, le Père se rendit à Saint-Jean de Latran où le Pape assistait à la messe. Il fut très ému du spectacle de la bénédiction donnée par la voix sonore de Pie IX, du haut de la *loggia*, à la foule immense, en présence de l'armée française et au bruit du canon du Château Saint-Ange.

Pendant la journée, tous les vocaux arrivés entrèrent au

---

[1] Récit du Frère Louis de Saint Étienne.

Couvent et se préparèrent à l'ouverture du Chapitre. On lisait dans l'*Ami de la Religion* du 15 mai : « C'est au Couvent d'*Ara-Cœli* que se trouvent réunis les Provinciaux de l'Ordre des Franciscains de l'Observance, autour de leur Ministre Général dont ils vont élire le successeur.

« Il y a ici, nous écrit-on, des délégués de presque toutes les nations du monde, de la Russie, de la Pologne, de la Turquie, de la Palestine, de la Hollande, des deux Amériques, etc, etc. Des 121 électeurs, il en manque très peu. Les séances capitulaires ont commencé le 2 mai, lendemain de l'Ascension. Tous les Supérieurs de l'Ordre, à 7 heures du matin, se rendent à l'église pour faire la procession et chanter les litanies majeures, afin d'obtenir de Dieu l'élection d'un digne Général et la révision des statuts, « pour que les enfants de saint François brillent d'une nouvelle lumière par toute la terre. »

« Nous avons déjà dit que pour obtenir ce dernier résultat, en particulier, de sages mesures avaient été prises et des travaux préparatoires envoyés de tous côtés au siège de l'Ordre.

« Depuis l'ouverture du Chapitre, plusieurs Commissions ont été nommées pour s'occuper, chacune dans sa sphère, des diverses affaires de l'Ordre. Le R. P. Aréso fait partie de l'une de ces Commissions, dont la tâche est laborieuse, à cause de la brièveté du temps qui pourra y être consacré.

« Nous avons la confiance que de ces mêmes délibérations sortiront des résolutions utiles qui tourneront à la gloire de Dieu, au bien de l'Église et à l'honneur du saint Ordre de l'Observance [1]. »

---

[1] *L'Ami de la Religion*, tome LXXXII, n° du jeudi 15 mai 1856, p. 400 et 401.

La collaboration du Père fut très appréciée dans la Commission dont il faisait partie [1].

« Nous avons reçu, disait l'*Ami de la Religion*, en date du 10 mai, des lettres qui nous apprennent l'élection du nouveau Général de l'Observance. Le choix des Pères électeurs de l'Ordre s'est porté sur un homme éminent, déjà connu et apprécié par un grand nombre de Français qui ont pu le voir à Jérusalem. Voici ce qu'on nous écrit :

« La famille de saint François réunie au Couvent d'*Ara-Cœli* est dans la plus grande jubilation. Elle vient de faire l'élection du Ministre Général. Le nouvel élu est le Rme P. Fr. Bernardin de Montefranco, Custode de Terre Sainte. Il a eu presque tous les suffrages, (87 sur 94). C'est un homme très capable, très zélé pour l'Observance de la Règle, plein de vertus, d'énergie et de prudence. On espère qu'il fera beaucoup de bien dans l'Ordre [2].

« Aujourd'hui à 6 heures, après le chant des prophéties et des litanies, a été célébrée la messe solennelle du Saint-Esprit. A 8 h. 1/2, tous les électeurs étaient à leur place dans l'église d'*Ara-Cœli* ornée pour recevoir le Souverain Pontife. Bientôt le Saint Père Pie IX, accompagné des cardinaux et de plusieurs prélats est arrivé, au son des cloches. De son trône il a adressé aux électeurs un dis-

---

[1] Dans les actes du Chapitre Général nous lisons, page 21 : « Examinatores Causarum ad postulationem Sanctorum spectantium, *Ex Observ. P. Commissarius Provinciae Galliae.* » (Capitulum Generale etc..., Romæ, in Typographia Tiberina, 1857.)

[2] Après avoir fait, comme on l'espérait de lui, beaucoup de bien à l'Ordre, le Rme P. Bernardin Trionfetti de Montefranco fut nommé par Pie IX, dont il était très apprécié, évêque des diocèses réunis de Terracine, Sezze et Piperno. Il les gouverna pendant 17 ans, avec une rare prudence et cette énergie qui le distinguait. La vieillesse lui fit désirer de retourner à la vie du cloître. Il reçut le titre épiscopal de Capharnaüm, qui lui rappelait sa chère Palestine, et se retira dans son Couvent préféré de Sainte-Marie des Anges où il mourut le 9 janvier 1881. Il avait tant de vénération pour le berceau de l'Ordre qu'il disait : *Satis mihi esset si vel œdituus Basilicæ S. Mariæ Angelorum essem.*

cours latin[1], parlant de sa prédilection pour l'Ordre Séraphique. Les quatre Pères scrutateurs ont prêté serment de garder un éternel secret ; puis, à commencer par le Révérendissime Ministre Général qui sortait de charge, tous les électeurs, chacun à son tour, ont déposé leur bulletin dans l'urne ; après quoi, ils sont allé baiser les pieds du Saint Père.

« Cet acte d'obédience fini, on a vérifié les suffrages en présence des cardinaux et des quatre Religieux ci-dessus désignés. Enfin, le Secrétaire Général a proclamé, du haut de la chaire, l'élection canonique du nouveau Général de l'Ordre. Celui-ci a fait alors sa profession de foi, à genoux aux pieds de Pie IX, et lu devant l'autel une prière à Marie Immaculée. Sa Sainteté s'est ensuite retirée et les Religieux ont chanté le *Te Deum*, prêté obéissance et baisé la main à leur très digne Général[2]. »

Empruntons encore une fois à la feuille religieuse souvent citée son récit de la clôture du Chapitre :

« Nos lettres de Rome, nous apprennent la conclusion du Chapitre de l'Observance. Elles nous donnent d'intéressants détails sur les travaux auxquels s'est livrée l'Assemblée.

« Depuis le 1er mai, presque tous les jours ont eu lieu des réunions soit capitulaires, soit définitoriales. Après l'élection du Révérendissime Ministre Général, le 10, veille de la Pentecôte, on a procédé, le 14, à celles des Définiteurs Généraux. Le 19, dans la réunion capitulaire, on a présenté un abrégé de tous les travaux faits par le Chapitre et par les Définiteurs. Le 20, l'état des Provinces a été communiqué au Chapitre...

---

[1] V. Capitulum Generale totius Ordinis Fratrum Minorum die 10 maii 1856, Sanctissimo Domino Nostro Papa Pio IX præsente in eo, ac præsidente, pag. 29 et seqq.

[2] *L'Ami de la Religion* tome LXXXII, n° du mardi 20 mai 1856, pages 137 et 138.

« La voix unanime des Provinciaux de l'Ordre est pour l'Observance de la Règle dans toute sa pureté. Les travaux commencés pour la révision des Statuts généraux, n'ayant pu être terminés, seront continués par le Définitoire Général et soumis à l'approbation du Saint-Siège [1].

« Le 23, le Souverain Pontife a reçu les Pères Capitulaires, vers cinq heures du soir, au Vatican. Il leur a adressé une courte allocution en langue italienne. En finissant il a dit ces paroles qui les ont profondément émus : « Le Chapitre Général de l'Ordre illustre de saint François est terminé à notre satisfaction : retournez, mes enfants, retournez dans vos Provinces. Portez partout les paroles du salut ; aimez la pauvreté que le Séraphique Père vous a laissée pour héritage, et l'Ordre brillera de plus en plus dans la sainte Église. Combattez d'une extrémité du monde à l'autre, l'impiété, l'indifférence, l'orgueil et la corruption des mœurs qui en est la suite. Nous vous donnons de grand cœur la bénédiction apostolique, au nom du PÈRE et du FILS et du SAINT-ESPRIT. »

« Aujourd'hui, 24, un certain nombre de Provinciaux ont déjà quitté Rome, et les autres se préparent à le faire. Les uns partent pour l'Orient, les autres pour l'Occident, ceux-ci pour le Nord, ceux-là pour le midi, emportant au fond du cœur de bien doux souvenirs. Un de ces souvenirs et le plus profond sera celui de l'aimable Pie IX [2]. »

Dans la circulaire où il rendait compte à ses Religieux du Chapitre Général, le P. Aréso disait : « Nous avons trouvé le R^{me} Ministre Général disposé à nous délivrer de la charge de Commissaire de Terre Sainte ; mais il n'en a pas été ainsi à l'égard de notre bien plus pesant

---

[1] Ce travail de révision, suspendu par les événements politiques, a été repris par le R^{re} P. Bernardin de Portogruaro, et enfin mené à terme au Chapitre Général de 1889.

[2] L'Ami de la Religion, tome LXXXII, n° du jeudi 5 juin 1856, pages 583 et 584.

fardeau de Commissaire Provincial pour la France. J'ai allégué ma faible santé, mon âge, le besoin que j'ai de repos, mon incapacité; tout a été inutile : il faut encore supporter cette charge[1]. »

Son humilité lui faisait regarder comme un devoir de réitérer de pareilles demandes.

Dans la même circulaire, il informe les membres de la Province qu'il a manifesté le désir de pouvoir célébrer le premier Chapitre Provincial pour procéder à l'élection des nouveaux dignitaires de la Province. Il lui fut répondu que les électeurs étaient encore en trop petit nombre, mais qu'on espérait obtenir du Souverain Pontife l'autorisation de nommer trois ou quatre Définiteurs. Le Ministre Général nommerait aussi les nouveaux Gardiens. Plus tard on serait en mesure de célébrer un Chapitre. Le Père écrivait ces détails le 8 juin. Le 26 avait lieu la nomination annoncée des quatre Discrets de la Custodie française. Étaient institués dans cette charge, par le R^{me} P. Bernardin de Montefranco, les PP. Joseph Laurent Izaguirre, Gardien de Saint-Palais, Roch Claramunt, Gardien d'Amiens, Jean d'Obiéta et Jean-Baptiste de Beauvais[2].

Pendant son séjour à Rome, le P. Aréso fut invité à prêcher un jour à Saint-Louis-des-Français, pour les exercices du mois de MARIE. Il fut très heureux de cette occasion de glorifier la Très Sainte Vierge et d'exercer son zèle au milieu des enfants de la France, sa patrie d'adoption.

« J'eus lieu, raconte encore le Frère Louis, d'admirer sa bonté pour moi. Il voulut bien, plusieurs fois, me servir de guide dans la visite des monuments chrétiens. Mais ne le pouvant pas toujours, à cause de ses grandes occupa-

---

[1] Circulaire, n° 12.
[2] Circulaire, n° 13.

tions, il pria un prêtre de sa connaissance de le remplacer[1]. »

Il ne pouvait quitter Rome sans faire le chemin de la Croix au Colisée. La vue de ce monument, comme à son premier voyage, produisit sur lui une vive impression. Il ne voyait pas seulement dans ces ruines gigantesques un souvenir du monde païen anéanti ; il aimait encore à contempler tous les martyrs qui avaient ensanglanté le sol de l'amphithéâtre ; puis il admirait saint Léonard de Port-Maurice, qu'il invoquait d'une manière spéciale, érigeant les stations de la Voie douloureuse autour de cette arène.

La visite des stations de Rome fut encore une de ses dévotions qu'il voulut satisfaire, comme autrefois.

Avant de quitter l'Italie, le Père aurait bien désiré visiter Assise, berceau de l'Ordre, et voir tous les souvenirs qui se rattachent à la fondation de la famille séraphique.

Ce pèlerinage devait sourire plus que tout autre, après ceux de la Ville Sainte et de la Ville Éternelle, au Restaurateur des Frères Mineurs de l'Observance dans notre patrie. Il savait par l'histoire, combien François avait aimé la France dont il devait rendre le nom même saint et plus glorieux. Il lui eût été doux d'aller chercher à la Portioncule, au *Sacro Convento*, partout enfin où saint François vit encore dans les souvenirs et dans les monuments d'Assise, des bénédictions et des encouragements pour l'œuvre de Restauration ! Un jour, à Rome, le P. Aréso entretint son jeune compagnon de la réalisation de ce pieux projet. Mais deux difficultés se présentaient. Faire à pied le pèlerinage demandait un certain temps, or il avait hâte de se retrouver dans sa Province naissante : se servir des voitures publiques lui répugnait tant !

« Il ne me paraît pas convenable, disait-il, d'aller en voiture au tombeau de notre Père, le pauvre évangélique. »

---

[1] Récit du Frère Louis.

En présence de cette double difficulté, les désirs de la piété filiale furent sacrifiés à l'amour de la Règle et du devoir.

Le voyage de retour en France se fit en chemin de fer et en voiture jusqu'à Paris. Le P. Aréso n'était plus seul. Le T. R. P. Fulgence Rignon, ex-Procureur Général de l'Ordre, et le R. P. Maurice de Brescia, ancien précepteur des enfants du Prince Lucien Bonaparte, lui furent adjoints, pour travailler dans la capitale de la France à consolider l'œuvre du Commissariat de Terre Sainte.

CHAPITRE XIII.

1856-1806.

Commissariat de Terre Sainte à Paris. — Les Clarisses d'Arras. — Sages avis du P. Aréso. — Missions diverses. — Pèlerinage à N.-D. du Refuge. — Charité des ouvrières de Rouen. — État de la Province naissante. — Fondations à Branday et à Bourges. — Projet de l'abbé Combalot. — Impressions d'un témoin.

Nous venons de voir qu'à son retour du Chapitre Général de 1856, le P. Aréso était en compagnie du T. R. P. Fulgence Rignon, Mineur Observant, de la Province de Turin. Ce dernier, après avoir été six ans Procureur Général de l'Ordre, avait été nommé Commissaire de Terre Sainte. Le siège de l'œuvre fut établi à Paris, rue de Vaugirard, 150. Le P. Fulgence parvint, après trois années de démarches, à la faire autoriser par le Gouvernement.

M. Rouland, ministre de l'instruction publique et des cultes, adressait aux Évêques le 9 avril 1859, la circulaire suivante :

« Monseigneur, il existait autrefois en France une institution connue sous le nom de *Commissariat de la Terre Sainte*, dont le principal objet était de centraliser les aumônes destinées aux Lieux Saints. L'Empereur après s'être concerté avec le Souverain Pontife, a autorisé le rétablissement de cette institution dirigée par les Franciscains. L'une des ressources les plus importantes de cette œuvre était jadis une quête qui avait lieu dans les églises le Vendredi-Saint de chaque année : Je prie Votre Grandeur, sur la demande de M. le Ministre des affaires étrangères, de vouloir bien examiner s'il ne lui serait pas possible de rétablir cette quête annuelle dans les principales églises de son diocèse [1]. »

La même quête a été non plus seulement recommandée, mais formellement ordonnée par divers Souverains Pontifes et, en dernier lieu, par le Bref de S. S. Léon XIII du 26 décembre 1887.

Le P. Aréso et le P. Fulgence, son successeur au Commissariat, unissant leurs efforts, firent prospérer l'œuvre de Terre Sainte. Outre les collectes qu'ils centralisèrent, ils eurent la joie de voir un autre secours venu de la France aux Lieux Saints.

Le Restaurateur de la Province écrivait au Rédacteur en chef de l'*Univers* :

« J'ai lu avec le plus vif intérêt les différents articles de l'*Univers*, où il est question du départ de la caravane française pour la visite des Saints Lieux.

« Nous sommes heureux de pouvoir vous annoncer qu'aujourd'hui deux de nos Religieux, le P. Bernard d'Orléans et le Frère Louis de St-Étienne, sont déjà partis pour se rendre auprès de S. S. Pie IX, recevoir sa bénédiction, et, de là, faire voile vers les sanctuaires de la Palestine où ils espèrent arriver en même temps que la caravane française, avant les fêtes de Pâques [2]. »

Ces Religieux étaient les prémices de la naissante Province, qui allaient exercer leur zèle à Jérusalem, dans les diverses résidences de la Judée et de la Galilée et représenter leur patrie au milieu des souvenirs héroïques des croisades, unis aux souvenirs de la vie et de la mort de Jésus.

[1] Lettre du 7 mars 1859.
[2] Lettre du 2 avril 1859.

Le Gouvernement français, comprenant toute l'importance des travaux du Commissariat, n'a jamais cessé de lui accorder sa bienveillance.

En 1880, M. de Freycinet, ministre des affaires étrangères, consultait, à l'occasion des décrets du 29 mars, son collègue de l'Intérieur et des Cultes, M. Constans, au sujet du Commissariat. Il en recevait le 29 juillet, cette réponse : « Je n'hésite pas à considérer, en ce qui me concerne, la Custodie et les Commissariats de Terre Sainte comme légalement reconnus et ne tombant pas dès lors sous l'application des décrets du 29 mars [1]. »

Le P. Victor-Bernardin de Rouen succéda au P. Fulgence Rignon. En 1885, sentant ses forces diminuer, il renonça aux fonctions de Commissaire ; mais il continue d'assister le Commissaire actuel avec un grand dévouement.

Depuis près de deux ans, le P. Victor-Bernardin a fondé la très utile et très intéressante Revue « Saint François et la Terre Sainte. »

Un zélé prélat, Sa Grandeur Monseigneur Étienne Marie Potron, évêque titulaire de Jéricho, en religion le R. P. Marie de Brest, lui aussi, fils spirituel du P. Aréso, est présentement Commissaire Général en France.

Après s'être déchargé sur le P. Fulgence Rignon du Commissariat de Terre Sainte, le P. Aréso se livra avec un nouveau courage à l'apostolat et à son œuvre de restauration.

Vers la fin de l'année 1856, il recevait d'un Vicaire Général d'Arras, M. B. des Billiers, une lettre qui lui donna l'occasion d'exercer son zèle en faveur du second Ordre de saint François et de montrer sa rare prudence.

M. des Billiers, attiré par la réputation du P. Aréso, ve-

---

[1] Voir le R. P. Léon de Clary, par M. l'abbé C. Vielle, IV, p. 82, note.

nait lui confier ses doutes et ses difficultés dans le gouvernement du Monastère des Clarisses d'Arras dont il était chargé.

Il était lui-même, de l'avis de tous, un homme très éclairé, mais il croyait trouver dans le Père plus de lumières et lui parlait avec une humilité et une simplicité admirables.

La réponse du P. Aréso contient des détails qui ne sont pas inutiles à ceux qui ont à diriger les âmes religieuses, surtout aux Supérieurs des Communautés de femmes. Nous croyons opportun de mettre sous les yeux de ces lecteurs les conseils du Père.

« Je vous avoue tout d'abord, M. le Vicaire Général, qu'il est difficile, très difficile même de répondre aux questions que vous me posez, non pour elles-mêmes, mais à cause des Religieuses auxquelles il faut appliquer les réponses.

« Les Religieuses cloîtrées, en général, sont tellement attachées aux usages qu'elles ont appris des anciennes, que si vous voulez retrancher, modifier ou ajouter quelque chose, elles se troublent, croyant que le relâchement va s'introduire. Ainsi nous devons avoir la plus grande prudence pour toucher à ces usages. C'est là mon premier avis.

« Monseigneur a fait retrancher les suffrages arbitraires que les bonnes Religieuses d'Arras ajoutaient à chaque partie de l'Office ; Sa Grandeur a très bien fait.

« Si la demi-heure que les Clarisses mettent à se préparer à chaque partie de l'Office, est comptée pour une partie du temps qu'elles doivent consacrer tous les jours à l'oraison, il convient de n'en rien retrancher ; mais si outre ce temps qu'elles emploient à la préparation de l'Office, elles donnent à l'oraison mentale le temps marqué dans leurs règles, vous ferez bien de supprimer les deux tiers du temps de préparation.

« Dans le cas où les Sœurs voudraient garder la coutume de réciter le chapelet après l'action de grâce qui suit le dîner, défendez-leur de le réciter à genoux, pour ne pas nuire à la digestion. Elles peuvent le réciter assises ou debout.

« Si les Clarisses d'Arras n'ont pas l'usage de prendre la récréation, je vous en prie, Monsieur le Vicaire Général, ne la leur prescrivez point ; cela pourrait troubler leur conscience, s'imaginant qu'elles dégénèrent de l'observance. En retranchant les suffrages arbitraires et une partie de la demi-heure de préparation à l'Office, comme je l'ai dit, cela leur laissera plus de temps pour le travail manuel qui peut servir de délassement.

« Voulant suivre les traces de celui qu'on pourrait appeler notre second Fondateur, le séraphique Docteur saint Bonaventure, je tiens beaucoup à la propreté. D'ailleurs, la malpropreté est quelque peu contraire, ce me semble, à la pauvreté, car lorsque le linge et la laine deviennent trop sales, on ne peut les nettoyer sans les déchirer presque toujours. En outre, il y a de grands inconvénients à être malpropre, à commencer par celui de donner du dégoût à tout le monde. Donc vous ferez bien de commander aux bonnes Clarisses de changer leurs tuniques et leurs essuie-mains tous les quinze jours. Je répète souvent à nos Religieux : « Aimez beaucoup la pauvreté, sans négliger la propreté. La propreté est conforme à la pauvreté, mais non la malpropreté. »

« Si les lits sont fort courts, nous pouvons penser qu'ils ont été faits ainsi par esprit de mortification. Les Religieuses tiennent-elles à les conserver, laissez-les leur. Toutefois, il faut qu'elles puissent prendre le repos nécessaire.

« La Mère Abbesse ferait bien d'ordonner à la cuisinière de préparer comme il convient et proprement la pauvre nourriture des Sœurs. Après tant de travaux et de privations, si elles ne prennent pas une nourriture convenable, leurs forces s'épuisent et elles ne peuvent plus rien faire....

« Voilà, Monsieur le Vicaire Général, la réponse que je fais à votre lettre. Plaise à Dieu que ce que j'ai dit soit agréé de Monseigneur, de vous et des Clarisses. J'ai parlé en toute simplicité et d'après mon expérience [1]. »

A ces sages avis du P. Aréso, M. des Billiers répondit le 11 janvier, en lui accusant réception :

« Permettez-moi de vous adresser quelques mots pour vous remercier de la lettre que vous avez eu la bonté de m'écrire. Je l'ai parfaitement goûtée, ainsi que Monseigneur, elle entre complètement dans mes vues et nous ne sommes en désaccord sur aucun point. Je désire être utile aux bonnes Clarisses d'Arras, mais par les voies de la prudence et de la persuasion. J'avais temporisé plus de six mois avant de supprimer les suffrages de surérogation. J'en userai de même pour le reste que vous avez très bien saisi. Vous me permettrez de recourir encore à votre expérience, s'il en était besoin. »

Le Père dans cette année, ainsi que dans la suivante, donna plusieurs missions. Il nous a laissé le récit de quelques-unes. Comme ses narrations joignent toujours à l'intérêt les enseignements les plus précieux, les enfants du Restaurateur de la Province les liront avec autant de plaisir que de profit. Elles nous présentent le Missionnaire en action, et quel Missionnaire ! Laissons-lui la parole.

« On était au mois de septembre de l'année 1858. Les PP. Aréso et Jean-Baptiste partirent du Couvent d'Amiens pour la mission de Lillebonne. Comme les deux premiers jours de marche ne présentèrent aucun incident,

---

[1] Lettre datée d'Amiens le 5 janvier 1857.

nous n'en parlerons pas. Le troisième jour, les deux Missionnaires arrivèrent à onze heures du matin dans une paroisse du diocèse de Rouen, desservie par un curé et un vicaire. Ils se rendirent au presbytère pour demander l'hospitalité à M. le Curé, se reposer un peu de leurs fatigues et prendre quelque nourriture, ayant l'intention de continuer leur voyage dans l'après-midi. Il n'y avait là que la domestique qui s'empressa de répondre que M. le Curé n'était pas à la maison et qu'elle avait l'ordre de ne recevoir personne en son absence. Les Pères lui dirent :

« Mais laissez-nous au moins entrer dans le corridor pour nous asseoir, et si vous n'avez pas autre chose dont vous puissiez disposer, donnez-nous, s'il vous plaît, un morceau de pain, puis nous partirons. Nous sommes à jeun, nous avons fait ce matin quatre lieues et nous voudrions en faire encore autant ce soir : ainsi vous voyez qu'il nous sera difficile de faire un si long voyage, sans prendre quelque nourriture. D'ailleurs soyez bien persuadée que M. le Curé ne peut trouver mauvais que vous offriez un peu de pain à deux pauvres Missionnaires. Ne craignez donc pas, ma fille, nous sommes deux Missionnaires Franciscains du Couvent d'Amiens, qui allons à Lillebonne prêcher une mission. »

Cette pauvre fille pleurait presque de compassion, mais elle n'osait pas pourtant donner le pain qu'on lui demandait.

« Le P. Jean-Baptiste eut alors l'idée de s'informer si la paroisse possédait un vicaire.

« Oui, lui répondit-on, » et sur-le-champ les Pères se rendirent chez lui, suivis d'une multitude d'hommes, de femmes et d'enfants venus pour voir les deux Missionnaires. A leur arrivée chez M. le Vicaire, la domestique qui se trouvait à la porte dit aux Pères :

« Je ne puis vous recevoir, je n'ai pas même un siège à

vous offrir ; voyez, tout est emballé pour aller chez moi, car M. le Vicaire est parti hier pour le séminaire des missions étrangères à Paris, et il ne doit pas revenir. »

Comme il y avait tout près de la porte un gros morceau de bois sur lequel l'on pouvait s'asseoir assez commodément, les Pères lui dirent :

« Ma fille, permettez-nous du moins de nous asseoir sur ce bois, nous sommes épuisés de fatigue et de faim. »

La domestique eut pitié des Missionnaires et commanda aussitôt à une femme d'aller acheter deux livres de pain et un peu de fromage. Une femme qui était présente ne dit rien, mais elle courut chez elle et revint apportant une bouteille de cidre. Une autre femme, touchée aussi de compassion, alla chez elle faire cuire deux œufs à la coque qu'elle apporta ensuite ; mais, par malheur, les ayant cassés en chemin, elle arriva, toute honteuse, osant à peine présenter aux Pères ces œufs qu'elle s'était hâtée d'aller leur préparer. Les Missionnaires s'aperçurent bien vite de son embarras et lui dirent :

« Qu'avez-vous, pauvre femme ?

— Je vous apportais deux œufs cuits à la coque, répondit-elle, mais voilà qu'en chemin je les ai cassés et je n'ose vous les présenter ainsi.

— Que cela ne vous en empêche pas, bonne femme, et veuillez nous les donner ; nous les mangerons quand même. »

De leur propre aveu, les deux Religieux firent ce jour-là le plus délicieux repas qu'ils eussent jamais fait. Touchés des soins dont la divine Providence se plaisait à entourer ses serviteurs, l'on vit des larmes de reconnaissance mouiller leurs visages. Ainsi trois pauvres femmes préparent dans une demi-heure le dîner à deux pauvres Missionnaires qu'elles n'avaient jamais vus, et que peut-être elles ne reverraient plus. Oh ! combien il est vrai que les enfants de saint François ne doivent jamais s'inquiéter ni se dire à eux-mêmes : « Qu'est-ce que nous mangerons et boirons ? » puisque le Père des miséricordes sait bien ce dont ses serviteurs ont besoin. Vous voyez les oiseaux du ciel ; ces petits êtres ne sèment ni ne moissonnent et n'amassent point de provisions dans des greniers et cependant le Père céleste les nourrit. Les Missionnaires rendirent grâces à Dieu et promirent à ces pauvres femmes qu'ils ne les oublieraient jamais dans leurs prières ; puis ils partirent pour Lillebonne.

A leur arrivée, ils reçurent le plus gracieux accueil de la part des habitants, surtout du clergé. Le P. Jean de Saint-Étienne vint bientôt aider les PP. Aréso et Jean-Baptiste. La mission commença le 8 septembre et réussit très bien. Le P. Jean-Baptiste laissa écrit dans le registre des missions du Couvent d'Amiens ce qui suit : « Mission de Lillebonne (Normandie) par le R. P. Aréso, accompagné des Pères Jean-Baptiste et Jean de Saint-Étienne, seconde édition de la mission de Bolbec qui l'avait si bien préparée. » Celui donc qui voudra bien connaître les fruits de la mission de Lillebonne, qu'il lise la Notice sur la mission donnée à Bolbec par les PP. Franciscains Jean-Baptiste et Bernard d'Orléans, en 1856. »

Il est utile de citer quelques phrases de cette Notice écrite par M. l'Abbé Papleuré, alors vicaire de la paroisse de Bolbec.

« Quand les bons fidèles de Bolbec, déjà émus et saisis au premier aspect de la vie crucifiée de leurs saints Missionnaires, eurent connu le généreux motif qui la leur avait fait embrasser ; quand ils eurent compris qu'ils avaient épousé la pauvreté et la souffrance volontaires, non seulement pour travailler plus efficacement au salut de leurs âmes, mais encore pour les soulager et les consoler dans leurs maux terrestres, pour leur rendre plus léger le fardeau de leur pénible existence, ce ne fut plus seulement une simple affection, forme familière et naïve de l'admiration populaire qu'ils éprouvèrent pour eux, mais une sympathie ardente, un enthousiasme plein de tendresse... Personne n'ignore que la plus puissante des paroles humaines, la plus capable de persuader et d'entraîner les cœurs est celle qui tombe des lèvres de l'amour et du dévouement. L'éloquence des Révérends Pères était d'ailleurs d'une nature propre à captiver tous les cœurs; elle était telle que le peuple la veut et la recherche, l'écoute et l'aime. Ce n'était pas une suite méthodique d'arguments plus ou moins serrés, un agencement plus ou moins habile de phrases et de mots : c'était l'élan d'une âme aimante et dévouée qui, émue du danger de ses frères, pousse le cri d'alarme pour les arracher à l'abîme... Si, comme on l'a dit, l'éloquence est fille de la passion, comment n'auraient-ils pas été éloquents ces hommes qui aimaient si bien Dieu et même le prochain, par dessus toutes choses, qu'ils avaient tout quitté pour le servir ? Comment n'auraient-ils pas créé sur leurs lèvres des expressions égales à leur dévouement ? Comment n'auraient-ils pas porté dans leur effusion au sein des âmes la force qui les avait ravis à eux-mêmes et au monde ? Le choix des sujets s'unissait encore à l'éloquence et à la popularité des prédicateurs pour rendre plus efficace la parole franciscaine, car les Révérends Pères ont traité les sujets les plus importants de la religion, les plus propres à frapper les esprits et à impressionner les cœurs, tels que le salut, la mort, le jugement, l'enfer, l'éternité, la Passion, les Stations du chemin de la Croix, l'effusion du sang de Jésus-Christ et autres semblables [1]. »

Ainsi de la *Notice* de M. l'Abbé Papleuré, il suit que les

---

[1] Page 20 et suivantes.

Pères Jean-Baptiste et Bernard d'Orléans ont employé à Bolbec la méthode de mission enseignée par le P. Aréso dans le *Manuel des Missionnaires,* qui est aussi celle de saint Liguori. « Prêchez les fins dernières, disait ce grand saint ; c'est là ce qui fait, d'ordinaire, le plus d'impression sur les hommes et les porte à changer de conduite ; c'est en parlant de la mort, de l'enfer, de l'éternité, en intéressant la nature immortelle de l'homme, qu'on remue les cœurs, qu'on réveille le remords, qu'on arrache les larmes et que le prédicateur, s'élevant au-dessus de lui-même, se montre vraiment l'envoyé du Ciel et parle en son nom : puis, cette matière est plus à la portée de tous, plus adaptée à tous les besoins, plus intelligible à tous les esprits. »

Comme à Bolbec, on voyait tous les jours venir dans l'église de Lillebonne un grand nombre de fidèles des paroisses voisines pour entendre la parole des Missionnaires et aussi pour se confesser. Conformément au règlement des missions, les Pères, avant l'exercice du soir, quittaient le confessionnal et se rendaient à la maison de M. le Curé qui à son tour allait au presbytère revêtu du surplis et accompagné des acolytes. Les Missionnaires donnaient à M. le Curé le crucifix, au sacristain la bannière de la Très Sainte Vierge et aussitôt tous s'acheminaient en procession vers l'église, chantant des cantiques en rapport avec le sermon qu'on devait prêcher. Les fidèles qui entendaient le chant des cantiques, la sonnette des Missionnaires et les cloches de la paroisse sonnant à toute volée, quittaient leurs travaux et arrivaient en foule écouter la parole de Dieu avec grand silence et respect. L'exercice achevé, les Missionnaires donnaient la bénédiction avec le crucifix, ou bien avec le T. S. Sacrement. La mission de Lillebonne produisit les fruits les plus abondants : elle fut vraiment, comme le dit le P. Jean-Baptiste, la seconde édition de la mission de Bolbec.

Des milliers de fidèles se réconcilièrent avec le bon Dieu au tribunal de la Pénitence et reçurent la sainte Communion [1].

« La mission de Lillebonne terminée, les Missionnaires partirent pour la paroisse de Grand-Quevilly près Rouen. Le lendemain du départ ils arrivèrent, à l'entrée de la nuit, au village de Canteleux sur la Seine. Cette fois encore M. le Curé était absent. La domestique aussi timide n'osait pas, sans ordre, recevoir les Pères missionnaires et ils allaient se retirer, lorsqu'un ancien directeur de fabrique de Rouen, qui vivait retiré à Canteleux, se sentit touché de compassion en les voyant passer, s'approcha avec un air de bonté et leur dit :

« Qui êtes-vous donc, mes bons Messieurs, pour voyager de la sorte, si pauvrement vêtus?

— Nous sommes, répondirent les Pères, des Religieux Franciscains du Couvent d'Amiens.

— Mais, répliqua le fabricant, le chemin par lequel vous êtes arrivés ici, n'est pas le chemin d'Amiens.

— Il est vrai, Monsieur, mais nous venons de Lillebonne, où nous avons prêché une mission.

— Et où allez-vous, maintenant, je vous prie?

— Nous allons prêcher une autre mission au Grand-Quevilly que vous voyez de l'autre côté de la Seine.

— En ce cas, Messieurs, comme il ne vous est pas possible de vous y rendre ce soir, venez chez moi, je vous donnerai l'hospitalité pour la nuit. »

« Les Missionnaires ne pouvaient refuser un accueil aussi cordial et acceptèrent son invitation. Ils étaient à table lorsque le Curé de la paroisse arriva et voulut les avoir absolument chez lui.

« Le fabricant consentit, non toutefois sans leur témoi-

---

[1] Mémoire ms. du P. Aréso.

gner le regret qu'il avait de les voir partir. Mais aux yeux de Celui qui règne dans le ciel et qui voit tout ce qu'on fait pour ses pauvres serviteurs, cette œuvre de charité ne devait pas rester sans récompense. Ainsi elle lui a valu, je le crois, le salut de son âme. La vue de ces Religieux prêtres et missionnaires, voyageant à pied, sans argent, demandant l'hospitalité sur leur route et cela dans le seul but de gagner des âmes pour le ciel, le mettait hors de lui. « Ces hommes, se disait-il, pouvaient être curés, jouir d'une rente et vivre en quelque sorte à leur aise. Pourquoi donc ont-ils entrepris une vie si pauvre, si pénible, si austère, si contraire à notre amour-propre, à notre orgueil? Assurément nous ne pouvons pas dire qu'ils cherchent l'argent puisqu'ils ne le reçoivent pas, ni les biens temporels puisqu'ils ne peuvent point posséder, ni les commodités de la vie puisqu'ils les méprisent. » Ces pensées absorbaient cet homme tout entier. Lorsque la mission de Grand-Quevilly fut ouverte, on le vit souvent passer la Seine en bateau pour aller entendre les Missionnaires. Il se convertit sincèrement et, quelques années après, il faisait une sainte mort.

« La mission de Grand-Quevilly ne réussit qu'à moitié. Cependant le Curé en fut satisfait, car il ne s'attendait pas à une aussi nombreuse communion générale dans un pays où les maximes impies et immorales ont causé beaucoup de ravages. Pour l'ordinaire les grands impies ne se contentent pas d'être incrédules et obscènes, mais ils proclament l'incrédulité et l'obscénité dans leurs journaux, dans leurs pamphlets ou brochures, dans leurs conversations. Cette peste d'écrivains a décatholicisé un grand nombre de chrétiens, non seulement dans les villes, mais encore dans les campagnes.

« Le jour du départ des Missionnaires du Grand-Quevilly étant arrivé, le P. Jean-Baptiste prit la résolution d'aller célébrer la sainte Messe à Notre-Dame du Refuge, sanctuaire célèbre à Rouen et dans tout le pays. La chapelle, magnifique, est bâtie sur une colline qui s'élève au bord de la Seine. Les habitants du Grand-Quevilly, apprenant que les Missionnaires accompagnés de M. le Curé y allaient le lendemain, résolurent, en grand nombre, d'être de la partie. En effet, au départ, les Pères se virent entourés par plus de deux cents personnes de tout âge et de toute condition qui ne voulurent pas les quitter jusqu'au sanctuaire de la Vierge. Passant par un des quartiers de Rouen, avant d'arriver à la Seine, ils firent la rencontre des ouvriers qui se rendaient aux fabriques ; plusieurs déjeunaient en marchant. Une ouvrière qui prenait ainsi sa réfection matinale, voyant les Pères passer près d'elle, s'avance vers eux avec un gros morceau de pain et de fromage à la main et leur dit :

« Vous n'avez point déjeuné aujourd'hui, sans doute ; tenez, j'ai assez mangé. »

— Pauvre fille, répondirent les Pères, nous allons dire la sainte Messe à Notre-Dame du Refuge ; nous vous remercions de votre charité, continuez, continuez à manger votre pain. »

Une autre ouvrière qui avait vu les Missionnaires refuser le pain qu'on leur présentait, s'avança avec un franc à la main, et leur dit : « Tenez cette pièce, c'est ma journée, je n'en ai pas besoin aujourd'hui ; avec cet argent, vous pourrez manger un morceau de pain, après que vous aurez dit vos messes.

— Merci, répondirent les Pères, nous ne pouvons pas recevoir d'argent, gardez pour vous le peu que vous avez ; vous en avez bien plus besoin que nous. Au reste, quant à nous, soyez tranquille, la divine Providence y pourvoira. »

Ces deux actes de charité, faits en pleine rue, touchèrent

les cœurs des Missionnaires et ils ne les oublieront jamais.

« Arrivés au sanctuaire de la Vierge, après avoir dit la sainte Messe, les Pères donnèrent la bénédiction à tous les assistants et se rendirent chez un bienfaiteur de Rouen qui leur avait préparé le déjeuner. Ainsi se termina le pieux pèlerinage et la mission du Grand-Quevilly[1]. »

Au milieu de tous ces travaux et par eux, l'œuvre principale faisait de rapides progrès. Dès le 22 mai 1859, le P. Commissaire Provincial pouvait écrire :

« Nous avons jugé bon de proposer à la délibération du Définitoire, s'il conviendra de supplier le Rme Ministre Général d'ériger définitivement en Province nos fondations de France. Nos trois fondations réunissent toutes les conditions voulues par les Statuts Généraux de l'Ordre, c'est-à-dire, un noviciat, deux cours de philosophie, un cours de théologie et ont suffisamment de prédicateurs et de confesseurs, pour donner trois ou quatre missions à la fois, tout en laissant à nos Communautés les Pères nécessaires aux besoins ordinaires des fidèles[2]. »

Telle était la situation très prospère, on le voit, des Couvents fondés par le P. Aréso.

D'autres fondations allaient bientôt suivre.

Branday est une solitude cachée sur les confins des riches vignobles de Saint-Émilion et presque en face du vieux château de Michel Montaigne. Le bon DIEU y ménageait aux fils de saint François une tranquille retraite.

Le vicomte et la vicomtesse de Damas offrirent au P. Aréso leur maison de campagne de Branday, près de Castillon-sur-Dordogne, diocèse de Bordeaux.

Parlant du chef de cette noble et chrétienne famille, le P. Aréso s'exprime ainsi :

---

[1] Mémoire du P. Aréso sur quelques voyages apostoliques, pages 21-26.
[2] Lettre au Définitoire.

« M. de Damas a été très généreux à notre égard. Bien que nous lui eussions dit que le jardin était suffisant pour nous, il a voulu l'agrandir et nous mettre tout à fait à l'aise. Il y a joint un terrain attenant à la maison, en sorte que nous avons là un grand jardin[1]. »

Le cardinal Donnet écrivait au donateur :

« Monsieur le Vicomte, je suis heureux de vous répéter ce que j'ai déjà eu l'honneur de vous dire l'année dernière. J'applaudis de grand cœur à l'établissement d'un Couvent des Frères Mineurs de saint François dans le local que vous mettez à leur disposition avec une noble générosité, pour laquelle je vous exprime toute ma reconnaissance.

« J'ai la confiance que cette fondation sera pour vous et pour tout le pays qui vous entoure une source de bénédictions[2]. »

L'espoir du vénérable Cardinal ne devait pas être déçu. L'esprit de saint François s'est répandu dans le diocèse de Bordeaux et la fondation de Branday a préludé à deux autres importantes fondations dans la ville métropolitaine : un Couvent et un Collège séraphique.

Quant à celle qui nous occupe, le P. Aréso l'annonçait aux Religieux de sa *Custodie*, car la Province proprement dite n'était pas encore érigée, le Ministre Général ayant cru devoir attendre quelque temps.

« Nous avons eu la consolation de nous établir canoniquement dans ce Couvent de Branday. Son Éminence le cardinal Donnet, archevêque de Bordeaux, autorisé par N. S. P. Pie IX, le 15 avril 1859, a délégué M. le Curé de Belvès pour nous installer dans cette maison.

« La cérémonie a eu lieu le 21 du mois de juin 1860. Nous avons chanté la messe, les vêpres et un modeste salut.

---

[1] Des principaux Bienfaiteurs de la Province de S. Louis, évêque, Ms. du P. Aréso § iv.
[2] Lettre de son Ém. le Card. Archevêque de Bordeaux, février 1860.

Le P. Antoine de Victoria a fait une courte instruction de circonstance. A 5 heures du soir, M. le Curé de Belvès, accompagné de deux autres prêtres, a fermé les portes, déclaré la clôture et nous a rendu les clefs. Notre cœur ainsi que celui de tous les Religieux surabonde de joie [1]. »

Une autre fondation, projetée depuis quelque temps, fut celle de Bourges, due comme celle de Limoges à la générosité d'un Sulpicien.

« Le but de cette fondation, écrivait M. de Champgrand, est, dans ma pensée, de fournir à mon pays de saints Missionnaires qui portent l'édification avec la parole de Dieu dans les cantons les plus abandonnés, et qui, par leur présence, dans le quartier où ils seront établis, fassent revivre l'esprit de religion dans des âmes autrefois bonnes et qui se sont beaucoup gâtées depuis un certain temps [2]. »

Le terrain avait été occupé jadis par les bâtiments de la résidence royale de sainte Jeanne de Valois, fondatrice des Annonciades. Il y avait un jardin avec une allée en charmille toute venue, plus une petite vigne. « La maison, ajoutait le pieux fondateur, ne sera peut-être bien bonne à rien et je crois qu'il faudra à peu près bâtir à neuf, et puis il faut construire une église [3]. » C'est ce qui eut lieu. Voici comment le P. Aréso appréciait M. de Champgrand : « Il faut compter, dit-il, parmi les principaux Bienfaiteurs de la Province Saint-Louis : Mesdemoiselles de Tapia et de Zabala, la famille de cette dernière, M. le Vicomte de Damas et, entre tous, M. Ferdinand de Champgrand, prêtre de Saint-Sulpice.

« Le plus grand Bienfaiteur de notre Province, ajoute le Père, est M. Ferdinand de Champgrand. Issu d'une noble et pieuse famille de Bourges, il aurait pu vivre à l'aise

---

[1] Memoria erectionis Provinciæ Obs. Miss. S. Ludovici p. 72.
[2] Lettre du 1ᵉʳ février 1858.
[3] Même lettre du 1ᵉʳ février 1858.

avec les revenus de ses biens. Il a préféré s'engager dans la Compagnie de Saint-Sulpice. Professeur pendant de longues années au Grand Séminaire de Bordeaux, il édifiait ses élèves par ses vertus et les éclairait par sa science. Il semble que la charité pour les pauvres et le zèle pour la religion soient nés dans son cœur [1].

Le P. Arèso en fit son ami. Quand le Couvent de Bourges fut bâti, les deux amis eurent l'occasion de se voir souvent et chaque fois ils s'estimèrent mutuellement davantage.

Avant la Révolution, il y avait à Bourges un Couvent de Franciscains appartenant à la Province de Tours [2]. Le nouvel établissement mérita donc, comme ceux de Limoges et d'Amiens, d'être appelé une véritable restauration.

Les constructions à faire et les diverses formalités exigées par les lois ecclésiastiques et civiles furent cause que la prise de possession eut lieu seulement le 4 octobre 1860.

Dès le lendemain, le *Courrier de Bourges* [3] rendait compte de la cérémonie :

« Hier matin 4 octobre, les RR. PP. Franciscains ont été installés au nouveau Couvent, bâti dans le quartier du Château, grâce aux largesses et par les soins de M. Ferdinand de Champgrand.

« Le Couvent se compose de 40 cellules, de la chapelle et de tous les accessoires. On ne voit partout que le strict nécessaire. Voici notamment quel est l'ameublement de chaque cellule : un lit, formé par deux tréteaux et trois planches, une paillasse avec un traversin en paille, et deux couvertures (on sait que les Franciscains reposent tout

---

[1] Mémoire sur les principaux Bienfaiteurs de la Province, déjà cité.
[2] Wadding. *Annales Minorum* tom. XXII, pag. 120, n° 12 ed. Neapol. 1847.
[3] N° du 5 octobre 1860.

habillés), un petit banc, une table de travail et un vase en terre commune pour les ablutions.

« La bénédiction de l'église et de la maison a été faite par M. l'abbé Lamblin, Vicaire Général de Mgr l'archevêque. Il a aussi célébré la Messe. Au moment de la Communion, 15 Religieux sont venus à la sainte Table, les pieds nus selon leur usage.

« Un sermon de circonstance a été prêché par le R. P. de Bengy [1] de la Compagnie de Jésus, qui a expliqué la fondation de ce nouveau Couvent, son but et les services qu'il est appelé à rendre. Il a dit que les Franciscains sont des pauvres et, comme tels, des amis de Dieu : il a demandé pour eux un bienveillant concours sans lequel ils ne pourraient vivre.

« Une foule d'invités assistaient à cette cérémonie religieuse. Aussitôt après, l'intérieur du cloître a été fermé au public.

« On ne peut se défendre d'une grande émotion en voyant des hommes accepter volontairement une telle vie d'immolation. La religion seule peut faire de pareils miracles. »

Vers 1860, l'abbé Combalot avait aussi proposé au R. P. Aréso de fonder à ses frais un Couvent pour les études, à la condition de diriger lui-même les étudiants, de leur faire étudier la somme de saint Thomas et de les former aux missions [2]. Ce Couvent devait être situé dans un lieu de pèlerinage qu'affectionnait M. Combalot. Tels

---

[1] Le futur otage de la Commune.
[2] Le 22 septembre 1860, M. Combalot écrivait à Montalembert :
« Depuis que la renaissance païenne du xvi⁰ siècle a vicié toutes les sources de l'enseignement ; depuis que la *Somme théologique* de saint Thomas d'Aquin a cessé d'être le livre élémentaire des études de théologie, le sens des choses divines a été profondément altéré. » (*L'Abbé Combalot, Missionnaire Apostolique*, par Mgr Ricard, chap. XVI, § 1.)

sont les détails qu'il donnait lui-même en 1862, pendant sa station de Livourne, aux PP. Roch et Joachim-Marie. Le P. Aréso n'accepta pas ces propositions, parce qu'il craignit de s'éloigner des traditions de l'Ordre. Il eût été heureux, d'ailleurs, de voir ses Religieux missionnaires sous la direction du grand Missionnaire apostolique de notre siècle, si attaché à la famille de saint François d'Assise.

Un postulant, qui devait un jour succéder au P. Aréso, et que nous citons surtout à cause du témoignage qu'il rend à l'œuvre de restauration, M. Vieu, ancien vicaire de Montréal au diocèse de Carcassonne, écrivait au mois de décembre de cette année 1860 :

« Dieu soit béni ! J'obtiens malgré mon indignité la grâce que je désire et que je sollicite depuis si longtemps. C'est le 27, en la fête de saint Jean le disciple privilégié, que je prendrai le noble et saint habit de la pénitence, sous le nom de Frère Léon de Clary. Je compte sur vos prières. Intéressez aussi en ma faveur vos bonnes et charitables tertiaires.

« Et maintenant, un mot sur mon voyage et ma réception. Vous l'attendez sans doute, avec impatience. Mon voyage s'est effectué sans encombre et sans fatigue. Après une courte halte à Limoges et à Bourges où j'ai reçu un fraternel accueil et de précieux encouragements, je suis arrivé à Amiens. La vie des Franciscains est beaucoup plus pauvre et plus austère que je ne le pensais. Ces Religieux pratiquent à la lettre la Règle de leur illustre et séraphique Fondateur. On se croirait à l'origine de l'Ordre, tant la ferveur est grande et soutenue. En les voyant au chœur, où ils passent de longues heures, absorbés dans l'oraison, immobiles comme des statues, tantôt prosternés contre terre, tantôt les bras étendus en croix, je ne peux me défendre d'une profonde et indicible émotion. Comment, dès lors, s'étonner des fruits abondants et merveilleux opérés par leur parole [1] ? » Telles étaient les consolations du Restaurateur.

Nous ne saurions mieux terminer ce chapitre qu'en citant un mot intime du P. Roch Claramunt écrivant au P. Aréso, pendant cette année si féconde :

« Je vous dirai, sans détour, dussé-je blesser votre modestie, qu'il est difficile de trouver un homme qui réunisse autant de qualités que vous pour faire un bon Religieux et un digne Supérieur [2]. »

---

[1] Le R. P. Léon de Clary, ex-Provincial des Franciscains de l'Observance. — Notice biographique, par M. l'abbé Célestin Vielle, 1890, pages 81 et 85.
[2] Lettre du 6 juin 1860.

CHAPITRE XV.

Premiers compagnons et premiers disciples. — Le P. Jean d'Obiéta. — Le P. Laurent Izaguirre. — Les PP. Jean-Baptiste de Beauvais et Eustache Romero. — Le Frère Stanislas de Begori.

« L'enfant sage fait la joie de son père » a dit Salomon ; et saint Jean écrivait : « Je n'ai pas de plus grand bonheur que de voir mes enfants marcher dans la vérité ; » enfin l'apôtre saint Paul appelait ses chers disciples *sa joie et sa couronne.*

C'est assurément la plus glorieuse des couronnes pour un père que celle de ses fils qui l'entourent et qu'il peut montrer à tous avec fierté.

Le P. Joseph Aréso n'a pas été mêlé, comme d'autres Restaurateurs, aux grands événements de notre siècle. Il n'a point paru sur le théâtre où se sont passées les scènes les plus connues de la vie religieuse de notre époque. Aussi n'est-ce pas dans le milieu de l'histoire générale que nous pouvons le trouver, du moins à un rang supérieur.

Mais après avoir vu le Missionnaire dans les chaires d'Espagne et de France, le Restaurateur ne serait pas suffisamment étudié, si nous nous arrêtions à la partie matérielle de son ouvrage. Mieux encore que les pierres des Couvents et des sanctuaires, les pierres vivantes de l'édifice qu'il a élevé, ses co-adjuteurs et ses enfants, peuvent se dire son milieu. L'histoire bien comprise veut donc que nous l'y remettions, pour le connaître tout entier, puisque ses auxiliaires et ses disciples sont une partie de lui-même. Ils ont reçu le souffle de son esprit religieux et le rayonnement du foyer de son cœur apostolique.

Ce chapitre n'est donc point une digression, mais un épisode important pour pénétrer dans le secret de l'œuvre du Père, puisqu'il s'agit ici de la restauration, non plus simplement sur notre sol français, mais dans des âmes religieuses.

LE P. JEAN D'OBIÉTA.

Les premiers compagnons des travaux du Restaurateur furent les Pères Obiéta et Izaguirre.

« Jean Obiéta [1] naquit le 13 mars 1788, à Guernica, ville de la province de Biscaye. Il était fils de Thomas et de Térèse d'Obiéta. Son père et sa mère vivaient dans une parfaite union, donnant toujours le bon exemple à leurs enfants, pratiquant les vertus chrétiennes, aimant la paix et secourant les pauvres de leur mieux, quoiqu'ils ne fussent pas riches. On raconte de Térèse, que s'il venait des pauvres pendant qu'elle préparait le bouillon, elle le leur donnait et le remplaçait par de l'eau. Il arrivait ainsi que le potage de la famille était souvent bien maigre, mais Térèse s'en consolait en pensant aux malheureux que son bon cœur l'avait portée à soulager, et elle faisait partager ses sentiments à ses enfants, les accoutumant de la sorte, dès leur plus jeune âge, à la meilleure de toutes les mortifications, celle que l'on pratique en faveur des pauvres [2]. »

Les enfants, du reste, se montrèrent dignes de cette éducation si chrétienne. Des quatre fils de Thomas et de

---

[1] On écrit indifféremment Obiéta ou d'Obiéta, ainsi que plusieurs autres de ces noms de famille espagnols.
[2] *L'Année Franciscaine*, Bulletin préliminaire, p. 98.

Térèse, l'aîné et le troisième se firent Franciscains; le second entra dans l'Ordre de saint Dominique; le quatrième, Emmanuel, prit les armes pour la défense de son pays et mourut pendant la guerre.

Jean Obiéta était le troisième de ces enfants. Il fit ses études à Orduna et à Bilbao. Dès son enfance, il se distingua par son amour de la chasteté et son zèle pour la pratique de toutes les vertus. Dès l'âge de quinze ans, il revêtit l'habit de saint François et commença aussitôt à s'exercer à la mortification, en se procurant secrètement un cilice, par le moyen duquel il macérait sa chair innocente.

Ses supérieurs l'envoyèrent au Couvent de Bermeo professer la langue latine. Plusieurs de ses élèves, parvenus depuis à des fonctions très élevées dans l'Église et dans l'État, ont attesté que la conduite du P. Jean était exemplaire. Souvent, lorsque les autres membres de la Communauté reposaient, ils le surprirent retiré dans un coin du chœur priant les bras en croix.

Bientôt la guerre de l'indépendance amena la dispersion des Religieux, et le P. Jean d'Obiéta alla successivement dans l'Aragon, la Catalogne et le royaume de Valence. Pendant ce temps d'épreuve il reçut les ordres sacrés, et retourna ensuite dans sa famille où il trouva ses deux frères Religieux, que les mêmes malheurs avaient forcés d'y rentrer.

En 1819, il alla avec dom Jean-Joseph Elboriga, son ami d'enfance et prêtre comme lui, au Collège des Missionnaires Franciscains de l'Observance à Zarauz. Il sentit un vif attrait pour leur genre de vie et désira s'unir à eux. Sans rien dire de son dessein, il partageait leurs repas et leurs exercices, pour se faire à la règle. Au bout d'un certain temps, il demanda qu'on le reçût parmi eux, ce qu'on lui accorda volontiers, car les supérieurs avaient bien vite remarqué sa piété extraordinaire.

Le P. Jean, occupé dès lors à l'œuvre des missions, produisit de grands fruits dans les âmes. Ses travaux apostoliques ne l'empêchèrent pas toutefois de s'occuper des intérêts particuliers de sa famille religieuse.

Le Couvent de Perna était en ruines depuis la guerre. Il résolut de le rétablir et s'y rendit seul, malgré l'avis de ceux qui regardaient son entreprise comme impossible à réaliser. Elle avait plus d'un trait de ressemblance avec ce qu'exécuta saint Jean de la Croix à Durvelo [1].

La première nuit le P. Jean Obiéta coucha sur la terre nue et sans souper ; le lendemain on lui apporta un peu de nourriture et un matelas. Au bout de quelques jours, deux autres Religieux vinrent se joindre à lui, et le Couvent fut rétabli. En 1822, le P. Jean était rappelé à Zarauz, où il continua de travailler aux missions.

Dispersés de nouveau en 1840, les Pères durent chercher un refuge sur la terre étrangère ou dans quelque retraite ignorée en Espagne.

Le P. Obiéta se retira avec deux de ses confrères à un ermitage situé près d'Aga. Il persévéra dans sa vie sainte, disant la messe tous les jours, jeûnant presque continuellement, faisant de longues oraisons et gardant un rigoureux silence pendant une grande partie de la journée. Plus tard il fut vicaire à Orsanes et y passa environ un an dans la pratique des mêmes vertus.

Mais cette vie, toute céleste qu'elle fût, ne satisfaisait pas cette âme séraphique. Quand on lui parlait d'un Père qui depuis la dispersion vivait saintement au milieu du monde, il avait coutume de faire cette réponse que tous les Religieux devraient méditer : « J'aime à croire ce que vous me dites, mais il ne vit pas sous l'obéissance. » Aussi le P. Jean d'Obiéta nourrissait-il la pensée d'aller retrouver

---

[1] V. sainte Térèse, *Livre des Fondations*, chap. xiv.

en Italie cette vie régulière qu'il aimait tant. Tous ceux à qui il en parlait cherchaient à le dissuader, lui disant que beaucoup de Pères Espagnols après avoir essayé de demeurer en Italie, avaient dû revenir et qu'il ne pourrait y rester. Mais lui, ayant reçu de Dieu même l'inspiration d'entreprendre ce voyage, avait communiqué à un Père très versé dans la spiritualité ce qui lui était arrivé. Au saint autel, après la Consécration, il entendit une voix qui lui disait : « Rentrez dans un Couvent de l'Ordre. »

Ce Père l'assura que cette inspiration venait du Ciel; aussi rien ne put le détourner d'obéir à la voix du Seigneur.

Il fit donc le voyage d'Italie, passa seize jours à Rome et, sur sa demande, fut envoyé à Civitella, aujourd'hui Bellegra, près de Subiaco. Ce Couvent appelé *de retraite (ritiro)* était un de ceux où l'on pratiquait la Règle avec la plus grande sévérité. Le P. Jean y resta sept ans, comme nous l'avons vu. C'est de là qu'il vint s'unir au P. Aréso pour la restauration de l'Ordre en France.

Le bon P. Obiéta a laissé dans cette paisible retraite de Civitella un souvenir impérissable. Il ne manquait jamais de se lever à minuit pour Matines, et il lui arrivait bien souvent de rester au chœur, tandis que les autres Religieux se retiraient après leurs exercices pour prendre un peu de repos.

Le P. Jean faisait ses délices de la mortification. Elle portait sur tout l'ensemble de sa vie. Il s'abstenait constamment de tout ce qui pouvait flatter la sensualité et semblait n'avoir d'autre recherche dans la nourriture que de contrarier son goût. Il passa une année entière sans manger ni viande ni poisson. Il ne brillait pas moins par l'humilité et l'obéissance que par la mortification. Il obéissait non seulement aux supérieurs, mais même au dernier des Frères, si celui-ci était chargé de quelque office.

On a conservé un trait remarquable de sa vertu sous ce

rapport. Un jour de grande fête qui attirait beaucoup de monde, le sacristain trouva commode que le P. Jean célébrât le saint sacrifice plus tard que de coutume. Le bon Père n'ayant pas été averti de ce changement d'heure se rendit à la sacristie à son heure ordinaire, revêtit les ornements sacerdotaux, prit le calice et se dirigea vers un des autels de l'église avec son servant. Le sacristain arrêta brusquement le Père et lui reprocha de n'avoir pas attendu. Le saint Religieux, sans répliquer, se retira doucement et attendit qu'on lui eût permis de dire la messe.

Dieu fit voir une autre fois combien l'obéissance de son serviteur lui était agréable. Le P. Gardien avait envoyé le P. Obiéta prêcher à une paroisse voisine. Il s'y était préparé de son mieux, mais au moment de commencer son discours, la mémoire lui fit complètement défaut. Il réfléchit un instant et se dit : « C'est l'obéissance qui m'a envoyé prêcher, l'obéissance exige que j'exécute cet ordre. » Aussitôt il se met à parler d'une manière admirable ; Dieu qui fait triompher les obéissants, lui avait délié la langue et donné des paroles de bénédiction.

En France, il ne fit qu'*aller de vertu en vertu,* selon le mot de l'Écriture. Peu de temps après la fondation de Saint-Palais, il fut atteint d'une grave maladie. On avait peur de le perdre. Le P. Aréso s'approcha du lit de ce parfait obéissant : « Je vous défends de mourir, lui dit-il, j'ai encore besoin de vous. » Le P. Jean guérit. Plus tard, le P. Obiéta est de nouveau malade. « Maintenant, dit le P. Aréso, je vous permets de mourir ; » et il meurt.

On croirait ce récit emprunté aux vies *des Pères du Désert,* et cela se passait en plein xixe siècle ! C'était le 25 janvier 1857, à quatre heures et demie du matin.

Les autres Pères n'auraient pas facilement consenti à octroyer au Religieux, qui était leur modèle, une semblable permission. Ils disaient qu'ils avaient toujours bien besoin de lui et qu'ils étaient encore trop peu nombreux pour pouvoir le perdre sans nuire à la Province naissante. Il répliqua : « Si c'est la volonté de Dieu, je ne refuse pas de vivre et de souffrir, fût-ce même longtemps ; mais si cette œuvre est de Dieu, comme je le pense, il saura bien la faire prospérer. Notre Père saint François, qui était beaucoup plus nécessaire à l'Ordre, est mort bien plus jeune que moi, et néanmoins l'Ordre n'a pas cessé de fleurir depuis, comme s'il le gouvernait lui-même. »

La veille de sa mort il s'exprima ainsi : « Le bon Dieu m'a fait la grâce de toujours aimer mon Ordre ; je désirais ardemment le voir rétabli en France, et maintenant que je vois mes désirs réalisés, je meurs content. »

Il reçut le saint Viatique avec une admirable dévotion. Il voulait se mettre à genoux sur son lit, mais on dut l'en empêcher, car ses forces l'auraient trahi. Avant de mourir, il demanda pardon à ses Frères du peu d'édification qu'il leur avait donnée, et cela avec tant de simplicité et de componction, qu'aucun des assistants ne put retenir ses larmes.

Après sa mort, son corps resta flexible, comme s'il eût été encore en vie. La foule des personnes qui vinrent visiter ses restes bénis, exposés dans la chapelle, fut aussi grande que recueillie. Chacun voulait emporter un morceau de son habit, ou quelqu'autre objet à son usage. On le regardait comme un saint.

Le P. Jean Obiéta laisse avec ses exemples un excellent traité de la vie spirituelle, intitulé : *Chemin pour arriver à la perfection chrétienne.* Très apprécié en Espagne, ce petit livre d'or mériterait d'être traduit dans notre langue.

LE P. LAURENT IZAGUIRRE.

Aduna est un petit village près de Tolosa, dans la Province de Guipuzcoa. C'est là que naissait le 16 août 1793 Joseph-Laurent Izaguirre.

Dès son enfance, on découvrit en lui les germes de vocation religieuse qui devaient se développer plus tard sous l'influence de la grâce. A peine âgé de huit ans, il fut admis, comme enfant de chœur, au Couvent des Franciscains d'Aranzazu où l'on vénère depuis trois siècles une Vierge miraculeuse, célèbre dans les provinces basques et la Navarre.

« A l'entrée des armées de Napoléon Ier en Espagne, ce Couvent fut supprimé comme tant d'autres, et le jeune Laurent dut dire adieu à cet asile protecteur de son innocence pour se retirer chez ses parents. De retour dans sa famille, il éprouva pour le monde un dégoût toujours croissant ; toutes ses aspirations étaient pour la vie parfaite du cloître dont il avait pressenti l'ineffable bonheur[1]. » Pour utiliser son temps il se rendit dans la ville voisine de Tolosa où il apprit à jouer de l'orgue, en attendant que le Séminaire Conciliaire de Pampelune lui ouvrît ses portes ; c'est là qu'il devait trouver Joseph Aréso.

Lorsque le calme fut rendu à l'Espagne, Laurent Izaguirre étudia la philosophie et les sciences ecclésiastiques. Il se fit remarquer par ses progrès rapides et son esprit méthodique. Aussi ses supérieurs lui confièrent-ils la chaire de théologie morale, malgré sa jeunesse. Il professa peu de temps ; car à peine ordonné prêtre, il obtint dans son pays natal un bénéfice qui lui faisait entrevoir l'avenir le plus heureux. Mais l'attrait pour la vie religieuse

---

[1] *Revue Franciscaine*, décembre 1874, p. 362.

et franciscaine augmentait toujours en lui. Il fit généreusement le sacrifice de sa nouvelle position pour suivre cet attrait et entra au Collège des Missionnaires Franciscains de Zarauz, où il vécut dans la pieuse compagnie du P. Jean d'Obiéta. Admirable conduite de la Providence qui faisait entrer le P. Aréso et ses deux premiers compagnons en rapports d'amitié dès leur jeunesse.

A la révolution, la Communauté fut dispersée ; le Père Laurent dut à son grand regret, s'arracher à la douce solitude de son Couvent. Mais de même que son ami d'Obiéta, ne pouvant se résoudre à vivre au milieu de l'agitation du monde, il se retira avec lui et un Frère convers dans l'ermitage voisin d'Aga, appelé Santiago-bireca.

Comme le P. Obiéta, le P. Laurent, de son côté, entendit une voix céleste qui lui ordonnait de rentrer dans un Couvent. Il se demandait comment il mettrait à exécution cet ordre divin, lorsque le P. Jean, qui exerçait alors le ministère paroissial, vint lui découvrir son secret et lui parler des mêmes embarras. S'étant concertés, ils résolurent de répondre sans délai à l'appel de l'Esprit Saint et de prendre immédiatement le chemin de Rome, pour se mettre à la disposition du Ministre Général.

Les deux Pères arrivèrent à Rome en 1843, comme nos lecteurs l'ont vu. Ils furent bien accueillis et, au bout de quelques jours, reçurent une obédience pour Civitella. Le P. Laurent Izaguirre avait un amour très grand de l'oubli, il pratiquait à la lettre cette maxime de l'auteur de l'Imitation : *Ama nesciri et pro nihilo reputari.* Un trait suffira pour en donner une idée. Ce bon Père, qui avait un véritable talent musical, s'acquittait au Couvent de Zarauz de la charge d'organiste. Il avait l'oreille si délicate et un sentiment si exquis de l'harmonie, que la moindre discordance aurait suffi pour le mettre hors de lui, s'il n'eût fait de grands efforts pour ne rien laisser paraître sur son extérieur. Quand il arriva au Couvent de Civitella, l'orgue était tenu, à défaut d'autre, par un musicien inexpérimenté, et les accords n'étaient parfaits que dans l'intention de l'organiste.

Le P. Izaguirre, dont l'humilité surpassait le goût musical évita soigneusement de faire même soupçonner ses connaissances, pendant les sept ans qu'il passa dans cette retraite. Ce ne fut qu'après son départ pour Saint-Palais que les Religieux de la Communauté italienne eurent connaissance du talent plus qu'ordinaire de leur ancien confrère, à leur grande surprise et à leur grand regret.

Le P. Laurent Izaguirre était maintenant tout entier à l'œuvre du P. Aréso et bientôt la charge de Gardien lui était confiée dans cette première Maison de l'Ordre restaurée en France.

Mais la petite Communauté se trouvant sans cuisinier pendant les premiers mois; le P. Izaguirre se présenta comme le plus habile pour remplir cet office. On ne tarda pas à s'apercevoir que son humilité surpassait de beaucoup son habileté dans l'art culinaire.

Le bon Père racontait plus tard avec une grâce charmante les merveilles qu'il avait faites à la cuisine, et il se proclamait avec une sorte d'emphase le premier cuisinier de sa chère Province.

Le prince Lucien Bonaparte, visitant un jour la bibliothèque basque du Couvent de Saint-Palais, eut l'occasion de parler au P. Laurent qui frappa ses regards par son air vénérable : « Mon Révérend Père, lui dit le Prince, quel est votre emploi dans cette Communauté ? — Monseigneur, repartit le Père avec un doux sourire, je suis le premier cuisinier de ce Couvent. » Pendant que l'illustre visiteur était à la chapelle, le P. Laurent dut pour l'honorer exécuter quelques morceaux sur l'harmonium ; il le fit avec une dextérité étonnante pour son âge avancé.

Le prince Lucien, surpris du talent de ce vieux cuisinier, manifesta son étonnement. Il apprit alors que de tous ses titres, le Père ne lui avait décliné que le plus modeste. — L'humilité de ce saint Religieux fut pour le prince-abbé [1] un sujet d'admiration bien plus grand que ne l'avait été son art.

Premier Gardien du Couvent canoniquement érigé, le P. Izaguirre le gouverna avec autant de prudence que d'énergie.

Le P. Gardien était la règle vivante. Esprit judicieux, scrutateur, méthodique, rien n'était petit à ses yeux. Il veillait soigneusement à l'observance des moindres prescriptions des statuts, persuadé que le mépris des petites choses dans une Communauté entraîne l'infraction des plus importantes règles.

Le P. Izaguirre avait un extérieur grave, austère : son visage, amaigri par les rigueurs de la pénitence, impressionnait ceux qui le voyaient. Il était si exténué, qu'à peine pouvait-il supporter le poids de son habit. Sévère pour lui-même, il était, à l'exemple des saints, compatissant pour les autres. Sa conversation, agréable et enjouée, laissait transpirer les douces joies de son âme.

Pour égayer ses frères, il se plaisait à faire rire à ses dépens. Pour cela il s'avisait de parler français, langue qu'il n'avait jamais étudiée dans la crainte d'être promu à la dignité de Provincial. Il avait soin de prononcer toutes les lettres avec son accent espagnol.

Un jour, en récréation, il se mit à raconter gaiement qu'il n'avait plus que des *Ex* dans sa vie : « Je suis, dit-il, ex-Custode, ex-Définiteur, ex-Gardien, ex-cuisinier du Couvent, et montrant du doigt la chapelle, bientôt on dira encore de moi : l'ex-homme. »

---

[1] Le prince était entré dans l'état ecclésiastique ; c'est le pieux cardinal Lucien Bonaparte, fils du prince Lucien frère de Napoléon Ier.

Pendant de longues années, le P. Izaguirre évangélisa le pays basque-français. Il faisait à pied tous ses voyages, sauf les cas d'infirmité ou de grave nécessité. Cet homme de Dieu regardait comme très favorable au succès de ses missions les circonstances qui semblaient humainement devoir les compromettre, comme les difficultés des chemins, l'intempérie des saisons, les contrariétés dans l'exercice de son ministère.

Après avoir évangélisé pendant trois semaines l'importante paroisse des Aldudes au diocèse de Bayonne, où il s'était dépensé sans ménagement, le P. Laurent dut se rendre à Sare, village également très peuplé, pour y prêcher une nouvelle mission.

Mais avant d'y arriver, lui et son compagnon, marchèrent longtemps sur la neige fondue, de sorte qu'ils inaugurèrent leurs prédications, pris d'un gros rhume et exténués de fatigue.

Le collaborateur du P. Izaguirre commençait à perdre courage et faisait observer qu'il serait prudent d'aller prendre au Couvent quelques jours de repos, pour revenir ensuite continuer la mission. « Mon Père, répondit notre intrépide Missionnaire, vos raisons sont excellentes; mais le bon soldat suit son régiment jusqu'à ce qu'il tombe sur place; alors on le porte à l'hôpital ou à l'ambulance. Nous sommes, nous, soldats de Jésus-Christ : travaillons donc courageusement pour notre Chef, tant que nos forces ne nous auront pas entièrement abandonnés. »

Le P. Izaguirre resta sur le champ de bataille tant que ses forces le lui permirent. Plus d'une fois cependant, la faiblesse de son corps vieilli trahit l'énergie de son âme virile. Souvent il roulait à terre comme un petit enfant qui apprend à marcher; il disait alors gracieusement à celui qui l'aidait à se relever : « Oh! que je donne de travail à mon bon ange gardien! »

Il avait une tendre dévotion pour Marie et baisait si fréquemment une petite image de cette bonne Mère, qu'il l'avait littéralement noircie à force d'y coller ses lèvres.

Sa piété d'ailleurs était éclairée et sa direction très sûre. Il confessait beaucoup de prêtres. On le consultait aussi de toutes parts sur les questions les plus graves de la théologie morale.

Il avait fait de fortes études et ne se lassa jamais d'étudier, jusqu'à quatre-vingts ans, saint Liguori, son docteur préféré.

A la fin de sa vie, il restait si sensible aux beautés musicales que la moindre faute échappée aux chantres était par lui impitoyablement signalée et corrigée avec vivacité. Mais ensuite il demandait pardon de ces sorties de l'organiste et du compositeur.

Cependant le moment était venu où ce bon serviteur allait être appelé à la récompense. Il avait échappé à une grave maladie qui, selon toutes les apparences, devait le conduire au tombeau. Quelques jours après commençait la retraite annuelle de la Communauté. Le R. P. Raphaël d'Aurillac, alors Provincial, vint la prêcher.

En arrivant au Couvent, le premier Religieux qu'il rencontra fut le vénérable P. Izaguirre. « *Adhuc vivo,* » dit le vieillard avec une simplicité charmante.

Dans sa première conférence, le P. Provincial fit entrevoir à ses auditeurs que la grâce de la retraite actuelle serait peut-être la dernière pour quelqu'un d'entre eux. Ces paroles étaient une triste prophétie. Presque aussitôt le P. Izaguirre se sentit plus faible. Sa faiblesse augmenta rapidement et la Communauté tout entière eut le pressentiment de la fin prochaine de ce saint Religieux. Lui, vit arriver sa dernière heure avec calme. Il demanda les secours de l'Église, répondit à toutes les prières et guida même le prêtre qui lui administrait les sacrements, car ce dernier était en proie à l'émotion la plus vive. Le pieux malade dit au jeune Père qui le veillait : « Oh! la vie religieuse ne compterait point de déserteurs, si l'on savait la joie qu'on éprouve lorsqu'on meurt revêtu du saint habit, au milieu de ses Frères et muni des sacrements de l'Église ! »

Il demanda pardon, avec beaucoup de componction, des mauvais exemples qu'il supposait avoir donnés aux Religieux. Puis, à l'imitation de saint François, il pria humblement le R. P. Gardien de lui faire la charité d'un habit pour l'ensevelissement de son corps. Quelques moments après, se tournant vers le R. P. Raphaël, le moribond demande la faveur d'expirer avec le mérite de l'obéissance, voulant imiter son divin Maître qui fut obéissant jusque dans l'acte de sa mort, *factus obediens, usque ad mortem*. Cette grâce lui ayant été accordée, il attendit en paix le moment solennel où Jésus viendrait à lui pour le recevoir au ciel. Il s'endormit doucement dans le Seigneur, sans secousse, comme une lampe qui s'éteint. C'était le 10 novembre 1873[1].

LE P. JEAN-BAPTISTE DE BEAUVAIS.

Le Père Jean-Baptiste de Beauvais[2] compagnon chéri du P. Aréso dans ses missions et ses voyages, Religieux admirable que la voix publique a pour ainsi dire canonisé, était né en 1812 à Blancfossé, diocèse de Beauvais.

L'abbé Caron exerça d'abord le ministère pastoral pendant treize ans, dans deux modestes paroisses, près de Granvilliers.

---

[1] V. Revue Franciscaine, année 1875, p. 213.
[2] Une notice biographique plus étendue sur ce premier Franciscain d'origine française, si remarquable par ses vertus, nous a été demandée. Nous pouvons annoncer qu'elle est en préparation et ne tardera pas à être publiée.

Il menait une vie si pauvre et si mortifiée que son évêque, en lui permettant de se faire Religieux, aurait dit : « Je le lui permets, afin de diminuer ses austérités. »

L'abbé Caron avait quarante ans lorsqu'il quitta le ministère des paroisses pour embrasser la vie religieuse dans l'Ordre séraphique.

A un homme aussi détaché des créatures, le noviciat n'offrit aucune difficulté. Le P. Jean-Baptiste édifia beaucoup dès les premiers jours tous ses Frères d'Amiens, et, lorsqu'il fit ses vœux, il possédait les vertus d'un Religieux vieilli dans le cloître.

A peine consacré à Dieu par ces nouveaux engagements, il se livra avec une ardeur incroyable aux travaux apostoliques. Les diocèses d'Amiens et de Rouen furent parcourus par lui dans tous les sens. Le souvenir de la mission qu'il donna en 1858 à Bolbec, avec le P. Bernard d'Orléans, vivra longtemps dans les cœurs. Partout du reste les populations étaient émues à la vue de cet enfant de saint François si humble, si pauvre, si oublieux de lui-même, de cet apôtre attendant tout le succès de ses travaux du Dieu caché au fond de nos Tabernacles et employant à prier tous les moments dont les exercices de la mission lui permettaient de disposer.

Le P. Jean-Baptiste ne s'effrayait pas des voyages à pied de trente, quarante et même soixante lieues. En cela il était bien le plus parfait disciple du P. Aréso, et marcheur intrépide, il ne comptait pour rien, comme lui, la fatigue d'une longue course, trompant les ennuis de la route par une oraison continuelle, élevant ses yeux vers le ciel pour oublier les peines de la terre. Le P. Jean-Baptiste s'en allait sans se préoccuper de la nourriture corporelle, du gîte le soir, des peines du lendemain. Il comptait sur Celui qui prend soin d'abriter l'insecte imperceptible, de protéger la plus humble fleur des champs et qui a dit : « à chaque jour suffit son mal. » Ce Franciscain, au cœur droit et pur, connaissait les tendresses de la Providence.

Quand les peuples le voyaient se diriger vers l'église, s'y prosterner et y demeurer en adoration des heures entières après une longue journée de marche, sans s'être reposé un seul instant, ils se disaient : « Un saint est venu parmi nous, un ami de Dieu nous a visités. » Puis, au cours des missions, quand ils le découvraient dans un coin de l'église, à genoux, absorbé dans la contemplation et se tenant prêt à les entendre au saint tribunal ou à leur annoncer la parole sainte, ils rentraient en eux-mêmes, ils écoutaient la voix secrète de leur conscience et se convertissaient.

Et pourtant ce Religieux n'était ni un grand savant, ni un grand orateur. C'était un véritable enfant de saint François, un persécuteur de son corps, une victime s'immolant dans d'effrayantes austérités pour ceux qui se perdent en idolâtrant leur chair, un homme de désirs, ayant faim et soif de la justice, faim et soif du salut de ses frères.

Sa parole subjuguait parce que le Seigneur qui aime à faire la volonté de ceux qui le craignent, lui communiquait sa puissance ; elle changeait une vie coupable en une vie sainte, parce que la croix de Jésus-Christ ne perdait rien de son efficacité dans les discours de cet homme ne sachant vraiment qu'une chose, Jésus et Jésus crucifié.

Faut-il s'étonner après cela qu'on ait attribué des miracles au P. Jean-Baptiste ? Dieu a bien pu confirmer par des prodiges la mission apostolique de ce pauvre Frère Mineur, comme il l'a fait pour tant d'autres enfants du séraphique Père.

En 1856, Mgr Buissas, évêque de Limoges, appelait à son lit de mort le P. Jean-Baptiste pour recevoir de sa bouche les consolations suprêmes. L'évêque jugeait comme le peuple, et s'en faisait gloire.

Le P. Jean-Baptiste de Beauvais avait été le secrétaire

du P. Aréso et s'était vu appelé plus tard à d'importantes charges dans la Province. Sa vie était donc une vie occupée s'il en fut jamais ; les travaux de l'administration succédant à ceux de l'apostolat, en guise de repos.

« Le R. P. Jean-Baptiste, Gardien du Couvent d'Amiens, pendant que j'y faisais mon noviciat, écrit un Religieux, revint un jour d'une mission exténué de fatigue, les pieds blessés par la marche et le froid. Il alla en récréation se promener avec *ses chers petits novices*, comme il nous appelait. En le voyant si brisé par les travaux apostoliques, nous l'engageâmes à prendre quelques jours de repos. Alors il nous regarda et sourit doucement ; une pensée consolante venait de traverser son esprit ; il lève les yeux au ciel et nous dit : « Là haut, mes petits frères, je me reposerai : *in pace in idipsum dormiam et requiescam.* »

« Je fus frappé de la manière dont il prononça ces paroles et je n'ai jamais pu les oublier. Maintenant il jouit, je l'espère, de ce bienheureux repos qu'il a acheté au prix de tant de fatigues. »

L'année 1866, Amiens vit fondre sur elle le plus terrible fléau dont les annales de son histoire aient conservé le souvenir. Tantôt foudroyant et terrible, tantôt lent et perfide, mais toujours déconcertant les prévisions et les efforts de la science, le choléra fit en moins de deux mois près de deux mille victimes. Il s'étendit à tous les quartiers de la cité, comme à toutes les classes sociales. Chaque jour, l'état civil enregistrait un long et douloureux nécrologe où l'on vit inscrits jusqu'à plus de quatre-vingt décès. Le clergé et les Communautés religieuses payèrent largement leur tribut. Deux compagnons du P. Aréso, les PP. Jean-Baptiste de Beauvais et Eustache Romero, qui se dévouèrent à secourir les cholériques, succombèrent eux-mêmes. Ce fut aussi le sort d'un curé de la ville, d'un Lazariste, d'un élève du Grand Séminaire. Huit Filles de la charité dans le seul Hôtel-Dieu, une Sœur de l'Espérance, cinq Religieuses du Sacré-Cœur, quatre de Sainte Claire, trois de la Visitation, deux de Louvencourt, enfin deux Frères des Écoles Chrétiennes, telles furent les pertes sensibles que pleurèrent à Amiens l'Église et les pauvres.

C'est le 8 juillet que mourut le P. Jean-Baptiste. Il avait reçu les premières atteintes du mal cinq jours avant.

Toute la ville ressentit vivement la perte de son apôtre. Mgr l'Évêque d'Amiens voulut faire l'absoute. Il écrivait : « J'ai eu la grande consolation de pouvoir rendre au P. Jean-Baptiste les plus honorables devoirs et j'ai rendu aussi à sa sainte vie, dans quelques paroles sorties de mon cœur, un témoignage sincère et complet. »

Quand le fléau enleva le P. Jean-Baptiste, le P. Eustache Romero s'attristait de n'avoir pas été choisi à la place de cet excellent ouvrier, disant que l'Ordre n'aurait rien perdu à sa mort, tandis que la disparition de son confrère se ferait sentir durant bien des années. L'humble P. Eustache devait, le 24 du même mois de juillet, être réuni à celui qu'il pleurait ainsi.

LE P. EUSTACHE ROMERO.

Le P. Eustache Romero était originaire de la Province d'Aragon et avait revêtu l'habit franciscain, dès l'âge de dix-huit ans, dans cette même Province. Après les épreuves du noviciat, il étudia la philosophie et la théologie, dans lesquelles il se distingua par sa facilité à saisir les questions les plus ardues.

Ordonné prêtre, il reçut de ses supérieurs la mission d'enseigner la philosophie. Mais la révolution le contraignit à abandonner sa chaire et le mit dans l'alternative de chercher un asile sur la terre étrangère ou de s'incorporer au clergé séculier. Le P. Eustache quitta son cloître avec douleur, obtint un canonicat dans une église collégiale de son pays, puis devint curé de cette même église et se livra avec zèle à l'exercice du ministère pastoral.

Dans ce ministère il faisait un bien considérable et rien ne lui laissait entrevoir qu'il dût y renoncer, lorsqu'il apprit que le P. Aréso rétablissait en France l'Observance de saint François.

Toujours franciscain dans le plus intime de son être, heureux de voir restaurer son cher Ordre sur cette terre de France où il avait jadis brillé d'un si vif éclat et répandu tant de bienfaits, le P. Roméro quitta sans hésiter son riche bénéfice et s'empressa d'aller reprendre les livrées de la sainte pauvreté.

Il montra bien que l'impiété révolutionnaire, en lui ôtant son habit religieux, n'avait pas arraché de son âme les vertus séraphiques. Successivement Lecteur en théologie, Maître des Novices, Gardien du Couvent d'Amiens, Définiteur de la Province, il s'attira dans ces divers emplois l'estime et l'affection de ses Religieux comme aussi celles du clergé séculier. Mgr l'évêque d'Amiens lui donna toute sa confiance et l'avait choisi pour son confesseur ; les prêtres du diocèse faisaient souvent appel à ses connaissances théologiques ; les laïques avaient de lui la même opinion que le clergé et le considéraient comme un vrai serviteur de Dieu.

Un journal de la localité en faisait cet aimable portrait : « cœur espagnol, âme française, mélange heureux d'énergie et de douceur, de barbarie dans l'accent et de suavité dans les formes ; sous l'habit franciscain, qui en formait le cadre, sa personne avait un charme qu'ont subi tous ceux qui l'approchaient[1].

---

[1] *Mémorial d'Amiens*, 1866.

LE FR. STANISLAS DE BEGORI.

Le Fr. Stanislas naquit à Scrate, diocèse de Pampelune, le 7 mai 1829. Il entra au Couvent de Saint-Palais, et prit l'habit le 12 novembre 1855. Destiné ensuite au Couvent d'Amiens, il y exerça l'humble emploi de portier et de jardinier.

« Il avait peu d'instruction, dit le chroniqueur de l'*Année Franciscaine*[1]. Mais il possédait la science des saints. Il n'était ni un savant, ni un ignorant. Il avait l'intelligence droite, le jugement sûr et ce qui vaut mieux encore, la modestie d'une âme élevée au-dessus des choses de la terre, la limpidité de caractère d'un homme mort à lui-même, en d'autres termes, la véritable simplicité évangélique.

« Il était d'une douceur inaltérable, d'une affabilité ravissante. La joie intérieure, le calme dont il jouissait constamment se reflétaient sur son front candide, dans la placidité de ses traits et surtout dans l'expression de son regard. »

Un jour qu'il travaillait au jardin du Couvent, un corps étranger, un insecte peut-être, pénétra dans son œil droit. Quelques heures plus tard il éprouva une vive douleur, son œil était enflammé, la paupière tuméfiée et sanguinolente. La souffrance devait être intolérable, mais le bon Frère paraissait insensible et souriait toujours. Cependant le mal n'était pas sans danger. Un médecin fut appelé par un ami de la Communauté. Quand il eut donné ses soins au Fr. Stanislas, le docteur dit à celui qui était venu le chercher :

« Je vous remercie. »

[1] *Année Franciscaine*, p. 107 et suiv.

— De quoi? répliqua l'autre.

— Je vous remercie de m'avoir procuré l'occasion de voir ce bon Religieux. C'est un homme extraordinaire. Jamais je n'ai vu pareille expression de visage. C'est un saint !

— C'est vrai... et son œil?

— Ce ne sera rien !... quel homme ! » ajouta le docteur d'un accent pénétré.

Le Fr. Stanislas pratiquait simplement et comme naturellement les plus hauts enseignements de la perfection.

Un jeune Religieux disait un jour, en parlant de lui:

« Le Fr. Stanislas! oh ! pour celui-là, c'est un véritable saint du bon Dieu. Il y a deux ans que je le connais, nous sommes ensemble toute la journée et j'en suis encore à lui trouver un seul défaut. »

Les vertus que ce digne enfant de saint François pratiquait avec le plus d'éclat étaient l'obéissance, la douceur, la patience et l'humilité.

Il obéissait à tout le monde et ne commandait à personne. Il obéissait en tout, toujours et partout. Il pratiquait cette noble et admirable vertu avec la simplicité d'un enfant, qui met tout son bonheur à servir sa mère et à voler au-devant de ses moindres désirs.

« — Mon Frère, lui disait un Religieux, vous m'avez contrarié ce matin ; vous allez réciter pour moi deux dizaines de chapelet. »

— Oui, mon Frère, » répondait le Fr. Stanislas avec son angélique sourire.

Il prenait son chapelet ; puis il priait tout en continuant son travail.

« — Mon Frère, lui disait un autre, vous avez été cause que je me suis impatienté, il y a un moment ; vous allez dire pour moi *cinq Pater et cinq Ave.*

— Oui mon Frère, » répondait-il encore.

Il se recueillait et récitait les prières demandées. Au temps de sa dernière maladie, un Père veillait près de son lit de souffrances.

« — Mon Frère, lui dit ce Père qui voulait s'édifier de l'obéissance du malade, nous avons ici un saint prêtre qui fait une retraite, allez lui dire de se faire Franciscain.

— J'y vais, mon Père, » répondit le Fr. Stanislas.

Il se souleva lentement et, après quelques efforts, il parvint à s'asseoir sur le bord du lit.

« — Arrêtez, mon Frère, s'écria le Père d'une voix émue, j'ai réfléchi, ce sera pour plus tard. »

Le bon Frère se coucha de nouveau sans faire la moindre observation.

Sa douceur était extraordinaire. Jamais un reproche ne sortit de sa bouche, jamais un murmure n'effleura ses lèvres. Sa patience était égale à sa douceur. Il a souffert pendant plusieurs années avec une égalité d'humeur, qui ne s'est pas démentie un seul instant. Pourtant il souffrit beaucoup. Sa poitrine se déchirait, il vomissait du sang avec abondance, un feu intérieur le dévorait lentement. Il demeurait souvent plusieurs jours sans forces et presque sans mouvement.

Enfin l'heure suprême sonna, heure de délivrance, de repos et de récompense pour le serviteur qui a été fidèle en de petites choses. C'était le 10 octobre 1857. La mort du Fr. Stanislas fut douce, comme sa vie avait été sans orage. Son corps resta exposé dans la chapelle du Couvent jusqu'à l'heure de l'inhumation.

Pendant cet intervalle une foule pieuse vint le visiter. Deux Religieux suffisaient à peine à faire toucher au corps du défunt les chapelets et les autres objets de piété qui leur étaient présentés par les fidèles.

Un pauvre Religieux, un humble disciple de saint François d'Assise, le modeste portier d'un Couvent, reçut alors plus d'honneurs que les puissants de la terre.

On disait : « le portier du Couvent des Pères Franciscains, le bon Fr. Stanislas est mort en odeur de sainteté. »

Avec la soumission profonde dont nous nous faisons gloire envers la sainte Église, nous rapporterons quelques faits qui parurent extraordinaires.

On a vu que le corps du Fr. Stanislas avait été exposé dans la chapelle jusqu'au moment de l'inhumation. Pendant tout ce temps, depuis sa mort, ses lèvres restèrent vermeilles et empreintes d'un sourire qui s'épanouissait sur tous ses traits.

« Madame D.... lisons-nous dans *l'Année Franciscaine*[1], éprouvait à la jambe droite une violente douleur qui l'empêchait de marcher. Cette douleur périodique persistait depuis plusieurs années. Elle se transporta péniblement au Couvent des Pères Franciscains, appuyée au bras de la personne qui l'accompagnait. Elle fit toucher un chapelet au corps du Fr. Stanislas. La pensée lui vint alors d'implorer son secours auprès de Dieu. Elle pria longtemps en face du corps inanimé du saint Religieux. En sortant de la chapelle, elle marcha seule et sans appui. La douleur avait complètement disparu. Elle n'en a ressenti depuis aucune atteinte.

« Deux ans plus tard environ, cette même dame attaquée, en même temps, d'une fièvre muqueuse et d'une fluxion de poitrine, implora de nouveau la protection du Fr. Stanislas. Le lendemain, le médecin vint et déclara qu'elle était hors de danger.

« Je ne puis comprendre un changement si soudain, une guérison si prompte, fit observer le médecin. Évidemment, madame, vous avez été secourue par un médecin infiniment plus puissant que moi. »

On raconte aussi qu'un jeune garçon, dangereusement

---

[1] Page 112.

malade et condamné par plusieurs médecins, avait été guéri à la suite d'une visite au tombeau du Fr. Stanislas, où ses parents l'avaient conduit.

Le Père Aréso pouvait être fier de ses premiers compagnons. Leurs vertus consolidaient l'œuvre de la restauration et leur pouvoir auprès de Dieu attirait les prodiges sur leur tombeau.

Quant aux Religieux de la Province de Saint-Louis, ils doivent remercier le Ciel d'avoir eu à leur restauration en France de solides appuis. En lisant ces pages de la Vie du P. Aréso et de ses premiers compagnons, ils ont bien le droit de se dire les fils des saints : *filii sanctorum sumus.*

CHAPITRE XV.

1860-1863.

Érection des Couvents de France en Province régulière. — État prospère de la Province. — Belle circulaire sur la charité fraternelle. — Chapitre Général de 1862 et canonisation des martyrs du Japon. — Le carême de 1863 à Libourne. — Le P. Aréso achève son Provincialat. — Le P. Emmanuel de Béovidé. — Projet de fondation au Hâvre. — Mission à Saint-Simon de Pélouaille.

« J'ai eu un grand désir de voir nos fondations de France érigées en Province régulière. Voici le jour qui m'apporte ce bonheur et cette joie. Dans le contentement de mon cœur, je puis bien m'écrier : maintenant je mourrai satisfait. J'ai achevé ma carrière ; j'ai gardé ma foi. Mais je ne suis point pour cela justifié : j'ai beaucoup de fautes, beaucoup d'erreurs à me reprocher, — cela est vrai ; mais il est vrai aussi que je les ai commises par ignorance et non par malice. C'est pourquoi, confiant, non pas dans mes mérites, mais dans la miséricorde de Dieu, je puis dire : Au terme, m'attend la couronne de justice que me donnera le Seigneur, juge équitable [1]. »

C'est en ces termes, empruntés à saint Paul, que le P. Aréso annonçait à ses Religieux l'érection définitive par le Saint-Siège des Couvents de France en Province. Le Chapitre Provincial fut tenu à Bourges. Dans la cession

---

[1] Circulaire n° 32.

du 24 novembre 1860, le Restaurateur était élu Ministre Provincial. Le Chapitre régla diverses questions et l'ensemble de ses travaux reçut l'approbation du R.me P. Bernardin de Montefranco, le 18 décembre.

Le 4 avril de l'année suivante, le nouveau Provincial avait la consolation d'écrire encore à ses enfants : « Le bon Dieu a daigné répandre sur notre Province toutes sortes de bénédictions. Nos missions se sont continuées avec une grande ferveur; leurs fruits ont été abondants et même étonnants. Plusieurs de nos jeunes Religieux sont employés au ministère apostolique et ils en remplissent dignement les devoirs. Nous avons dix-sept étudiants de théologie et neuf de philosophie; vingt novices dans les deux noviciats, et les Frères convers nécessaires.

« Nous avons deux Couvents de plus et nos fondations ont été érigées en Province formelle dont le titulaire est saint Louis, évêque de Toulouse, Frère Mineur de sang royal.

« Comment remercierons-nous le Seigneur pour tant de grâces? En persévérant dans notre grande œuvre de la Restauration de l'Ordre en France, dans sa primitive Observance. L'un des moyens les plus efficaces pour atteindre ce but est, sans contredit, la sainte Vi... C'est dans la sainte Visite que les Religieux fervents reçoivent des encouragements et les tièdes des avis capables de les corriger. C'est dans la sainte Visite que la discipline religieuse se fortifie et que l'Observance des statuts se perfectionne. C'est dans la sainte Visite que le Ministre Provincial prend une connaissance parfaite de ses sujets pour savoir les conduire et les diriger, et que les sujets ouvrent leur cœur à leur supérieur, pour en recevoir les consolations dans leurs peines, les lumières dans leurs tentations.

« Pour remplir un devoir si essentiel, nous allons commencer notre tournée par le Couvent de Limoges; de là, nous nous rendrons à Branday, à Saint-Palais, à Amiens et à Bourges, à moins que quelqu'obstacle imprévu ne nous oblige à changer de plan [1]. »

Neuf mois après, dans une nouvelle circulaire, le Père Provincial disait : « Nous avons terminé la sainte Visite. Elle a fait un grand bien et la Province se consolide de plus en plus [2]. »

L'année 1862 fut, comme la précédente, plus particulièrement occupée par l'administration de la Province. Il nous reste du sage et zélé Provincial, une circulaire écrite à cette époque. Elle commençait ainsi : « Révérends Pères et bien chers Frères, il est écrit au quatrième chapitre des Actes des Apôtres que « toute la multitude des croyants n'avait qu'un cœur et qu'une âme. » Saint Basile faisant réflexion sur l'union étroite qui existe entre les Religieux : « Que peut-on, dit-il, se figurer de plus doux, de plus heureux et de plus admirable, que de voir des hommes de diverses nations tellement unis par une exacte ressemblance de mœurs et de discipline, qu'il semble qu'il n'y ait qu'un seul esprit en plusieurs corps et que, de même, plusieurs corps soient les instruments d'un seul esprit [3] ? »

« Que peut-on, par conséquent, présenter sur la terre de plus ressemblant aux premiers chrétiens qu'une Communauté religieuse, telle que saint Basile la décrit ?

« Mais, qu'est-ce que cette union, cette charité fraternelle exigent de nous ? Voici la réponse du grand Apôtre saint Paul : « La charité est patiente ; elle est bienfaisante ; elle n'est point envieuse ; elle n'est point inconsidérée ; elle ne s'enfle point d'orgueil ; elle n'est point ambitieuse et ne cherche point son utilité particulière [4]. »

---

[1] Circulaire n° 35 ; Bourges le 4 avril 1861.
[2] Circulaire n° 37, du 11 décembre.
[3] Const. Monast. cap. XIX.
[4] Cor. XIII, 4 et 5.

Éviter de parler mal des autres, d'entrer en contestation avec personne, se garder des jugements téméraires et des soupçons, fuir les amitiés particulières, voilà ce que le P. Aréso enseignait à ses Religieux, après les saints et les maîtres de la vie spirituelle. Toute cette circulaire est nourrie de la plus pure doctrine et les passages des Pères de l'Église y sont nombreux.

« Avant de terminer notre circulaire, ajoutait-il, nous vous annonçons notre voyage à Rome, au commencement du mois de mai, car nous voulons aller à pied tant que nous le pourrons, et nous devons arriver au Couvent d'Aracœli au plus tard le 30[1]. »

Dans un projet de circulaire, nous trouvons d'intéressants détails sur ce voyage et sur le second Chapitre général auquel il fut donné au P. Aréso d'assister. Il commence son récit par un détail touchant : « Par suite des longues marches que j'avais faites, dit-il, mes sandales m'avaient écorché les pieds. Pour y remédier un peu, je fus forcé de prendre les sandales à la main et, ayant ainsi les pieds nus, je fis encore plus de deux heures de chemin. Ce fut seulement avant d'arriver à Valence que je me vis dans la nécessité de prendre la voie ferrée.

« Mon séjour à Marseille a été très-court; je me suis embarqué presque aussitôt mon arrivée, c'est-à-dire le 19 mai. Le soir de ce jour, accompagné du P. Bonaventure Salord, je me suis rendu au bureau où un grand nombre de voyageurs attendaient le départ du bateau. La place qui se trouve devant le bureau était couverte d'une foule de curieux, venus pour voir s'embarquer tant de personnes. Du milieu de cette foule marseillaise une voix criait : « Embarquez-vous, mes braves gens : Dieu protège les bons enfants ! »

---

[1] Circulaire n° 38 ; Bourges, le 19 mars, fête de saint Joseph, 1862.

« En sortant du port de Marseille, au moment où l'ancre fut levée, les évêques qui étaient avec nous entonnèrent l'*Ave maris Stella;* que chantèrent à l'unisson tous les prêtres.

« Nous partîmes donc en louant Marie.

« Nous avions à bord vingt-sept évêques, parmi lesquels onze Français : les autres étaient Espagnols, Anglais, Irlandais, Allemands, etc. Nous étions cinq cent quatre passagers. Bien que la mer fut très calme et le temps superbe, j'eus beaucoup à souffrir de la traversée, ainsi que mon compagnon, le Frère Jean-Marie.

« A la vue de Civitavecchia, nous chantâmes un *Te Deum* d'action de grâces, les litanies de la sainte Vierge et divers cantiques.

« Ce fut le 21 que je quittai l'honorable compagnie de tant de prélats. Je pus remettre mon estomac qui avait besoin d'aliments, car j'étais resté deux jours sans boire ni manger. A Civitavecchia, je pris la route de Rome que je fis encore à pied. Le premier jour, l'hospitalité ne nous sourit pas ; nous eûmes à nous contenter pour lit d'une méchante paillasse. Je crois que c'est là tout ce que doit désirer un bon Franciscain. Le second jour, nous couchâmes à notre Couvent d'Ara-cœli.

« Vous voulez bien que je vous parle de la fête du saint jour de l'Ascension ; mais quels que soient les détails que je puisse vous donner à ce sujet, ils seront toujours bien inférieurs à ce que j'ai vu et entendu en cette fête. Je vais seulement vous dire ce qui m'a paru plus frappant.

« Une foule de fidèles étrangers se portaient dans les rues que devait parcourir Sa Sainteté, en allant à la Basilique de Saint-Jean de Latran.

« Beaucoup de cardinaux et d'évêques l'y avaient précédée. Le nombre des prêtres, surtout français, était grand. Cent cinquante de ces derniers s'étaient réunis dans une des rues par où devait passer le Souverain Pontife et, attendaient là, avec impatience, son arrivée, ayant avec eux une voiture chargée de fleurs qu'ils avaient achetées. Au moment où le Pape passa, tous ces bons prêtres firent tomber sur son carrosse une pluie de fleurs, pendant que des milliers de voix criaient à l'unisson : « Vive Pie IX roi ! »

« Le Saint Père répondit à ces âmes, qui lui prouvaient leur fidélité dans cette circonstance, par un regard et un sourire si doux qu'ils en disaient plus que les plus belles paroles. A Saint-Jean de Latran, il fut encore reçu aux cris de « Vive Pie IX roi ! » — *Evviva Pio Nono re !*

« On pouvait compter là des personnes de toutes les parties du monde. Le chœur de l'Église était occupé par les cardinaux et les évêques : venaient ensuite pêle-mêle les Religieux et les prêtres. Le Souverain Pontife porté sur la *sedia* fit le tour de l'église, de sorte que chacun put très-bien le voir. La messe fut solennellement chantée. Le Sénat romain, l'état-major des troupes françaises et pontificales y assistaient. La messe terminée, le Saint Père se présenta au balcon du Palais de Latran qui a vue sur une immense place. Elle s'étend depuis l'église de Saint-Jean jusqu'à celle de Sainte-Croix de Jérusalem. Ceux qui n'avaient pu entrer dans la basilique occupaient, en revanche, les premières places.

« Au moment où le Pape parut au balcon, toutes ces voix firent retentir ces cris : « Vive l'immortel Pie IX, roi ! » Les chapeaux, les mouchoirs s'agitaient au-dessus des têtes, des bannières flottaient parmi cette multitude de chrétiens. Au milieu de ces cris d'enthousiasme, Notre Saint Père montrait un calme admirable et répondait à toutes ces voix par son doux sourire. Bientôt il fit signe pour qu'on lui accordât quelques instants de silence, afin de pouvoir donner sa bénédiction. Tous se prosternèrent et reçurent avec abondance les grâces du Ciel. C'est à ce moment que l'on vit briller des larmes dans bien des yeux et, si l'on avait pu pénétrer dans le cœur de chacun, on l'aurait vu encore plus ému et touché. Pour remercier le Pape des grâces qu'il venait d'implorer, ses enfants répétèrent encore: « Vive l'immortel Pie IX, roi ! » Le bruit du canon se mêlait à nos voix. Le bonheur des cœurs était à son comble.

« Le 3 juin, des avis annonçaient que dans l'église de Saint-André *della Valle*, l'Archevêque primat des Arméniens de Constantinople célèbrerait la grand'messe et que Mgr Dupanloup, évêque d'Orléans, y prêcherait. Bien que l'église soit très-vaste, elle était déjà remplie avant dix heures. La messe fut chantée par les Arméniens. Leur rite est majestueux et imposant, leurs ornements sont très-riches.

« La messe terminée, Mgr Dupanloup monta en chaire et prêcha une heure et demie avec la voix et l'énergie d'un jeune prédicateur. Sa parole fut adressée d'abord aux évêques d'Espagne, « nation fidèle à l'Église, dit-il, qui conserve depuis tant de siècles la foi catholique sans laisser pénétrer dans son sein ni le judaïsme, ni l'hérésie, ni le schisme. » Il s'adressa ensuite aux évêques d'Irlande, d'Angleterre, d'Autriche, d'Allemagne, de Hongrie, de Pologne, aux évêques du Nouveau-Monde. Après avoir conduit l'esprit de ses auditeurs, en Syrie, en Asie Mineure, en Égypte et dans les missions de la Chine, il s'adresse enfin aux évêques français qui sont les plus nombreux dans la Ville éternelle.

« Redoublant de vigueur, il s'écria d'une voix sonore : « Pourquoi sommes-nous venus à Rome, si ce n'est pour donner une preuve de notre foi et mourir, s'il le faut, avec l'immortel Pie IX *roi*? » Puis il parla au peuple, l'exhortant à s'attacher de plus en plus au Père commun des fidèles. Il finit son discours en demandant à son auditoire d'aider par ses aumônes à réparer les églises, les chapelles de l'Orient et à secourir nos malheureux frères les Arméniens qui conservent encore la foi catholique au prix des plus grands sacrifices.

« Le 7 juin à midi le T. R. P. Raphaël de Pontecchio, Procureur Général et ancien Provincial de la Province de Bologne, fut élu Ministre Général. Louons le Seigneur et prions-le qu'il lui accorde toutes les grâces nécessaires pour faire briller les vertus séraphiques.

« Son Éminence le Cardinal Vicaire avait ordonné que la veille du saint jour de la Pentecôte, au premier coup de canon qui partirait du fort Saint-Ange, les cloches du Capitole seraient sonnées, ensuite toutes celles de Rome, durant une heure. Ce fut à quatre heures que toutes les cloches, mêlées au bruit du canon, annoncèrent la canonisation des martyrs du Japon pour le lendemain. Vers six heures du matin, toutes les Communautés religieuses se réunissaient sous la colonnade qui entoure la place Saint-Pierre, du côté droit.

« Ce ne fut que vers 7 heures et demie que se forma la procession et à 8 heures elle s'avança, en passant au milieu de la place, pour venir se ranger sous la colonnade qui fait face au palais du Vatican.

« Je vis alors défiler tous les Ordres et Congrégations, qui offrent un coup d'œil imposant par les couleurs et la variété de leurs costumes, puis le clergé de toutes les paroisses de Rome. Chaque paroisse portait un étendard. Ensuite venaient les SS. Congrégations romaines, la glorieuse armée des évêques, suivis des Cardinaux, enfin notre Saint-Père le Pape assis sur la *Sedia gestatoria*. Tout était magnifique et inspirait un grand respect. Jamais pour une canonisation on n'avait vu à Rome tant d'évêques. La procession terminée, on rentre dans la basilique de Saint-Pierre qui était illuminée d'une manière merveilleuse.

Après quelques instants de silence, on commence à chanter les litanies des Saints auxquelles la multitude répond avec enthousiasme. Puis on chante le *Veni Creator* et l'on donne lecture de la Bulle de canonisation. A ce moment, le Pape se lève et déclare que les martyrs du Japon sont au nombre des saints martyrs qui règnent maintenant au ciel avec Notre-Seigneur Jésus-Christ. Aussitôt après, on entonna le *Te Deum*, qui fut chanté par ces milliers de catholiques. L'effet de ce chant était si beau, que les voûtes de l'immense basilique de Saint-Pierre me semblèrent habitées par les Anges. En même temps, durant plus d'une heure, toutes les cloches de la ville furent sonnées, et le canon ne cessa de gronder dans les forteresses. Pie IX célébra la messe et bénit le peuple chrétien.

« Le soir de ce beau jour, une dernière fois toute la ville était splendidement illuminée ; certains édifices surtout se faisaient remarquer. La tour de l'église de Sainte-Marie Majeure paraissait toute en feu. L'église du *Gesù*, par son illumination, formait une espèce d'échelle s'élevant jusqu'à la coupole par laquelle les saints martyrs semblaient monter au ciel.

L'illumination de la façade de notre église d'Ara-cœli ne laissait rien à désirer. Les lumières du milieu formaient une croix splendide qui attirait l'attention. Notre Couvent de *san Francesco a Ripa* était aussi brillamment orné et sur la tour l'on pouvait lire en caractères lumineux : PIO IX. Pour notre Couvent de Saint-Bonaventure, la façade n'était que lumières. A quelques pas de là se trouvait une maison dont les feux figuraient une forteresse; d'après les renseignements que j'eus, elle était habitée par une dame française. Je crois qu'il n'y avait que la coupole de Saint-Pierre qui n'était pas illuminée, ce soir là, l'orage et la pluie ne l'ayant pas permis. Mais, le lendemain, l'illumination eut lieu.

« Dans notre Couvent d'Ara-cœli, les 20, 21 et 22 juin aura lieu le Triduum célébré en l'honneur de nos saints martyrs. Chaque Provincial ordonnera de faire dans sa Province ce qu'il croira le plus à propos. »

Aux fêtes de la canonisation des martyrs du Japon, le P. Aréso rencontra un protestant qui, lui aussi, avait voulu assister au triomphe de l'Église. A la vue des belles cérémonies et de l'imposante réunion de tant de prélats, d'évêques, de cardinaux, ce protestant ne put s'empêcher de s'écrier: « On me disait que le catholicisme descendait dans la tombe, mais il a encore pour mille ans de vie. »

« Maintenant, écrivait le Père, à la fin de son projet de circulaire, nous nous occupons de la révision des Statuts Généraux : je ne sais s'ils seront approuvés.

« Hier, 14 courant, tout le Chapitre Général s'est réuni au Vatican afin d'aller voir le Pape. Le Saint Père nous a reçus avec cette bonté qui lui est ordinaire. Il nous a adressé une courte allocution, après laquelle nous lui avons baisé le pied. Il a béni nos chapelets et médailles, et nous a donné à tous sa sainte bénédiction [1]. »

A ce Chapitre Général, le P. Aréso siégeait le 39e, après le Provincial de Bosnie. Il vient de parler des travaux sur les Statuts.

Dans la 17e session, il fut élu Vice-Président de la Commission chargée de ce travail de révision, préparé par ordre du dernier Chapitre Général de 1856 [2].

Il obtint que la Province de Saint-Louis conservât le titre de *Province Missionnaire* qu'il avait voulu lui donner [3].

A ce même Chapitre Général de 1862, il se passa un fait singulier, au sujet duquel le Père eut toujours des regrets.

---

[1] Minute d'un projet de circulaire à la Province.
[2] Voir nos 52 et 120.
[3] No 71, Ch. Gén. de 1862.

Pie IX, bien qu'il ne présidât pas le Chapitre [1], était cependant venu visiter les Pères capitulaires. On lui présenta la liste des électeurs. Il la parcourut rapidement, mais, on ne sait pourquoi, il remarqua d'une manière spéciale cette ligne : *R. P. Joseph Aréso, Provincial de la Province de Saint-Louis, en France.* Arrivé à la sacristie, le Souverain Pontife demanda au R^{me} Père Général de lui présenter le Père Aréso, Provincial de France, parce qu'il avait quelque chose à lui dire. Le Ministre Général envoya aussitôt un Frère avertir le Père. On ne sait pourquoi, ce dernier ne fut pas prévenu, et n'apprit que plus tard ce qui s'était passé, par un reproche que lui fit affectueusement le R^{me} Père Général.

Pendant le Chapitre, les Pères capitulaires furent témoins d'un bel acte d'humilité. Un jour, au temps du dîner, un des quatre-vingt-douze Provinciaux se mit à genoux devant le R^{me} P. Général et s'accusa publiquement d'avoir, par inadvertance, rompu le jeûne. C'était un vendredi. Tout le monde fut très édifié. Cet humble Provincial était notre P. Aréso.

De retour en France, le Père s'appliqua avec soin à faire profiter la Province des sages dispositions prises par le Chapitre, puis il reprit ses travaux de Missionnaire, persuadé qu'en donnant lui-même l'exemple à ses Religieux, pour la plupart employés aux missions, il avait un excellent moyen de seconder l'action de son autorité sur eux.

Le P. Aréso prêcha le Carême de l'année 1863 à Saint-Ferdinand de Libourne. Le P. Roch Claramunt lui écrivait : « A la nouvelle que vous prêcheriez le Carême dans sa paroisse, M. le Curé de Saint-Ferdinand est rempli de joie, ainsi que M. l'archiprêtre [2]. »

---

[1] Ce chapitre était présidé par le Cardinal Protecteur de l'Ordre, l'Éminentissime Cagiano de Azevedo.
[2] Lettre du 2 février 1863.

La réputation bien établie du Père, comme Missionnaire éloquent et Religieux exemplaire, explique les témoignages de sympathie du Clergé de Libourne.

Par une disposition de son Ém. le cardinal Donnet, les quarante heures commençaient le 1ᵉʳ dimanche de Carême dans cette église. Le P. Aréso dut ainsi prêcher le dimanche, le lundi et le mardi à cause de cette solennité, puis les dimanches, lundis et vendredis de chaque semaine, jusqu'à Pâques.

Il s'acquitta de son ministère à la satisfaction de tous. Il aimait cette diversion aux travaux de l'administration, et l'on peut dire que, bien volontiers, chez le P. Aréso le Provincial cédait la place au Missionnaire.

Au mois d'octobre de la même année, il acheva son triennat comme Provincial et fut bien aise de se décharger d'un fardeau qu'il portait déjà depuis tant d'années, sous divers titres. Il trouvait d'ailleurs utile de laisser la Province se gouverner, sans le secours de celui qui l'avait rétablie.

Un de ses premiers collaborateurs, le P. Emmanuel de Béovidé, fut élu Provincial, le 22 octobre. Il devait rester à ce poste jusqu'au 14 septembre 1869.

« Le P. Béovidé, lisons-nous dans la relation d'un Visiteur, était un Religieux digne, vénérable, conciliant, plein de douceur et de patience. Il se faisait remarquer par sa prudence et d'autres précieuses qualités. » Aussi son gouvernement fut avantageux à la Province et renouvelé pour un second triennat.

C'est sous son administration qu'une grave mesure fut prise à Rome par le Rᵐᵉ P. Raphaël de Pontecchio, Ministre Général, et son Définitoire, au sujet de la législation de la Province.

On a vu précédemment que les Statuts d'Innocent XI, promulgués pour les Collèges apostoliques d'Amérique et d'Espagne, comme celui d'Olité, furent appliqués aux fondations de France. Il en résultait une contradiction avec le gouvernement des Provinces, dont la bulle innocentienne n'avait pas eu à s'occuper. De là des difficultés administratives que le P. Béovidé soumit au Père Général. La décision prise par le R^{me} P. Raphaël de Pontecchio fut que la Province devait rentrer dans la législation commune à tout l'Ordre, et pouvait, néanmoins, conserver le cachet missionnaire qu'elle avait reçu du P. Aréso [1].

---

[1] ...... Tandem Minister Provincialis certiorem facit Reverendissimum Ministrum Generalem de sententia quasi unanimi Patrum sui Definitorii, *circa Statuta et Statum legalem illius Provinciae*, summatim perstringendo omnia ad quatuor puncta, quibus ita respondendum :

« Ad 1^m : Patres Definitorii Generalis ultro concedunt vos nullatenus teneri ad observantiam Statutorum Innocentianorum, cum Provincia S. Ludovici Galliarum non sit ex his Missionum Collegiis, pro quibus illa statuta condita sint. »

« Ad 2um : Ultro etiam concedunt vos non teneri vi dictae Innocentianae Constitutionis ad observantiam Statutorum Innocentianorum Statutis vestris insertorum ; sed omnino negant vos frui posse privilegiis, favoribus, aliisque gratiis ejusdem Constitutionis, tum ob rationem superius allatam, tum quia non est in facultatibus Ministri Generalis eas vobis concedere. »

« Ad 3um : Statuta Innocentiana facta fuerunt pro Missionum Collegiis dependentibus ab Ordine simul, et a S. Congregatione de Propaganda Fide. Unde velle iisdem uti cum dependentia unius absque alia, utopia est et illusio ! »

« Ad 4um : Patres Definitorii Generalis maxime optant ut ista Provincia sese conformet spiritui primitivo Ordinis nostri eoque imbuatur ac in eo stabiliatur. Atque ideo hortantur vos, ut posthabita cujuslibet singularis nominis vanitate, vestram Provinciam ad formam aliarum Ordinis Provinciarum reducatis, juxta spiritum Seraphici P. N. S. Francisci, ac suae Sanctissimae Regulae, quae non impedit quominus vos omni studio elaboretis in procuranda animarum salute, ac Infidelium Conversione, sicut a primordiis Ordinis nostri fecerunt, et ipse S. P. N. Franciscus, ceterique sui apostolici spiritus sectatores ac vere filii. »

« Seraphicam benedictionem tibi tuisque impertior atque confirmor P. tuae reverendae.

Addictissimus in Domino servus,

Fr. Raphaël, Min. gen^{lis}, Ordinis Minor.

Romae ex Ara-coeli die 9 julii 1858. »

Nous allons voir maintenant le Père donner l'exemple de la plus parfaite obéissance, sans refuser à ses fils les conseils qu'ils ne manquaient pas de lui demander dans les occasions importantes, plein de discrétion et redevenu le Missionnaire qui évangélisait l'Espagne et la France en véritable apôtre. Le Père pouvait dire un jour qu'il avait prêché dans presque tous les diocèses de France.

A cette époque, il fut un moment question d'une fondation au Hâvre. Le successeur du P. Aréso s'empressa de lui demander son avis. Il répondit négativement, à cause de l'état précaire de cette fondation et des privations trop dures auxquelles seraient exposés les Religieux. Les autres membres du Définitoire partagèrent ces vues. Le P. Jean-Baptiste seul avait une manière de voir différente, à cause de sa passion pour la souffrance. Il rappelait « la vie de saint Jean de la Croix à Durvelo[1] ». Les supérieurs ne pouvant prendre pour règle ces exemples plus admirables qu'imitables, le bon P. Jean-Baptiste garda le mérite de sa ferveur et la fondation n'eut pas lieu.

Le P. Aréso partit bientôt, accompagné du P. Paul-Marie de Castelnaudary, pour prêcher la mission à Saint-Simon de Pélouaille, dans le canton de Gémozac (Charente-Inférieure). Il écrit au P. Provincial le 11 décembre 1863 :

« Nous voilà à Saint-Simon de Pélouaille où je suis arrivé la veille de l'Immaculée Conception et, une heure après moi, le P. Paul. Nous nous portons bien ; la mission a commencé le jour de la fête : elle va bien et nous espérons réussir. »

« Le jour de Noël, écrivait-il encore, a été un jour de triomphe pour le bien dans cette paroisse. Un grand nombre de retardataires ont fait leur devoir. Samedi nous

[1] Lettre du 11 novembre 1863.

avons érigé le Chemin de la Croix dans cette église. »

Il ne se donne aucun repos. Le jour suivant, dimanche, il prêche dans une autre localité, à la grand'messe, et la même lettre contient des projets de prédication pour une partie de l'année qui va commencer.

Pendant ce temps, les P P. Jean-Baptiste et Michel évangélisaient plusieurs paroisses du diocèse d'Amiens et la mission d'Acheux, en particulier, récompensait par ses fruits leur zèle apostolique.

C'était depuis quelques années, comme une nouvelle effusion de l'esprit séraphique sur cette France que saint François avait tant aimée.

CHAPITRE XVI.

1863-1869.

Propagation du Tiers-Ordre. — Courses apostoliques avec le P. Ange-Marie. — Beaux exemples du P. Aréso. — Mission à Chaillot. — Le *Frustulum*. — Trait de mortification. — Missions de la Champenois, de Buzançais et d'Azy. — Les disciples du P Aréso à Castres. — Le Père à la chapelle d'Angillon. — ... ...on. — Incident de voyage. — Châteauvieux. — Maladie et . tour à Bourges. — Projet de fondation à Bordeaux. — L'année du Concile œcuménique.

La restauration de la Province et les travaux apostoliques n'avaient pas fait perdre de vue au P. Aréso le rétablissement du Tiers-Ordre, corollaire naturel de l'œuvre principale.

Depuis son retour de Terre Sainte, il avait profité, pour propager le Troisième Ordre, de ses voyages à travers la France entière; car, on l'a vu, presque tous les diocèses avaient été évangélisés par lui ou, en quelque manière, étaient l'objet du zèle qui le dévorait.

« La France surtout, écrivaient les disciples du Père, en décembre 1863, le pays que saint François aimait comme sa seconde patrie, la France qui admira dans les siècles passés l'étonnante prospérité de l'Ordre séraphique, voit encore aujourd'hui l'Ordre de la Pénitence prendre dans son sein de merveilleux accroissements. Les Franciscains de l'Observance comptent des Tertiaires soumis à leur juridiction dans la plupart des diocèses de France, mais plus particulièrement dans quarante-trois. »

« Plusieurs de ces diocèses possèdent jusqu'à vingt, trente, et, quelques-uns, jusqu'à quarante Fraternités du Tiers-Ordre séculier, sans compter une multitude de Tertiaires isolés dans différentes paroisses. En voyant ce magnifique résultat, obtenu dans l'espace d'environ dix années, on ne peut s'empêcher de s'écrier : « Le doigt de Dieu est là ; » c'est Lui qui dirige cette œuvre, c'est Lui surtout qui lui fait produire les fruits de salut qu'elle porte. Déjà les dignes Pasteurs ont pu constater l'heureuse influence exercée sur leur paroisse entière par les fervents disciples de saint François [1]. »

Ainsi de 1853 à 1863, la grâce de Dieu aidant, l'activité du P. Aréso et de ses Religieux avait rendu à notre pays cette puissante organisation que l'on a appelée *la Franc-Maçonnerie du bien*.

Le Tiers-Ordre régulier, lui aussi, ouvrait ses Couvents modestes et bienfaisants et reprenait, surtout parmi les femmes, les traditions glorieuses de son passé. Il était vivifié en maint endroit par la parole du P. Aréso.

Nous avons dit, au chapitre précédent, avec quel contentement le Père s'était déchargé du Provincialat, pour pouvoir se livrer à son ministère des Missions qu'il préférait à tout et dans lequel il excellait.

Il sera instructif pour les Religieux de sa Province de le voir en compagnie de l'un des plus vertueux parmi leurs Frères, annoncer la paix et prêcher le salut : nous voulons parler du P. Ange-Marie [2], dont nous sommes heureux

[1] V. l'Année Franciscaine 1863, p. 329.
[2] Le R. P. Ange-Marie, de Ginestas, que nous aurons à citer plusieurs fois, était un Religieux bien capable de comprendre son vénéré Supérieur. Le P. Ange, né le 12 janvier 1820 à Ginestas, diocèse de Carcassonne, fut ordonné prêtre en 1844 et aussitôt après nommé vicaire à Pezens, puis, au bout de quelques mois, desservant d'Embres.

de citer le précieux mémoire, tout empreint de séraphique simplicité :

« J'habitais depuis quelques mois le Couvent de Bourges avec le T. R. P. Aréso, lorsque je fus chargé d'aller, en sa compagnie, prêcher des missions. J'en bénis le Seigneur. Déjà sa conduite vraiment religieuse, sa vie si sainte m'avaient édifié ; déjà témoin de sa rare piété, connaissant l'esprit d'obéissance et de charité qui l'animaient, son amour pour la sainte règle, son zèle admirable pour la discipline, je m'estimais heureux dans la pensée que j'aurais sous les yeux de si beaux exemples. Je comprenais la grâce insigne que DIEU m'accordait en permettant que je

On l'avertit que le logement qui servait de cure était tel que dix de ses confrères avaient décliné le titre de curé de la paroisse. « Je ne serai pas le onzième, s'écria-t-il ; Monseigneur m'envoie, c'est à moi d'obéir ! » Il y vint et, dans cette maison que l'eau envahissait à la moindre pluie, il contracta des rhumatismes dont il souffrit pendant plusieurs années. Pâle, frêle, il semblait n'avoir qu'un souffle et cependant il évangélisait son troupeau et donnait ses soins avec un zèle admirable à la paroisse de Cascastel et à Villeneuve son annexe. Mgr de Bonnechose remarqua ce prêtre, humble, doux, mais ardent pour le bien et ne comptant pour rien ses fatigues. Il le nomma curé titulaire de Cascastel et Villeneuve. Le vertueux pasteur y demeura treize ans. Il se délassait de son ministère par de longues heures d'adoration devant le Tabernacle. Tertiaire de saint François, pèlerin de Rome où il eut occasion de connaître le P. Aréso en 1856, enfin ami du P. Léon de Clary, il résolut de tout quitter pour suivre les traces du Pauvre d'Assise sur lesquelles marchait déjà le P. Léon. Après avoir consulté le saint Curé d'Ars, il partit pour le noviciat d'Amiens, le 4 novembre 1862. A peine profès, le demi-paralysé par les douleurs rhumatismales traversa la France pieds-nus pour aller prêcher, au cœur de l'hiver, une mission ouverte en décembre 1863.

De ce jour, jusqu'à sa mort, il prêcha et confessa sans relâche. Gardien du Couvent de Saint-Palais en juillet 1868, Définiteur résidant à Bourges en mai 1871, il fut nommé Gardien de ce même Couvent au mois de février 1873, réélu par dispense en 1876, il y demeura jusqu'à la fin de sa vie, Gardien ou Vicaire. Il était l'ami et le confesseur de Mgr de la Tour-d'Auvergne.

Estimé, recherché de toutes les Communautés du Berry, dévoré d'un zèle inexprimable, il se donna tout entier à l'apostolat jusqu'à son dernier soupir.

Il mourut subitement à Montbrison le 29 septembre 1887, à l'âge de 67 ans, après 25 ans de profession religieuse.

fisse mes premiers essais, dans le ministère apostolique, sous la direction de ce vénérable vieillard.

« A peine étions-nous en route, que je le voyais réaliser cette parole appliquée à saint Martin et à d'autres saints : « Son esprit ne se détournait jamais de la prière. » Tantôt il se tenait un peu à l'écart et gardait le silence pour vaquer seul à ce pieux exercice ; tantôt il m'invitait à réciter avec lui quelques prières en usage dans notre Ordre, comme la couronne franciscaine. Les deux méditations du matin et du soir n'étaient jamais omises ; quelquefois il m'en faisait lire le sujet ; d'autrefois, il le désignait lui-même ; par exemple il me disait : « Nous allons méditer sur le voyage de la Sainte Famille en Égypte. »

« Quand la méditation était finie, il commençait un entretien, mais toujours édifiant. Il roulait tantôt sur un mystère de la foi ; tantôt sur une industrie du zèle, sur le ministère apostolique, de sorte que nos journées de marche se passaient d'une manière utile, agréable et l'on ne sentait pas la fatigue.

« Dans les premières courses apostoliques qu'il me fut donné de faire avec Sa Paternité, nous dirigions nos pas vers les Hautes-Alpes. En quittant Bourges, nous fîmes deux journées à pied avant de prendre le chemin de fer. A Corps (Isère) nous reprîmes notre marche jusqu'à Gap. Alors je demandai au T. R. Père de me permettre l'ascension à La Salette. Il me la permit très volontiers, ajoutant que si j'avais son âge, je ne demanderais pas à y monter et qu'il ne m'accompagnerait pas. Il avait vu le sommet de la sainte montagne et regardait son ascension comme trop difficile. Grâce à la charité d'un prêtre qui faisait le pieux pèlerinage, je lui avais procuré une demeure hospitalière où le lendemain je le retrouvai. On nous fit faire une légère collation. Avec ce petit viatique, nous continuâmes notre route à travers les montagnes de l'Isère.

« Sur le soir, le T. R. Père se trouvait fatigué. Nous aperçûmes un clocher. Je lui dis. :

« S'il y a une église, il doit y avoir un presbytère ; c'est là que nous demanderons l'hospitalité. »

« Arrivés en face de l'église et du presbytère nous vîmes deux maçons qui construisaient un mur de jardin. Leur ayant demandé si M. le Curé était chez lui, ils nous répondirent : « M. le Curé est là. »

« Cependant nous ne voyions pas de soutane, lorsqu'un homme de haute taille, portant un tablier, se lève : « C'est moi, dit-il, le Curé de la paroisse ; que désirez-vous?

« — M. le Curé, reprit le T. R. Père, nous sommes Missionnaires et nous venions vous prier de nous donner l'hospitalité.

— Mais vous rencontrez mal, s'écria-t-il, je n'ai pas ma domestique et il faut que je fasse le manœuvre ici. »

— Permettez-nous au moins de nous reposer un peu. »

« Nous entrons au salon ; sur ces entrefaites, la domestique arrive du marché et des ordres lui sont donnés pour qu'elle nous fasse souper.

« M. le Curé restait toujours avec ses ouvriers. La plus grande difficulté n'était pas de nous offrir une réfection, mais des lits, ceux du presbytère étant réservés aux ouvriers.

« — Monsieur le Curé, dit le P. Aréso, n'auriez-vous pas dans toute la paroisse quelqu'un qui pût nous donner un lit? »

— Je ne puis pas vous envoyer à l'auberge, répliqua le curé.

— Pourquoi pas? dit aussitôt le T. R. P. Aréso?

— Oh! dans ce cas je paierai bien le lit. »

« Nous allions prendre congé du digne prêtre, lorsque le Père ajouta : « Pensez-vous, M. le Curé, que vos paroissiens ne seront pas scandalisés demain qui est dimanche, s'ils nous voient partir sans avoir célébré la sainte messe?

« — Mais ils savent bien que vous êtes des voyageurs, » s'écria le curé.

« Puis, se ravisant, il dit : « Nous pourrions tout arranger. L'un de vous dirait la première messe à laquelle l'autre prêcherait, et ce dernier chanterait la grand'messe où l'autre ferait le prône. »

« C'est ce qui arriva. Le T. R. Père dit la première messe et se réserva de prêcher à la grand'messe, que je chantai moi-même. Il prêcha sur les Saints Lieux, mais d'une manière si touchante, si pathétique, qu'il nous fit verser des larmes. M. le Curé, ravi de ce discours, nous invitait à dîner et, pour nous faire honneur, il invitait aussi des voisins, puis nous faisait promettre de nous arrêter chez lui au retour.

« Après le repas nous reprîmes notre marche et, sur le soir, nous arrivâmes dans un chef-lieu de canton.

« Nous allons au presbytère demander l'hospitalité. Aussitôt la domestique nous dit : « M. le Curé n'est pas ici, il prêche à Gap le panégyrique du Patron de la cathédrale ; du reste il n'a pas de presbytère, il n'a qu'un lit dans cette modeste maison qu'on lui loue. »

« Nous allons alors trouver M. le Vicaire, qui justement à cette heure, vient de sortir. De retour au presbytère, nous supplions la servante de nous laisser prendre un peu de repos. Elle nous fait entrer au salon, où j'aperçois un beau tableau de notre séraphique Père saint François. A cette vue, je dis au T. R. Père : « Cher Père, nous sommes chez nous ; voyez ce tableau. C'est sans doute le patron de M. le Curé. »

« Sur ces entrefaites, le Vicaire arrive, donne ses ordres à la cuisine et vient nous offrir ses services.

« Après le repas, l'un dormit sur le matelas posé à terre et l'autre sur le lit. Le lendemain, nous nous rendîmes à Gap.

« En sortant de la petite ville, le T. R. Père me disait : « Voyez-vous, cher Père, quand on est Franciscain, il faut savoir s'humilier. Avant de nous connaître, on ne voudrait pas nous recevoir ; mais, dès qu'on nous a connus, on ne voudrait pas nous laisser partir. »

« A Gap, lorsqu'on eut vu et entendu le P. Aréso, il devint l'objet de la vénération non seulement des Tertiaires, mais encore des autres fidèles et du clergé. Tout le monde l'entourait de soins et d'égards.

« La première mission fut prêchée à Chaillol, pieuse paroisse de 400 habitants. Elle avait à sa tête un digne prêtre Tertiaire, animé d'un saint zèle pour la gloire de l'Ordre séraphique. Bien que cette paroisse ne fût pas considérable, nous travaillâmes beaucoup, parce que l'on venait en foule des paroisses voisines. Les fruits de cette mission furent des plus abondants [1]. »

Le mémoire contient d'autres récits intéressants sur les missions de l'année 1865 :

« Pendant l'Avent de 1865, écrit le P. Ange, nous avions prêché la mission dans une paroisse du diocèse de Blois qui était loin d'être bonne. Nous pensions n'y avoir fait que fort peu de bien. Toutefois, on m'écrivit quelques jours après : « Le T. R. P. Aréso a produit ici les plus profondes, les plus salutaires impressions. Jamais on n'oubliera ses paroles, sa tenue...»

Ce qui confirme cette assertion, c'est la démarche qui suivit. En effet, plusieurs Messieurs de la localité s'entendirent avec M. le Curé et prièrent les Pères de revenir au Carême suivant. Le P. Gardien du Couvent de Bourges put y aller prêcher pendant quinze jours à cette époque et ce ne fut pas sans fruit.

---

[1] Mémoire ms. du P. Ange-Marie.

« Je crois devoir noter pour votre édification, continue le P. Ange, une circonstance de notre voyage, soit en allant donner cette mission, soit au retour. L'hiver était très rigoureux. Le T. R. P. Aréso ayant voulu voyager à pied, eut un bras presque paralysé par le froid. C'est à peine s'il pouvait tenir le calice pendant la Messe. Dans cet état, il me pria de le dispenser du jeûne; il entendait, par cette dispense, la permission de prendre le matin un peu de café noir avec un tout petit morceau de pain, ce qui n'était pas même le *frustulum* permis. Mais bientôt après, se trouvant mieux, il renonça de lui-même à profiter de cette légère dispense et fit rigoureusement son carême, malgré les fatigues de la Mission et son grand âge.

« A notre retour, la saison étant devenue encore plus rigoureuse, toute la Loire était couverte de glace. Nous avions fait néanmoins quelques lieues à pied. Arrivés à Mehun, à quatre lieues de Bourges, le T. R. Père se disposait à faire encore ce trajet à pied. Je lui dis que le temps était trop mauvais et qu'il devait prendre le train. Il me répondit :

« Je sens bien qu'il fait très froid, mais je tiens à marcher encore. »

« Alors je priai M. le Curé, qui était M. Blanchet, notre ancien syndic [1], de m'aider à faire changer de résolution au P. Aréso. Il y réussit. Dans deux heures le T. R. Père prendra le train. Il est convenu que celui qui arrivera le premier à Bourges attendra l'autre à la gare. Je pars à l'instant même, le froid est si intense que je suis obligé de courir presque tout le temps. Si je m'arrête, c'est pour faire sauter, avec mon bâton, la neige qui se gèle entre les doigts de pied et la sandale. En moins de deux heures, je fais les quatre lieues, me disant souvent : « Si le T. R. Père

---

[1] Mort depuis Évêque de Gap.

m'eut suivi, sans doute il n'aurait pu s'en tirer et je l'aurais laissé à mi-chemin. » A Marmagne, le train me devance de cinq minutes. A mon arrivée à la gare, je trouve le T. R. Père changeant de sandales. Il nous faut pour aller au Couvent une grosse demi-heure, il y a partout du verglas ; mon manteau est couvert de givre, il ressemble au vêtement du Grand Prêtre et imite le bruit des sonnettes attachées à sa frange.

« A peine sommes-nous en présence du R. P. Jules de Saint-Louis, Gardien du Couvent de Bourges, que le P. Aréso demande sa bénédiction et fait la coulpe : « Mon Révérend Père, dit-il, le P. Ange a voulu que je prisse le train, j'ai eu la faiblesse de l'écouter. »

— Il a bien fait, répondit le P. Jules, et, si j'avais été là, mon T. R. Père, non seulement je vous l'aurais permis, mais je vous l'aurais même ordonné [1]. »

Ces paroles rassurèrent le bon vieillard.

Le 1er mai 1865, nous trouvons le P. Aréso à la Champenois, dans l'Indre. Il vient de commencer une mission qui doit finir le 16. Précédemment, il en prêchait une à Buzançais et une autre dans la paroisse d'Azy [2].

Un peu plus tard, des nouvelles consolantes parvinrent au Ministre Provincial sur une mission prêchée par deux Pères que le pieux Restaurateur avait formés. Les PP. Bernard et Bonaventure donnent à Castres, une mission qui a un succès prodigieux. Il y a des manifestations comme jamais l'on n'en avait vues. Les journaux en disent des merveilles et l'archiprêtre de Castres écrit que tout cela est encore au-dessous de la réalité [3]. Pendant ce temps, le P. Aréso avait poursuivi ses courses apostoliques avec son cher P. Ange-Marie.

[1] Mémoire ms. du P. Ange-Marie.
[2] Lettre du P. Aréso 1er mai 1865.
[3] Lettre du P. Léon de Clary, 10 janvier 1866.

« Au mois de novembre 1865, dit encore le P. Ange, nous avions donné une mission à la Chapelle d'Angillon où, la première semaine, il y avait eu peu de monde aux instructions. Mais, la seconde semaine, on goûta les discours du T. R. Père, on vint en foule entendre la parole de Dieu et bon nombre d'hommes s'approchèrent des sacrements.

« Pendant le séjour que nous fîmes dans cette paroisse, quelques Messieurs des environs, qui avaient une idée tout à fait étrange des Religieux et nous regardaient comme des hommes peu sociables, presque sauvages, ayant eu, au presbytère, un entretien avec le T. R. P. Aréso, en furent si charmés, qu'ils ne tarissaient point d'éloges sur son affabilité.

« En quittant la Chapelle, qui est du diocèse de Bourges, nous devions nous rendre à Châteauvieux, au diocèse de Blois. La distance est assez considérable. M. le Curé pensait que faire toute cette route à pied serait au-dessus des forces du T. R. Père. Il lui remit donc une lettre de recommandation pour le curé de Vierzon, priant ce dernier d'avancer le prix du voyage. Mais, dans la crainte que le P. Aréso ne gardât cette lettre, il en écrivit une autre qu'il envoya par la poste. Ce fut en vain, car Sa Paternité voulut marcher tout le temps.

« Le premier jour, la pluie nous surprit en route. Le lendemain, avant d'arriver à Vierzon nous étions encore menacés d'un orage. Pour l'éviter, le T. R. Père précipita sa marche. Un moment il s'arrêta pour mettre un mouchoir de poche autour de ses jambes qui commençaient à s'écorcher. Peut-être prit-il mal alors, car le vent était froid et lui, fatigué et en sueur. Mais voulant montrer bon cœur à mauvaise fortune, il se mit à entonner le *Magnificat*. Touché de compassion, bien qu'un peu confus, à cause de quelques hommes que je voyais dans les champs, j'unis ma voix à la sienne.

« A Vierzon, M. le Curé insista pour que le Père prît la voiture, mais ses instances furent inutiles, et nous poursuivîmes notre route à pied. Toutefois, le soir du même jour, accablé de fatigue, le T. R. Père s'asseyait de temps en temps sur quelque tas de pierres ; alors je lui dis :

« Mais, mon pauvre Père, vous n'en pouvez plus, il faut nécessairement que vous vous arrêtiez dans la première paroisse que nous allons rencontrer et que là, demain matin, vous preniez la voiture. »

— Je vois bien, me répondit-il, que je serai obligé de faire ainsi. »

« Il s'y résigna donc. Il voulut cependant marcher encore pendant une lieue, avant d'arriver à Châteauvieux. C'était un vendredi. Le lendemain, nous visitâmes la paroisse. Mais, dans la nuit du samedi au dimanche, vers une heure, il m'appelle en s'écriant :

« Père Ange, je suis malade, j'ai la fièvre, je ne pourrai pas ouvrir la mission !

— Soyez tranquille, lui dis-je, je l'ouvrirai à votre place. Je vais vous faire chauffer une tunique. » Il voulut malgré tout célébrer le saint sacrifice, mais il lui fut impossible d'assister à la grand'messe ni aux vêpres. Le soir, il se sentait plus fatigué et le lendemain, encore plus mal.

« Heureusement qu'il consentit le mardi à être transporté à Bourges car, atteint d'une fluxion de poitrine, il aurait succombé, ne pouvant recevoir les soins qui lui furent prodigués au Couvent. Là, pendant quinze jours, il fut en grand danger de mort. Mais quand j'arrivai, le vingtième jour, j'eus la consolation de le trouver mieux. Il m'avait dit plusieurs fois qu'il serait heureux de mourir les armes à la main et peu s'en fallut, dans cette circonstance, que ses vœux ne fussent exaucés.

« Dès que sa santé fut rétablie, il se livra aux exercices des missions avec une nouvelle ardeur; seulement il désirait avoir avec lui un Père d'une constitution robuste, qui le soulageât au besoin. Ainsi, lorsqu'il faisait son sermon le soir, il parlait avec tant de véhémence qu'il était tout couvert de sueur en descendant de chaire, ce qui l'obligeait à se retirer ou à s'approcher du feu et si, dans ce moment, les hommes se présentaient pour se confesser, il était utile qu'on pût le remplacer. Mais le lendemain, il ne s'épargnait point [1]. »

En 1867, le Restaurateur eut le bonheur de voir se former le projet d'une fondation à Bordeaux, projet qui pouvait introduire l'Observance dans cette grande ville, où il avait lui-même fait reparaître le costume franciscain pour la première fois, depuis la Révolution française.

Au mois de février 1869, le Père donne une mission à Villefranche-du-Rhône. C'est ainsi qu'on voit toujours cet infatigable vieillard aller à pied d'un bout de la France à l'autre, prêcher la parole de Dieu.

En cette année du Concile œcuménique, il eut occasion de témoigner de son respect pour l'Église et de son attachement au Vicaire de Jésus-Christ. L'Infaillibilité lui paraissait si évidente qu'il n'avait pas attendu jusque-là pour professer cette vérité. On comprend donc quelle fut sa joie de la voir solennellement proclamée et définie par l'immortel Pie IX.

[1] Mém. ms. du P. Ange-Marie.

CHAPITRE XVII.

1870-1874.

Dernière mission. — Propagande des bons livres. — La guerre franco-allemande. — Sages dispositions conseillées par le P. Aréso. — Les Couvents transformés en ambulances. — Les Pères aumôniers militaires. — Dévouement du P. Marie de Brest. — Jeûne interrompu. — Approbation d'un nouveau projet d'établissement. — M. Chesnelong et le P. Aréso. — Impressions du Père à la lecture d'une lettre pastorale des évêques suisses. — Chapitre Provincial; bontés du Ministre Général pour le Père. — « C'est bon signe, lorsqu'on regrette son noviciat. » — Jubilé religieux du P. Aréso. — Circulaire du Ministre Provincial à cette occasion. — Remerciments du vieillard.

Pendant le carême de l'année 1870, le P. Aréso prêcha sa dernière mission à Sagone (Cher). Cette mission dura quinze jours. Il y fit beaucoup de bien. Tous les soirs, l'église était comble; les fidèles l'écoutaient avec le plus vif intérêt.

Le Jeudi-Saint, l'impression produite par son sermon sur la Passion fut profonde. Dans ce discours, il faisait la topographie des Lieux Saints qu'il avait visités, ce qui rendait sa parole très saisissante. Parlant de la montagne du Calvaire, dont il donna la description, puis de l'endroit où l'on planta la croix du Sauveur, il prit un ton plus pathétique et s'écria trois fois, avec un accent qui allait au cœur : « O amour de Jésus-Christ pour l'homme! O amour de Jésus-Christ pour l'homme! O amour de Jésus-Christ pour l'homme! » A la troisième, il y eut comme un saisissement subit dans tout l'auditoire. L'émotion était visible.

Malgré ses soixante-quatorze ans, et les fatigues de la prédication, le bon Père observait le jeûne du carême. Il se contentait de prendre le matin une tasse de café noir.

Le lundi de Pâques, il prêcha pour l'érection de la croix de mission. Il parla de nouveau des Lieux Saints et intéressa beaucoup son auditoire qui, ce jour-là, se composait non seulement des fidèles de la paroisse, mais encore de ceux des paroisses environnantes, accourus pour l'entendre.

Au mois de mai 1870, son zèle porta le P. Aréso à envoyer de divers côtés cette lettre circulaire :

« Chacun connaît ces Sociétés bibliques anglaises, dont une seule, la *Société Britannique*, se vante d'avoir dépensé, depuis sa fondation, plus de cent douze millions pour la propagande. La *Sociétés des Livres* dits *religieux* de Paris, en une année seulement, a distribué un million vingt-huit mille ouvrages anti-catholiques. En un mot, la propagande révolutionnaire et protestante est la grande cause des malheurs de l'Europe et de toutes les tribulations présentes de l'Église. La propagation des bonnes doctrines est donc le devoir de tous les vrais catholiques. Je convie votre âme généreuse, qui désire le triomphe du bien, à cette noble tâche. Je ne demande pas que vous augmentiez vos aumônes, mais seulement que vous en destiniez une minime partie à répandre les bons livres. »

Le Père indiquait ensuite un éditeur qui recevrait les offrandes et lui enverrait à lui-même de bons livres qu'il répandrait gratis pendant les missions et dans les autres occasions que Dieu lui donnerait.

Au mois de Juillet (le 15), la guerre fut déclarée à la Prusse et la situation des Religieux se ressentit des événements dont la France devait être, pendant une longue année, le triste théâtre. Les Franciscains de l'Observance faisaient monter au ciel des prières ferventes pour la cessation de nos calamités. Leurs supérieurs se consultaient entre eux, pour être prêts à tout, et sauvegarder l'œuvre qui avait coûté au Restaurateur tant de travaux et de sacrifices.

En octobre, le P. Aréso donnait au Ministre Provincial un sage conseil qui fut suivi. Il voulait qu'on ne quittât point les Couvents, même dans l'hypothèse d'une dispersion des Ordres religieux. Un ou deux Pères furent désignés, dans chaque Communauté, pour rester avec le Gardien. Au cas où ils n'auraient pu conserver l'habit de l'Ordre, ils étaient autorisés à se vêtir en prêtres séculiers.

Jusqu'à cette date, les Couvents d'Amiens, de Bourges, de Limoges et de Branday, qui étaient les plus menacés, n'avaient pas été trop inquiétés.

Le P. Léon de Clary, alors Provincial, venait de faire la visite du Couvent de Limoges, l'un des plus exposés et, par mesure de prudence, il n'y avait laissé que trois Pères et deux Frères.

Peu s'en était fallu que l'on n'enrôlât tous les membres de la Communauté dans la garde nationale. C'était en un moment où les autorités locales prenaient beaucoup de mesures arbitraires et contre toutes les lois[1].

Le Couvent de Bourges ne tarda pas à être transformé en ambulance, dont les Pères devinrent les infirmiers. D'autres Religieux de la Province suivirent nos armées. Pendant la campagne de 1870-71, le P. Marie de Brest se fit aumônier militaire et donna spécialement des soins aux prisonniers. Plusieurs de nos soldats étaient comme ensevelis dans les forteresses allemandes; ils avaient perdu jusqu'à leur nom et n'étaient connus que sous un numéro

---

[1] Lettre du P. Aréso, 8 oct. 1870, — et lettre du R. P. Provincial, 15 octobre.

matricule; aussi passaient-ils pour morts. C'est au P. Marie que beaucoup d'entre eux durent la liberté, la vie peut-être. Combien de fois, n'écoutant que son cœur et son amour de la patrie, le Père passa la frontière, bravant les plus grands dangers, pour aller porter aux malheureux captifs, avec des secours, les consolations du prêtre et de l'ami.

Les ennemis eux-mêmes ne pouvaient s'empêcher d'estimer le fils de saint François et lui donnaient une certaine latitude, qu'ils refusaient à d'autres. Sa charité d'ailleurs s'exerçait, à l'occasion, à l'égard des soldats allemands blessés ou prisonniers.

Le gouvernement prussien lui offrit une décoration pour récompenser les services qu'il avait si généreusement rendus. Le Père crut devoir décliner cette offre, mais il accepta la croix de la Légion d'honneur que le gouvernement français lui décerna pour reconnaître son zèle d'apôtre et son patriotisme.

Au mois de janvier 1871 le P. Aréso, écrivant à son neveu Antonio, pouvait dire : « En ce moment, nos fondations de France ne nous donnent aucune inquiétude; Français et Prussiens nous laissent tranquilles. » Il adressait en même temps de sages avis à un de ses frères, sur la conduite d'un père chrétien.

Cette année, il voulut encore, selon sa coutume, jeûner depuis la fête de l'Ascension jusqu'à la Pentecôte. Mais, arrivé là, ses forces le trahirent; il fut forcé d'interrompre son jeûne.

Le 18 octobre, un second projet de fondation à Bordeaux, plus favorable que le premier, lui était soumis. Il l'approuva et eut enfin la joie de voir une demeure assurée à ses Religieux dans une ville qu'il aimait tant.

Le 17 août de l'année suivante, une nombreuse réunion avait lieu au Collège ecclésiastique de Saint-Palais, pour assister à la distribution des prix. Le concours était cette fois d'autant plus grand qu'un illustre défenseur de la religion catholique, M. Chesnelong, député d'Orthez, devait présider la cérémonie. C'était la première de ce genre que l'orateur venait rehausser de l'éclat de son éloquence. Il fut beau sans doute, dans le discours qu'il prononça devant cet auditoire sympathique. Mais il fut encore plus heureux, dit-on, et plus remarqué à la réunion intime qui suivit. Après la solennité, un assez grand nombre de convives, parmi lesquels se trouvaient les notabilités de la ville et quelques autres du diocèse, avaient été invités par le Supérieur du Collège. Le P. Aréso était au milieu d'eux. Pendant le repas, M. Chesnelong avait remarqué le Religieux. La tête vénérable, la physionomie douce et grave du Franciscain frappèrent l'homme politique. Il voulut savoir son nom. Un mot d'un de ses voisins le mit au courant. Le député d'Orthez connaissait déjà de réputation l'ex-Provincial des Franciscains. Le moment des toats arriva. Le digne Archiprêtre de Bayonne porta le premier à M. Chesnelong. Celui-ci se leva et, avec beaucoup de tact, salua tour à tour les personnages présents. Il s'adressa particulièrement au Restaurateur de l'Ordre séraphique. L'humble Religieux, surpris de se voir ainsi l'objet d'une attention spéciale, baisse la tête et le rouge de la modestie colore son visage. Il se lève, après les applaudissements qui venaient de couvrir les dernières paroles du député et, d'une voix émue, prononce ces quelques mots:

« Monsieur le député, je ne sais pas parler votre langue; je suis comme l'enfant, auquel se comparait le prophète Jérémie et comme lui je dirai : « *a, a, a, nescio loqui...* » Mais si je ne sais point parler, je saurai prier pour que le bon Dieu conserve une existence si utile à la Religion, à l'Église et à la Patrie. » Cette réponse plut à tout le monde et fut vivement applaudie.

De sa retraite de Saint-Palais, le Père ne perdait pas de vue les progrès de la Province. Tout ce qui intéressait l'Ordre et le bien des âmes lui tenait à cœur. Il ne fut jamais de ces hommes qui, une fois leur tâche finie, se replient sur eux-mêmes et ne jettent autour d'eux que des regards distraits.

De Saint-Palais, le 12 novembre 1872, il écrit à son ami, M. Ferdinand de Champgrand :

« M. Menjoulet, Vicaire général de l'évêque de Bayonne, est ici depuis quelques jours. Le P. Gardien et moi nous sommes allés lui faire une visite. Il nous a dit qu'il venait de Pau, où nous commençons une fondation. On présenta au Vicaire général un plan du futur Couvent. Il dit alors qu'une fondation franciscaine doit être vraiment pauvre, que l'on prêche encore mieux par les exemples que par les paroles. Vous pouvez juger de quelle joie fut rempli mon cœur lorsque je sus que M. Menjoulet parlait, comme aurait pu faire le Religieux le plus observant de notre Ordre. »

Le 31 décembre, il fait part au même confident du plaisir qu'il a éprouvé en lisant la lettre pastorale collective des évêques suisses. — Si les catholiques qui s'abonnent aux mauvais journaux, aux journaux hostiles à notre sainte religion, ne s'amendent pas, malheur à eux, mille fois malheur. Ils paient les ennemis de Dieu pour détruire leurs croyances, pour perdre leurs âmes et l'âme de leurs enfants. Dieu aura son tour. — Après avoir ainsi résumé cette lettre, le P. Aréso exprime le vœu de la voir entre les mains de tous les chefs de familles.

Le zèle du Père était donc toujours en éveil.

Au mois de février 1873, le Chapitre Provincial fut présidé par le R^{me} P. Bernardin de Portogruaro [1] à Bourges.

---

[1] Le R^{me} P. Bernardin dal Vago, de Portogruaro, aujourd'hui archevêque titulaire de Sardique, a gouverné l'Ordre pendant vingt ans, de

Le Ministre Général fut très bon et très affectueux pour le P. Aréso, et témoigna beaucoup d'égards au vénérable Restaurateur de la Province. Il prit même l'initiative d'une petite fête de famille, au réfectoire, où la poésie et la musique célébrèrent à l'envi le pieux vieillard. A cette occasion, le P. Pierre-Baptiste d'Orthez, aujourd'hui Provincial, récita des vers qui furent très applaudis.

Depuis longtemps les Religieux de la Province désiraient posséder le portrait de celui qui leur avait procuré le bienfait de la vie religieuse ; mais toutes leurs tentatives pour faire photographier le Père avaient échoué devant la résistance de son humilité. Le R^{me} P. Bernardin voulut que l'humble Restaurateur figurât dans le groupe des membres du chapitre, entouré de ses enfants comme d'une auréole. C'est ainsi que nous pouvons présenter au lecteur le portrait du P. Aréso, détaché de ce groupe. Son attitude est vraiment belle. C'est celle qu'il gardait toujours, lorsqu'il était assis.

Pendant cette même année 1873, nous le voyons redoublant de prières pour la Province et, ne pouvant plus quitter son cher petit Couvent de Saint-Palais, berceau de la Restauration, se faire encore apôtre, selon son pouvoir, en donnant des encouragements et des conseils autorisés à sa nièce, entrée dans la réforme de la séraphique Térèse. Elle a écrit à son oncle qu'il lui en a coûté beaucoup de quitter le noviciat pour prendre rang parmi les professes, croyant qu'elle aurait encore à se former avec les novices.

« Oh ! lui répond le Père, quel bien vous me faites de me dire cela ! C'est bon signe, très bon signe, lorsqu'on regrette son noviciat. »

1869 à 1889 ; sans entrer dans le détail des grandes œuvres de son généralat, nous pouvons dire ici qu'il a témoigné une affection toute paternelle et un spécial intérêt à la France et à la Province de Saint-Louis.

Le P. Aréso n'avait pas oublié le sien et ses noces d'or de Religieux allaient lui rendre ce souvenir encore plus doux. Ses chers enfants de la Province de Saint-Louis tinrent à honneur de célébrer dignement ce bel anniversaire. Dans la circulaire qu'il adressa aux Pères et aux Frères de la Province, à l'occasion du jubilé franciscain du P. Aréso, voici comment s'exprimait le Provincial d'alors, le P. Raphaël d'Aurillac :

« Le 12 septembre 1824, une humble et touchante cérémonie avait lieu dans un austère Couvent de l'Ordre de saint François, en Espagne. Jeune et ardent, embrasé du zèle des Apôtres, épris des ravissantes beautés de la perfection religieuse, un prêtre revêtait, aux pieds des autels, la bure franciscaine et se consacrait dès lors généreusement à Dieu.... Cet ecclésiastique était né à Bigüezal, petite bourgade du diocèse de Pampelune, vingt-sept ans auparavant ; le Ciel le prédestinait à briller parmi les plus fidèles enfants du Patriarche d'Assise, à restaurer dans notre patrie les Franciscains de l'Observance et l'antique Province de Saint-Louis de Toulouse. Ce Religieux, que je me plais, que nous nous plaisons tous à vénérer comme notre Père, vous l'avez nommé, Bien-aimés Frères, c'est le T. R. P. Joseph Aréso.

« Encore quelques jours, et un demi-siècle se sera écoulé depuis la date mémorable que nous venons de rappeler. Le 12 septembre 1874, le T. R. P. Aréso célèbrera son Jubilé Franciscain...

« Le moment n'est pas venu de parcourir tous les travaux de cette longue carrière et de parler des vertus séraphiques de notre bien-aimé Père... Qu'il nous suffise de rappeler ici le titre spécial du T. R. P. Aréso à notre reconnaissance. Il est notre Père, l'instrument providentiel dont le Seigneur s'est servi pour réaliser notre sublime vocation et nous introduire dans la grande famille du séraphin d'Assise ; il est, en un mot, le Restaurateur en France des Frères Mineurs de l'Observance.

« Mais il ne nous a pas seulement apporté l'habit de saint François ; il nous a communiqué aussi l'esprit séraphique dans toute sa perfection et nous a transmis la plus pure observance de la Règle. Cette pureté primitive, ce véritable esprit de saint François, nous avons le bonheur de l'avoir et, après Dieu, c'est au T. R. P. Aréso que nous le devons. »

La circulaire se terminait par cette apostrophe filiale :
« Qu'il me soit permis, en terminant, de m'adresser à vous-même, Très-Révérend Père Aréso. Soyez béni, cher et vénéré Père, puisque le Seigneur vous a donné la gloire de la vieillesse[1] et laissez-nous honorer vos cheveux blancs[2]. Vous aviez déjà bien des titres à notre reconnaissance ; le Seigneur a voulu les couronner tous par la dignité de l'âge ; au nombre de vos années il vous permet de joindre, pour notre édification, l'exemple de vos vertus : *Corona dignitatis senectus, quæ in viis justitiæ reperietur*[3]. Vivez longtemps encore au milieu de vos enfants et de vos petits enfants qui sont votre couronne, *Corona senum filii filiorum*[4] et qu'il vous soit accordé de contempler autour de vous les fils de vos petits-fils, *filios nepotum*[5]. Jouissez enfin, comme les antiques Patriarches, de la plénitude des jours et d'une heureuse vieillesse ; que votre blanche tête soit longtemps notre honneur ; que vos prières, continuation et couronnement de votre vie active, entretiennent dans la Province, qui est votre œuvre, l'esprit que vous lui avez inculqué et lui obtienne une double bénédiction,

---

[1] Dan. xiii, 50.
[2] Levit. xix, 32.
[3] Prov. xvi, 31.
[4] Prov. xvii, 6.
[5] Tob. xiv, 1.

la bénédiction du nombre, mais surtout la bénédiction de la sainteté [1]. »

Le 24 septembre, le P. Aréso répondait au P. Provincial : « Je vous remercie de la circulaire que votre Paternité Très-Révérende a faite le 1er septembre courant à l'occasion de mon Jubilé. Vous m'avez procuré par là les prières des Religieux de la Province, et en même temps vous m'avez averti qu'il y a cinquante ans que je porte l'habit séraphique et que je dois me préparer à mourir. *Gratias! Gratias!* T. R. Père, je ne méritais pas tant de faveurs, je ne les oublierai pas. »

[1] Circulaire, datée de Montbrison le 1er septembre 1874.

LETTRE AUTOGRAPHE DU P. JOSEPH ARÉSO

Vive †Jésus.

Saint-Palais le 24 septembre 1876

Très Révérend Père

Je vous remercie de la Circulaire que V. P. R. a faite le 1ᵉʳ septembre courant à l'occasion de mon Jubilé. Vous m'avez procuré par là les prières des religieux de la Province; et en même temps vous m'avez averti qu'il y a 50 ans que je porte l'hab. séraphique et que je dois me préparer à mourir. Gratias, gratias! Hélas! Je ne méritais pas tant de faveurs. Je ne les ou blierai pas.

Je ne puis vous écrire plus longue- ment : ma tête est très fatiguée, et très faible. Daignez, très Révérend Père, recevoir les humbles respects de votre tout dévoué serv.

F. Joseph Aréso

CHAPITRE XVIII.

L'homme apostolique en chaire et au confessionnal. — Les écrits du Père. — Le Supérieur. — La règle vivante. — Estime et affection des Religieux. — Portrait du P. Aréso.

Nous touchons à la fin de notre tâche biographique. Le moment est venu de faire mieux connaître, s'il est possible, l'homme apostolique, le Supérieur et l'homme intérieur, en rassemblant les traits épars de cette figure, en appuyant aussi plus fortement sur quelques-uns.

L'ordre chronologique des précédents chapitres nous a fait suivre le pieux Restaurateur à travers des œuvres si nombreuses, au milieu de circonstances si variées, qu'une pause est nécessaire, après une course longue et rapide à la fois.

Dans ce chapitre, nous étudierons l'homme apostolique et le Supérieur. Le chapitre suivant nous fera pénétrer le mystère de son commerce avec Dieu.

Tout d'abord, le P. Aréso nous apparaît comme le hérault de la parole de Dieu. En Espagne, sa réputation d'orateur est encore vivante et l'on peut bien dire que le Missionnaire qui a prêché dans presque tous les diocèses de France n'est pas non plus oublié parmi nous.

Les discours du Père étaient solides, pleins d'onction, débités avec un feu tout apostolique.

En mission, il commençait toujours ses sermons par une glose doctrinale. Lorsqu'il avait, pendant quelques minutes, exposé familièrement telle vérité de la religion qui devait faire le sujet de son discours, il disait assez souvent : « *basta de doctrina.* » C'était une transition fort simple, comme l'on voit. Aussitôt il entrait dans les développements du sujet.

Ses exordes étaient aussi parfois *ex abrupto*. Il débuta un jour de cette façon : *Ay de mi ! Ay de mi !* en élevant la voix à la seconde répétition. Cet exorde aurait pu paraître, en France, très original, mais sur l'auditeur espagnol que le Père avait le don d'électriser, il produisit un effet saisissant et provoqua des larmes.

Du reste il ne tardait jamais de faire sur son auditoire les plus vives et les plus salutaires impressions. C'était toujours avec un nouveau plaisir, avec une nouvelle édification qu'on l'entendait, au témoignage de plusieurs de ses auditeurs qui vivent encore. C'est surtout lorsqu'il prêchait sur la Très Sainte Vierge, sur l'amour de Dieu, sur le pardon des injures qu'il remuait les cœurs. Il avait alors des mouvements oratoires très beaux et du vrai pathétique, bien différent de ce pathétique de convention qui enlève à la parole évangélique son charme et sa force, outre qu'il est du plus mauvais goût.

Un de ses beaux mouvements oratoires était, à la fin d'une mission, de prendre à témoin Dieu et les Anges. L'orateur ajoutait ensuite : « Je prends encore à témoin la sueur de mon front, » et en disant ces paroles, il passait la main sur son front ruisselant de sueur et la secouait contre la muraille : « Cette sueur, s'écriait-il, témoignera pour vous ou contre vous au tribunal de Dieu. »

On n'a pas oublié, dans plusieurs paroisses du diocèse de Bayonne, l'admirable sermon du Père sur l'amour de Dieu.

Après avoir énuméré les preuves de l'amour de Jésus, qu'il faisait ressortir d'une manière saisissante, il levait au ciel ses yeux baignés de larmes et laissait échapper de son cœur cette triple exclamation : « O Jésus, et l'on ne vous aimerait pas ! O Jésus, et l'on ne vous aime pas ! O Jésus et l'on ne vous aime pas !! »

Dans un sermon sur les Lieux Saints, après avoir énuméré les prodiges de l'amour d'un Dieu pour les hommes, il aimait aussi à terminer par cette triple apostrophe : « O ingratitude des hommes ! O ingratitude des hommes ! O ingratitude des hommes ! »

Le ton, les gestes, tout alors dans l'orateur était éloquent et pénétrait les auditeurs jusqu'à leur arracher des larmes.

Bossuet, que le P. Aréso lisait beaucoup et même dont il prêchait des sermons entiers, était sans doute le modèle qu'il suivait en cela. On sait que Bossuet employait souvent cette figure de l'exclamation trois fois répétée : ses œuvres en témoignent, entre autres sa méditation 48e : « O justice ! O justice ! O justice ! il faut adorer tes saintes et inexorables rigueurs » dit-il en parlant de la réprobation des pécheurs.

Un jour quelqu'un posa au Père cette question : « Que faut-il pour être un bon Missionnaire ? » Le P. Aréso répondit : « Il faut du courage, beaucoup de courage, et de confiance en Dieu. Pour moi, j'étais presque téméraire. Je prêchais en français, sans savoir le français. Je commençais par dire aux gens qu'étant étranger, je ne connaissais guère la langue française, mais qu'ils me comprendraient tout de même [1]. » On le comprenait en effet. D'ailleurs il prêchait en français, mieux que son humilité ne lui permet d'affirmer. Sans doute l'accent espagnol lui était resté avec des incorrections; mais il prenait tant de soin pour fixer dans sa mémoire de solides instructions, des sermons de Bossuet, par exemple, comme nous venons

[1] Entretien du 16 mars 1877.

de le dire, que sa prédication était fort au-dessus de l'ordinaire, même en parlant notre langue.

En espagnol, il était vraiment un prédicateur distingué, sans cesser d'être simple et à la portée du peuple. Ajoutons que plusieurs des discours qu'il prononça en France étaient de sa composition et traduits de l'espagnol par des amis. Ce qui donnait une place à part à cet étranger, c'est l'onction et la chaleur qu'il mettait dans son discours, aussi bien dans les chaires de France que dans celles d'Espagne.

Lacordaire a dit : « Il y a des paroles mortes et des paroles vivantes, des paroles qui tombent à terre comme une flèche sans vigueur, et d'autres qui tombent dans l'esprit comme une flamme qui dévore [1]. » La parole du P. Aréso était cette flamme et plus souvent encore une pluie fécondante.

Voici un bel exemple de la puissance de sa flamme apostolique. Tandis qu'il prêchait en Espagne, il y avait dans la prison de Taffalla un criminel condamné à la peine de mort, qui refusait obstinément de se confesser. On avait essayé de tous les moyens pour le ramener ; le clergé régulier et séculier de Taffalla tout entier avait fait d'inutiles efforts auprès de ce malheureux. On alla chercher le vénérable P. Alvarez, Gardien d'Olité, mais ce saint Religieux, connu de nos lecteurs, n'eut pas plus de succès que les autres. Alors le P. Alvarez fait venir le P. Aréso et le charge du condamné. Par une pieuse industrie de zèle que le Ciel lui suggère, et par la puissance de Celui qui tient en sa main le cœur de tous les hommes, où tant de personnes avaient échoué, le P. Aréso réussit. Après une résistance si vive aux nombreux assauts de la grâce, le prisonnier se rendit enfin, et profita des derniers mo-

---

[1] Pensées choisies.

ments qui lui restaient pour pleurer ses fautes, se confesser plusieurs fois et une dernière au pied même de la potence. Du haut de l'estrade sur laquelle était dressé l'instrument du supplice, le P. Aréso prononça un discours des plus émouvants, dont les auditeurs gardèrent un profond et impérissable souvenir.

Le Père a laissé quelques préceptes à ses Religieux pour les former aux missions.

La méthode enseignée par lui dans son *Manuel des Missionnaires* est, au fond, celle de saint Alphonse de Liguori. « Prêchez les fins dernières, disait ce grand Saint : c'est là ce qui fait d'ordinaire le plus d'impression sur les hommes et les porte à changer de conduite. »

« J'étais présent, raconte un Père, lorsqu'un curé vint demander une mission pour ses paroissiens. Le bon P. Aréso loua hautement l'idée du curé et parla des merveilles que les missions peuvent faire. Mais son interlocuteur disant que ses paroissiens étaient des philosophes et qu'il lui fallait des Pères capables de bien raisonner, sans trop effaroucher par les grandes vérités, le P. Aréso lui répondit qu'il ferait mieux de s'adresser ailleurs ; que ses Pères devaient observer leur Règle qui leur enjoint de prêcher *cum brevitate sermonis, pœnam et gloriam*[1]. »

On parlait un jour des consolations qu'avaient les Missionnaires par le retour des âmes égarées. Pour faire ressortir dans ces cas l'action merveilleuse de la grâce, il raconta le trait suivant : « Oh ! oui, le bon Dieu travaille admirablement par sa grâce au temps des missions, dit le Père, et ce ne sont pas toujours nos paroles qui touchent les pécheurs. Voici ce qui m'est arrivé. Je donnais une mission, lorsque se présente à mon confessionnal un pénitent comme je n'en ai jamais vu. Quand il a terminé son

---

[1] Lettre du P. Emmanuel au R. P. Raphaël d'Aurillac, 13 janvier 1879.

accusation, je lui demande ce qui dans mon sermon l'a touché au point de lui faire faire si héroïquement l'aveu de ses fautes.

« Mon Père, me répondit le pénitent, c'est votre coup de clochette, après lequel vous avez dit : « Je vais finir. » — Alors, je me suis senti tellement remué que je ne pouvais plus ne pas me confesser. »

Ce trait n'a rien de commun avec des anecdotes plus ou moins plaisantes sur la prédication. Le P. Aréso n'était pas capable de s'amuser à faire des contes ayant pour thème un sujet aussi grave que celui de l'action de la grâce.

Le Père avait sur l'utilité des missions *dans toutes les paroisses,* une opinion bien arrêtée, qu'il faisait valoir par des exemples.

Prêchant à Mirambeau, un soir, après le repas, il racontait que dans une mission en Espagne, donnée à une paroisse sur l'ordre de l'évêque, il fut reçu assez froidement par le curé, contraire à cette mission. Dans sa discrétion le Père ne nommait ni la paroisse, ni le diocèse. Tous les paroissiens, sans exception, avaient l'habitude de se confesser. Le Missionnaire se met à l'œuvre et constate que, nulle part, il n'a trouvé tant de sacrilèges et de confessions à refaire. On voit par là que les missions peuvent être nécessaires même aux paroisses les meilleures en apparence.

Ce qui ajoutait singulièrement à la parole du Père, c'était sa vie mortifiée et sa figure vénérable, miroir de son âme sainte.

« Partout il édifiait, partout il faisait les plus vives impressions, jusque sur le cœur des enfants. Pendant la première mission que nous donnâmes ensemble à Chaillot, dans le diocèse de Gap, dit le P. Ange-Marie, à la plantation de la Croix, il s'écria en l'embrassant : « *O bo-*

na Crux ! O bonne Croix ! » Plus tard un enfant de six ans, qui avait assisté à cette cérémonie, s'écriait en embrassant un bâton : « O bonne Croix ! »

« Ceux qui avaient reçu la médaille de ses mains, l'appelaient le Franciscain, comme s'ils l'eussent reconnu pour le type du Franciscain, tandis qu'ils me désignaient moi par mon propre nom, » dit le P. Ange-Marie [1].

Le P. Aréso avait une prédilection pour les enfants. Il aimait à les bénir, comme Notre-Seigneur. Pendant son séjour à Saint-Palais, il se plaisait, le soir, à réunir des groupes d'enfants sortant de l'école et à leur adresser quelques bonnes paroles. Il savait si bien les attirer et les gagner par son amabilité que les enfants se faisaient une fête d'aller à lui pour recevoir sa bénédiction et baiser sa manche.

Des personnes plus âgées subissaient elles aussi l'ascendant de sa vertu. Imitant les enfants, elles se mettaient à genoux sur le passage du Père et, les mains jointes, lui demandaient sa bénédiction qu'il ne leur refusait jamais, ainsi que sa manche à baiser.

Aujourd'hui encore, le Religieux Franciscain qui va pour la première fois à Saint-Palais est surpris de voir, dans la ville et dans les villages environnants, les petits enfants s'agenouiller du plus loin qu'ils aperçoivent un Père. Ils restent immobiles dans cette posture, les mains jointes, les yeux fixés sur le Père qui approche et ne se relèvent qu'après avoir reçu la bénédiction du Religieux et baisé son habit.

C'est la tradition, commencée par le P. Aréso, il y a plus de quarante ans, qui se perpétue. Preuve touchante de la vénération qu'avait su inspirer le Missionnaire, digne fils de François d'Assise. Comme saint François, il voulait

---

[1] P. Ange-Marie. Mém. ms.

que la prédication du bon exemple fût encore plus en honneur que celle de la parole, parmi ses Religieux.

Le P. Aréso se faisait remarquer par son exactitude à se rendre au confessionnal, dès qu'il y était appelé, malgré les longues heures qu'il y passait souvent. Il disait : « Le confessionnal, c'est le bain de la patience. »

Dans ses rapports avec les âmes, il laissait paraître une grande bonté, tempérée toutefois par une dignité dont il ne se départait jamais. « On sentait à ses pieds, la grâce du sacrement, » dit une de ses anciennes pénitentes. Tout ce qui était étranger à la confession, il l'éliminait soigneusement, mais avec un tact et une sagesse qui sont le propre des hommes de Dieu. Aussi était-il bref dans les confessions. Après avoir attentivement écouté l'accusation, il répondait par quelques avis, selon les besoins de la conscience, imposait la pénitence, presque toujours une de celles que les moralistes appellent médicinale, et congédiait son pénitent.

Cette manière expéditive ne satisfaisait pas toutes les âmes. Quelques-unes charmées de ses conseils, auraient bien désiré, comme Madeleine aux pieds de Jésus, écouter longtemps leur vénéré directeur.

L'une d'elle témoignait un jour ce désir. Le Père la corrigea par une réponse délicate.

« Vous aimeriez à faire de longues confessions, ma fille ?

— Oui, mon Père, je vous écouterais volontiers pendant une heure, répondit celle-ci.

— Eh bien ! écoutez, reprit le Père, j'ai eu, dans ma vie l'occasion de confesser des saints, des saintes; leur confession ne durait que *quatre minutes*. Avez-vous compris, ma fille ? Vous me comprenez bien, » répéta-t-il avec une insistance calculée ?

L'avis fut bien compris, en effet, et porta ses fruits.

C'était avec la bonté unie à la fermeté que le P. Aréso traitait les âmes. Il apportait dans ce ministère difficile une rare sagacité, fruit de son jugement droit et d'une longue expérience.

Un jour une personne s'adresse à lui au confessionnal et commence par le prier de ne pas lui faire beaucoup de questions « parce que, disait-elle, je suis scrupuleuse. — Ma fille, vous me montrez que vous ne l'êtes guère, » répartit le confesseur qui avait deviné cette conscience.

Avec les scrupuleux, du reste, il se montrait bienveillant, mais décisif et inflexible.

Nous avons déjà vu qu'il faisait tout pour guérir ses Religieux de cette maladie de l'âme et leur dilater le cœur par la confiance. Il n'en usait pas autrement avec les fidèles.

« Sa Direction était sûre, » écrit encore une de ses pénitentes. Et une autre :

« Il donnait des solutions claires, nettes, précises. L'on voyait et l'on sentait qu'à sa suite on marchait sûrement. On trouvait en lui la simplicité, l'humilité, la bonté, la charité, vertus d'un saint directeur.

« C'était un parfait théologien mystique. Il avait la science et aussi l'expérience.

« Lorsqu'il m'avait donné les solutions désirées, sa grande simplicité le faisait me parler de son intérieur. Il me souvient qu'il me dit un jour : « Le soir, avant de me coucher, je demande pardon à Notre-Seigneur de tout ce qui lui a déplu en moi. Je lui dis : « Seigneur, vous voyez que je ne suis capable de rien de bon sans vous. Ayez pitié de moi, pardonnez-moi, et puis je m'abandonne tout à Lui et je dors paisiblement. »

Le P. Ange-Marie fait de lui cet éloge : « Il savait passer de longues heures au confessionnal, où il exerçait toujours cet auguste et difficile ministère avec toutes les qualités d'un véritable représentant de Jésus-Christ, revêtant surtout les entrailles de sa miséricorde [1]. »

Il se gardait bien de faire acception de personne. A ceux qui recevaient plus volontiers les riches que les pauvres, il disait : « Croyez-vous que les péchés de ces grandes dames aient plus de parfum que ceux des pauvres gens ? »

Dans une de ses Lettres morales, louant son ami M. de Zabala, il s'est rendu à lui-même témoignage :

« M. Fulgence de Zabala, dit-il, se confessait deux fois par semaine. Je n'oublierai jamais l'humilité avec laquelle il se présentait au tribunal de la pénitence. Il se mettait à genoux par terre, attendant quelquefois une heure et plus que son tour fût venu. Je me reproche de l'avoir ainsi fait attendre. Habitué à ne faire aucune distinction de personnes, je recevais les pénitents tour à tour, en commençant par les premiers venus. J'aurais certes pu déroger à la règle en faveur de M. Fulgence ; j'étais tout à la fois son aumônier et son obligé, ayant chez lui la table et le couvert. Jamais il ne réclama de priorité, ni ne manifesta aucun mécontentement de ces longues attentes. O humilité, ô abnégation ! »

Le prêtre doit aussi veiller sur lui-même, en exerçant ce périlleux ministère de la confession. Le Père avait coutume de dire : « Je crains un péché mortel plus que mille taureaux. » A un jeune confesseur il écrivait : « Au confessionnal il y a danger pour le confesseur : vous me comprenez. Préparez-vous donc par l'oraison et ayez toujours présent que vous n'êtes pas là un homme, mais un représentant de Notre-Seigneur, sans aucune passion ; priez la sainte Vierge surtout afin que vous deveniez un ange. »

---

[1] Mémoire ms. du P. Ange-Marie.

A l'apostolat fécond de la parole de Dieu et de la direction des consciences, le P. Aréso joignait celui de la plume dont l'utilité, dans notre siècle, est plus grande que jamais.

C'est sous forme de lettres qu'il présentait d'ordinaire son enseignement écrit. Cette forme, que le P. Lacordaire affectionnait aussi, mieux que d'autres permet à la pensée de se mouvoir avec aisance et de se produire dans la belle simplicité de la vérité, *nuda veritas*.

Nous avons fait déjà de nombreuses citations des *Lettres* du Père sur *les Lieux Saints*, de ses *Lettres Chrétiennes*, de ses *Lettres Morales*. Ici nous désirons montrer leur valeur littéraire, s'unissant à leur haute portée morale. Ces divers recueils de lettres ont paru d'abord en espagnol et presque tous ont été plus tard traduits en français. Malgré la différence du génie des deux langues, nous croyons que le lecteur pourra, par un exemple, juger de la manière d'écrire du P. Aréso et de la perfection à laquelle il atteignait.

De tout ce que nous avons lu de lui, rien ne nous a paru plus beau que le portrait de M. de Zabala, dans les *Lettres Morales*.

La reconnaissance envers un bienfaiteur et le souvenir d'un ami ont très heureusement inspiré le pinceau du P. Aréso. Mieux que les froides analyses, cette page achèvera de faire connaître le Père comme écrivain et mettra avec profit, sous les yeux du lecteur, ce portrait d'un grand chrétien par un grand Religieux.

« M. Fulgence de Zabala, dit-il, naquit à Zalla près de Bilbao, Biscaye. Sa famille était une famille de riches cultivateurs, classe honorée en Espagne. Jeune encore, vers 1789, il quitta sa patrie et alla se livrer au commerce en Amérique. Il habita Buenos-Ayres, puis Mendoza et à la fin, fixa sa résidence à Lima. C'était un homme actif, habile, intelligent, homme de parole, équitable dans les affaires. Ses qualités lui valurent assez vite une haute réputation commerciale. Un jour un bâtiment chargé de marchandises pour son compte arrive inopinément au port du Callao, à deux lieues de Lima. Pris au dépourvu, et obligé, pour payer, d'emprunter une somme de quarante mille francs, M. Fulgence, en échange de la somme offrait un reçu : «Je n'ai pas besoin de reçu, répondit le prêteur, votre parole me suffit. »

« Vers l'année 1819, après environ trente ans de vie commerciale, M. Fulgence de Zabala quitta les affaires et, à dater de ce jour, se livra tout entier à la pratique de la vertu. Il passait chaque année une semaine à la maison de retraite du Couvent de saint François, dirigée par le R. P. Arrieta, mort depuis archevêque de Lima. Il prit le saint habit du Tiers-Ordre de la Pénitence et l'honora par une vie constamment édifiante. Il s'arma contre lui-même de sévérité pour soumettre la chair à l'esprit ; les disciplines, les cilices, les jeûnes, la fuite des occasions mauvaises, l'oraison, la fréquentation des sacrements, furent les armes dont il se servit pour vaincre le démon, pour dompter le monde et la chair…

« A Lima, comme à Bordeaux, à Bilbao comme à Bayonne, à Pau comme à Beyrie, il se levait le matin à cinq heures et demie, faisait sa prière et sa méditation jusqu'à six heures et demie ou sept heures ; il se rendait ensuite à l'église et entendait plusieurs messes à genoux sans s'appuyer. A huit heures il déjeûnait en famille puis, en présence de tous, lisait quelques pages de la *Vie des Saints* du P. Croizet. Après cela, il allait dans son cabinet, régler des comptes, expédier ses affaires et sa correspondance. A onze heures environ il faisait une promenade : c'était l'unique récréation de la journée. Il dînait à une heure. A quatre, il se rendait à l'église et passait une heure, une heure et demie devant le Très Saint Sacrement, toujours à genoux. A sept heures en hiver et à huit en été, il récitait le chapelet, vaquait à la lecture spirituelle et faisait une demi-heure de méditation avec toute sa famille. A huit ou neuf heures du soir, suivant la saison, il soupait, puis se retirait dans son appartement ; j'ignore à quelle heure il se couchait. C'est ainsi que M. Fulgence a vécu pendant les trente dernières années de sa vie, sans jamais manquer à ses exercices, jusqu'au jour où il tomba malade et se coucha pour ne plus se relever [1]. »

Ce que le P. Aréso ne nous dit pas, c'est que M. de Zabala ne faisait que suivre les exemples et les conseils de son Directeur, du Père lui-même.

Cette manière de mettre sous les yeux des gens du monde la vie de l'homme de bien qu'il avait connu, nul doute que ce ne fut dans sa pensée comme une prédication nouvelle qu'il ajoutait à celle de la chaire chrétienne. Et c'est ainsi qu'en tout ce que le Père a écrit, sans prétention, pour les besoins du moment et pour élargir la sphère de son action, il se montre l'homme apostolique que nous avons vu parcourir l'Espagne et la France. Là où sa parole ne pouvait se faire entendre, ses Lettres et ses autres publications allaient travailler à la même œuvre de salut, répandant la lumière de la vérité dans les esprits, la chaleur de la charité dans les cœurs [2].

---

[1] Lettres Morales, lettre seizième.
[2] Voici la liste des ouvrages du P. Aréso :
— 1· Cartas Cristianas.
— 2· Grito de Religion.
— 3· Carta a los Españoles emigrados.
— 4· Cartas Morales.
— 5· Obsequio Catolico.
— 6· Memorial al Cristiano.
— 7· Lettre du P. Joseph Aréso aux Français sur les Lieux Saints de la Palestine.
— 8· Santos Lugares.
— 9· Los Franciscanos en el otro hémisfero.

Nous venons de dire que l'autorité du P. Aréso avait pour principale force son propre exemple En effet les hommes aiment que ceux qui commandent soient les premiers à faire ce qu'ils veulent obtenir d'eux.

Notre-Seigneur, modèle de toute perfection, a commencé par faire ce qu'il voulait enseigner au monde. Il est vrai qu'il nous dit d'obéir sans regarder à ce que font eux-mêmes les Supérieurs. Mais ces Supérieurs qui se dispensent du bon exemple, nous savons à qui l'Évangile les compare. Le P. Aréso cherchait à imiter le divin Maître et à ne faire porter par personne des fardeaux qu'il ne portât lui aussi et tout le premier.

Du lever au coucher, pas un instant où il ne fut le modèle de la Communauté, se montrant la régularité vivante, encourageant les Religieux par la ponctualité avec laquelle il pratiquait les observances les plus minutieuses.

Il profitait parfois du temps des récréations pour faire quelques observations utiles, des remarques pratiques sur les manquements dont il s'était aperçu, et adresser de paternelles monitions.

Même lorsqu'il ne fut plus chargé de l'administration, sans toutefois jamais faire sentir son ascendant ni se prévaloir du titre de Restaurateur, il continuait à donner ces avis charitables. Il savait y mettre tant de délicatesse et

— 10· Regalo a la Virgen santisima de Uxue.
— 11· Cartas del P. José Aréso al Editor de la Revista catolica de Barcelona.
— 12· Manuel des Missionnaires Franciscains.
— 13· Memoria erectionis Provinciæ Observantium Missionariæ Sancti Ludovici Episcopi in Gallia.
— 14· Précis historique et pratique du Chemin de la Croix, traduit de l'Italien.
— 15· Circulaires.
Presque tous les ouvrages du P. Aréso ont eu plusieurs éditions et nous avons vu que ses livres espagnols ont été traduits en français.

aussi d'enjouement qu'il ne blessait aucune susceptibilité.

Apprenons de la bouche de ses Religieux comment il se conduisait en ces rencontres.

« Je ne saurais dire, écrit l'un d'eux, combien il tenait à l'observance. Tout modeste et recueilli qu'il fût, rien ne lui échappait. Un jour, pendant la lecture qui précède la méditation, j'appuyai mon bras sur l'accoudoir des Pères. Aussitôt il le prit de sa main et me le posa doucement sur les genoux, sans se déplacer et même sans lever les yeux.

« Pour la méditation, quelle qu'eût été la longueur des exercices de la journée à Saint-Palais, il voulait que l'on fît toujours une demi-heure de méditation, même lorsque la coutume en exemptait, le vendredi, par exemple, à cause du Chemin de la Croix.

« Une fois, raconte le même Religieux, la cloche nous appelait au chœur pour la récitation des petites heures. J'étais occupé au jardin et je me hâtai pour ne pas être en retard. Le bon Père marchait tranquillement devant moi. J'eus la patience de le suivre un instant; mais, arrivé à la dernière marche de l'escalier, je le devançai et fis retentir les corridors du bruit des talons de mes sandales. Au Chapitre de la coulpe, le R. P. Gardien se plaignit de ce que quelques jeunes Religieux n'étaient pas très édifiants. Je ne voyais pas bien si ce reproche s'adressait à moi; mais à la récréation, le vénérable vieillard me dit sur le ton de la familiarité :

« Mon cher, avez-vous entendu le R. P. Gardien au Chapitre ?

— Eh ! oui, toutefois je ne pense pas que ce qu'il a dit me concerne.

— Pardon, c'est pour vous qu'il a parlé. Au moment où vous vous rendiez au chœur, je vous ai vu balançant les bras, frappant du talon, faisant des enjambées comme un gendarme qui poursuit un voleur. Voyez-vous, mon cher, comme vous vous formez dans le Couvent, ainsi serez-vous au dehors. Vous aurez beau être un saint dans votre intérieur, le monde ne s'en apercevra pas, il ne juge que de l'extérieur. Votre intérieur doit être à Dieu et, par votre extérieur, vous devez édifier le prochain¹. »

« Il vint un jour nous trouver, dit un étudiant, et nous demanda si nous ne pouvions pas psalmodier l'office plus lentement.

« Je souhaite de tout mon cœur, ajouta-t-il, assister à l'office, à celui de Matines surtout, mais si vous continuez du train dont vous allez, vous me condamnerez à rester dans ma cellule, malgré mon attachement aux actes de Communauté. »

« La douceur avec laquelle il nous reprochait notre précipitation nous édifia beaucoup et nous fîmes tous nos efforts pour nous corriger. »

Une fois les étudiants lavaient leurs tuniques à Saint-Palais; peut-être eussent-ils préféré une autre occupation. Quoi qu'il en soit, le P. Aréso descendit de sa cellule et, se promenant près du hangar où se trouvaient les Frères, fit un charmant soliloque, à la manière de Madame Louise de France. Les mains croisées sur la poitrine, il imitait une jeune Religieuse qui soupire sur les ennuis qu'elle éprouve, à cause des actes d'humilité qu'il lui faut faire tous les jours.

« Ah! mon Dieu! toujours balayer, toujours nettoyer, toujours laver, toujours servir tantôt l'une, tantôt l'autre. Quelle vie! »

Et ce disant, le Père levait les mains et les yeux au ciel. Puis il fait intervenir la Supérieure qui a entendu les plaintes de la Religieuse et se met en devoir de l'encourager, lui proposant les exemples de Notre-Seigneur, de

---

¹ Notes manuscrites sur le T. R. P. Aréso, p. 9.

de la Sainte Vierge et des saints. Elle se promène avec elle et arrive aux pieds d'un crucifix. Là, elle fait parler plusieurs Bienheureux qui se félicitent d'avoir volontairement imité Notre-Seigneur Jésus-Christ dans ses humiliations et ses pénitences.

Ce soliloque dura tout le temps du lavage des tuniques, et le Père donna ainsi agréablement une bonne leçon aux étudiants. Il le pouvait d'autant plus qu'il leur servait de modèle, même dans cette sorte d'occupation.

« Quand je demeurais avec lui à Saint-Palais et à Limoges, écrit l'un deux, les jours de lessive, bien qu'il fût alors Provincial, il était le premier au travail pour laver les tuniques, également lorsqu'il s'agissait de balayer et de nettoyer. En le voyant travailler si assidûment et si gaîment, on aurait dit qu'on lui avait promis de fortes sommes pour le produit de son travail. »

Citons ici un trait de pauvreté et de mortification franciscaine, pratiqué par les Religieux formés à l'école du P. Aréso.

Étant Provincial, il arriva un jour au Couvent d'Amiens. Le P. Roch Claramunt en était Gardien. Au repas de midi, le P. Aréso s'aperçut qu'on avait oublié de mettre du pain sur sa table. Sa première pensée fut d'en demander ; toutefois, il regarda auparavant si son voisin en avait. Il n'en vit point, et sur toutes les tables du réfectoire le pain manquait. Il remarqua que les Religieux mangeaient ce qu'on leur présentait, sans demander de pain, et comprit qu'il y avait là quelque chose de mystérieux ; mais il se tut. Le soir, au souper, même absence de pain. « Puisque personne ne se plaint, se dit le Provincial, je ne me plaindrai pas non plus ; je ne dois pas être plus délicat que les autres. » Le lendemain, à dîner, le pain manquait toujours. Alors le Père crut qu'il était de son devoir d'en connaître le motif et de savoir s'il y avait en cela négligence de la part du P. Gardien. Le P. Roch lui apprit qu'ils attendaient que la Providence leur donnât du pain et qu'ils s'étaient tous promis d'attendre avec patience. A ce moment même, on sonne à la porte ; le frère portier ouvre : on lui remet un pain pour la Communauté. Le Frère le reçoit avec joie et dans sa simplicité dit à la personne qui le portait : « Voilà trois jours que nous le demandions au bon Dieu. »

— Comment, répond-elle, depuis trois jours vous êtes sans pain ! »

Elle court chez le boulanger. Bientôt on vit venir, des divers quartiers de la ville, des personnes apportant du pain. Le repas n'était pas encore fini, qu'on en avait déjà pour plusieurs jours. Oh ! Providence de Dieu sur ses petits pauvres !

Le Père Aréso savait au besoin, d'une parole grave, rappeler à ces règles de la mortification et de la pauvreté ceux qui s'en écartaient.

Un Religieux faisait le journal quotidien, pour son souvenir particulier, de tout ce qui se passait au Couvent. A la visite des cellules, le P. Aréso jeta un coup d'œil sur ce journal et y vit, pendant trente-sept jours de suite, à tous les repas, cette mention : « Pain moisi. » Il dit alors à ce Religieux : « Plus le pain est mauvais, plus nous devons le manger avec plaisir » ; il ajouta : « Je devrais bien déchirer ce cahier. Je vous le laisse pour la confusion de votre délicatesse. Un Franciscain doit manger de tout. »

Quant au silence, cette sauvegarde de toutes les autres observances dans une Communauté, le Père l'aimait tellement que s'il entendait le moindre bruit il sortait de sa cellule pour le faire cesser. Lorsqu'il était Supérieur, il avait toujours peur que l'on manquât à cette règle et il veillait à son observation même dans ses dernières années.

« C'était un jour de fête, raconte un Religieux ; nous

prenions une récréation extraordinaire. Tout à coup, nous voyons apparaître au jardin le T. R. P. Aréso : il se promène seul. Nous nous hâtons d'aller nous joindre au saint vieillard et nous édifier auprès de lui. Il nous accueille avec une grande cordialité ; mais après quelques paroles échangées : « Voulez-vous, mon Révérend Père, dit-il humblement en s'adressant au P. Gardien, voulez-vous que nous allions causer à notre cellule ? » Nous montons quelques marches de l'escalier. Notre Gardien comprend le scrupule du bon Père si fidèle à la règle et le rassure en disant : « Mon Très Révérend Père, aujourd'hui nous avons récréation en tel honneur. » Et le P. Aréso de s'écrier aussitôt, avec une joie et une simplicité charmantes :

« Ah ! s'il en est ainsi, allons vite, allons vite prendre au jardin notre sainte récréation [1]. »

Nous avons vu plusieurs fois combien il tenait au voyage à pied.

Il écrit à un jeune Père :

« Vous recevrez l'obédience pour Sychalle en Auvergne. Si vous prenez le chemin de Toulouse, il faut se souvenir que nous avons un précepte de la règle nous obligeant de voyager à pied. Moi, avec mes soixante ans et ma santé délabrée, je fais encore 30 et 40 lieues à pied dans un seul voyage. Je ne vous ordonne pas de faire davantage, parce que le carême est déjà tout proche ; mais à votre retour, j'espère bien que vous marcherez autant que vous pourrez. »

« Lorsque je quittai Saint-Palais en 1875, raconte un de ses secrétaires, il se jeta à mes genoux pour me faire deux recommandations : la première de chérir la pauvreté, vertu essentielle d'un Franciscain, la seconde, d'aller toujours à pied, par mortification, pour l'édification et même, ajouta-t-il, pour la santé du corps. »

---

[1] Quelques notes etc...

Le caractère du P. Aréso comme Supérieur, se révèle assez bien dans sa correspondance. C'est toujours l'énergie tempérée par la douceur. Point de phrases, comme on le voit dans la lettre qui précède.

A un Lecteur de l'Ordre il écrivait ces simples mots : « Vous avez reçu du R^{me} P. Général les patentes de Lecteur en philosophie ; je suis content. Apprenez à vos élèves à être raisonnables plutôt qu'à raisonner. »

Essayons en terminant ce chapitre d'esquisser le portrait du P. Aréso.

Le lecteur aura été frappé de sa physionomie, telle que nous la présente la phototypie mise en tête de ce volume.

La religieuse gravité de son maintien, la beauté de son front large et comme illuminé par le reflet des saintes pensées de l'homme de Dieu, voilà ce que nous remarquons tout d'abord.

Tel aussi l'ont vu ses Religieux, et si nous ajoutons qu'il joignait à un air imposant et majestueux un sourire plein de bonté, qui d'ordinaire épanouissait sa figure vénérable, que sa démarche dénotait la foi profonde dont il était pénétré, nous aurons un portrait assez ressemblant de son extérieur.

Avez-vous contemplé la merveilleuse statue de saint François d'Assise par Alonso Cano, représentant le saint debout, les mains dans les manches, le capuce sur la tête? Tel apparaissait, moins la physionomie du crucifié de l'Alverne, le P. Aréso, traversant les rues d'Amiens ou de Saint-Palais.

Mais, si cet extérieur avait un tel reflet de vie surnaturelle, l'intérieur était incomparablement plus beau que tout ce que les yeux mortels pouvaient voir.

Le P. Aréso était un homme antique dans notre société contemporaine. Il n'appartenait à notre siècle que par les accidents de la vie et, pour ainsi dire, toute la substance lui venait d'un siècle plus viril et plus chrétien.

Comme orateur et missionnaire, il gardait ces anciennes méthodes des Pères de l'Eglise, qui ont formé les hommes apostoliques des siècles de foi et leur ont valu tant de succès sur les multitudes, tant de puissance sur les pécheurs.

Comme restaurateur de l'Ordre franciscain, on trouve dans le P. Aréso un dévoûment et une sollicitude à toute épreuve; un zèle ardent et infatigable, auquel il ne manquait qu'une connaissance plus parfaite de la législation franciscaine, connaissance qu'il n'avait pu acquérir dans son ensemble au Collège missionnaire d'Olité.

Modèle de ses frères en religion, et Supérieur local excellent, il semblait être un guide moins accompli dans un gouvernement plus élevé. Ministre Provincial, il eut peut-être plus complètement les vertus religieuses que les qualités administratives; mais il sut néanmoins conquérir l'estime de tous ceux qui l'approchaient.

En un mot, le P. Aréso nous fait penser à Pierre d'Alcantara, son compatriote, dont il a reproduit les travaux, le caractère et cette austérité capable d'étonner une Thérèse de Jésus.

CHAPITRE XIX.

L'homme intérieur. — Esprit de foi. — L'Eucharistie. — Confiance dans la Providence. — Dévotion à la Sainte Vierge et à Saint Joseph. — Estime de la vocation franciscaine. — Régularité du P. Aréso. — Son humilité. — Sa mortification. — Son parfait détachement. — La pensée des fins dernières. — Le bon emploi du temps. — Aménité du Père. — Ses sentences favorites et ses résolutions de retraite.

La flamme qui passait dans la parole de l'homme apostolique, le feu qui réchauffait le cœur de ce père, de ce supérieur étaient alimentés au foyer de la piété la plus vraie, de la foi la plus vive, d'une ardente charité, d'une parfaite humilité et des autres vertus. L'homme intérieur, que nous allons étudier, nous livrera le secret de toute cette vie [1].

Le P. Aréso avait l'habitude d'agir sous l'influence de l'esprit de foi. Son air modeste et recueilli, partout et toujours, à l'autel ou au chœur, dans ses missions ou en voyage, aussi bien que dans l'intérieur de sa cellule, disait assez que son âme était unie à Dieu et pénétrée de la divine présence. A la gravité de sa démarche, à la noblesse de ses mouvements, à la dignité de sa tenue, l'on voyait que la grandeur de Dieu l'absorbait et communiquait à toute sa personne une religieuse majesté.

Rien n'égalait sa fidélité au saint exercice de l'Oraison.

---

[1] La plupart des détails de ce chapitre nous sont fournis par le Mémoire du P. Ange-Marie.

Si les confessions n'étaient pas trop pressantes, il y consacrait une demi-heure le soir, en présence du Très Saint Sacrement, après en avoir lu le sujet. Mais le matin surtout il savait se lever à une heure réglée pour pouvoir vaquer à ce pieux exercice et cette heure était matinale, malgré les fatigues du ministère de la parole.

Qu'il était beau de voir prier ce vrai Frère Mineur ! Au chœur, vous l'eussiez trouvé à genoux, immobile, les mains croisées sur la poitrine, laissant parfois échapper de ses lèvres et de son cœur ces doux noms qu'il prononçait en espagnol et, à son insu, répétait assez haut pour être entendu des Religieux : « Jesus ! Maria ! Jesus, Maria ! »

Il les entrecoupait de profonds soupirs. Lorsqu'une peine intérieure ou une sollicitude de sa charge pénétraient davantage son âme sensible, on le devinait à l'oraison, ses aspirations favorites : « Jesus ! Maria ! Maria *santissima*, » devenaient plus fréquentes. Pour exciter sa ferveur, il se prosternait quelquefois jusqu'à terre et, le front dans ses mains, il passait tout le temps de l'oraison en cette humble et mortifiante posture.

D'autrefois, mais plus rarement, lorsque la maladie ou une extrême fatigue l'empêchaient de rester à genoux, il se levait quelques instants pendant la méditation. C'était l'unique soulagement qu'il se permettait, et encore n'était-ce jamais que pour quelques minutes.

Prosterné la face contre terre, agenouillé ou debout, voilà les trois postures qu'il recommandait aux Religieux de choisir pour l'oraison, parce que l'Évangile, disait-il, nous enseigne que Notre-Seigneur a prié dans ces trois.

Il entrait d'ordinaire le premier au chœur. Rarement il s'en absentait, quoique surchargé d'occupations en sa qualité de Ministre Provincial.

Il observait une modestie extraordinaire pendant les offices. Jamais on ne le surprenait le regard distrait ; les yeux continuellement fixés sur son bréviaire, il portait une attention scrupuleuse à toutes les prescriptions du cérémonial. Enfin on eût dit en le voyant au chœur qu'il se trouvait dans la compagnie des anges pour chanter les louanges de Dieu.

Vers la fin de sa vie, alors qu'appuyé sur un bâton ou sur le bras de l'infirmier, il se trainait encore au chœur et que ses jambes refusaient de le soutenir, il consentait à s'asseoir, mais toujours néanmoins, après avoir adoré à genoux Notre-Seigneur pendant quelques instants, malgré toutes les difficultés qu'il éprouvait pour plier ses articulations. Les fidèles reconnaissaient sa présence grâce à une manifestation de sa piété qui consistait en un *mea culpa*, trois fois répété, avec une vive componction au commencement de l'Oraison. Il se frappait avec une telle force que l'on entendait de la nef les coups résonner sur sa large poitrine.

C'est ce même esprit de foi qui donnait tant d'onction à ses paroles et lui faisait mêler habituellement la prière à la prédication. En descendant de chaire, dans les missions et quelquefois aussi dans la chapelle du Couvent, il se tournait vers les fidèles et leur disait : « Mes frères, prions pour les pauvres pécheurs. » Tombant alors à genoux, il étendait les bras en croix et récitait à haute voix quelques *Pater* et *Ave* auxquels les assistants répondaient avec attendrissement.

« Le *Pater* et l'*Ave*, disait-il, sont les meilleures de toutes les prières. Quelqu'un qui, toute sa vie, ne réciterait que ces belles prières, aurait très utilement employé son temps. Il est bon, pendant la récitation du chapelet, de penser aux paroles du *Pater* et de l'*Ave* ; le bon Dieu en est content. »

Sa prière favorite était efficace.

« Vers le mois de juillet 1852, écrit un témoin, il passait près de la maison de ma sœur, lorsqu'il aperçut un de ses enfants assis à la porte et ayant le bras enveloppé. Il demanda ce qu'avait cet enfant. La mère lui dit qu'il était né avec une dartre qui était dégénérée en ulcère : le médecin assurait la guérison impossible et la nécessité de couper le bras. Le P. Aréso remit une médaille à l'enfant et promit de faire une neuvaine pour lui en l'honneur de saint François. Il recommanda de s'unir d'intention à ses prières et de réciter matin et soir un *Pater* et un *Ave*. Le neuvième jour de la neuvaine, mon neveu Jules Bara était guéri [1]. »

Nous l'avons dit, seul, dans sa modeste cellule, il était le même qu'en présence des fidèles.

« Je l'ai vu dans sa cellule, écrit un Religieux, à genoux pendant deux heures, immobile comme une statue. Il puisait dans la prière cette confiance si nécessaire pour le succès de toute œuvre importante [2]. »

Vers la fin de sa vie, il disait lui-même à un confident :

« La nuit, quand je ne puis dormir, je suis occupé à prier et ainsi je ne trouve plus les heures longues. Le jour je ne m'ennuie pas non plus, d'ordinaire. J'ai là un petit livre que j'aime beaucoup : *La pratique de l'amour envers Notre-Seigneur Jésus-Christ*, par saint Alphonse de Liguori. Je le prends et ainsi je chasse l'ennui. »

Jamais il ne serait monté à l'autel sans s'y être préparé par quelques considérations de piété pendant une demi-heure. Alors on le voyait profondément recueilli, tout absorbé en DIEU.

Il célébrait les divins mystères avec les plus grands sentiments de dévotion. Le ton pénétré avec lequel il pronon-

---

[1] Lettre de Mme Joséphine Joron, Amiens 15 septembre 1878.
[2] P. Emmanuel, lettre du 13 janvier 1879.

çait les prières liturgiques, la gravité et la modestie de son maintien, son exactitude à observer jusqu'aux plus minutieuses rubriques, tout en lui frappait les assistants, attendrissait leurs cœurs et devenait pour eux une muette mais éloquente prédication. Suivant le conseil du pieux auteur de l'Imitation, il évitait la précipitation et la lenteur excessive. Ordinairement il mettait une demi-heure à dire la Messe.

Même en dehors des offices, il suffisait de le voir entrer à l'église pour que l'on reçût aussitôt une salutaire impression, tant son recueillement était parfait.

Sa foi éclatait dans toutes ses démarches, rayonnait de toute sa personne, surtout lorsqu'il pénétrait dans le sanctuaire. Sa prostration seule annonçait un homme de DIEU.

A l'action de grâce après la Messe, on eût dit un séraphin en prière.

Qu'ajouter sur sa piété envers l'Eucharistie ? Un de ses anciens pénitents de Bayonne écrit : « Je l'ai vu souvent en adoration, les bras en croix devant le Saint Sacrement et cette attitude édifiait le public [1]. »

Pendant ses visites au Saint Sacrement, il tenait les yeux fixés sur le tabernacle et son front rayonnait de bonheur. S'il arrivait que l'on vînt le chercher dans ce moment pour aller au parloir ou ailleurs, il était facile de remarquer quel déplaisir lui causait ce dérangement qui l'arrachait à ses doux entretiens avec JÉSUS.

Il tenait à ne pas perdre les occasions qui s'offraient à lui pour témoigner de son respect et de son amour envers l'adorable Eucharistie. Plus d'une fois il accompagna comme un petit clerc le prêtre qui portait la communion à des malades.

---

[1] Lettre de M' le Curé de Saint-Jean de Luz, du 16 avril 1878.

Il avait une dévotion toute franciscaine au saint Nom de Jésus et le prononçait sans cesse.

Le Père se faisait remarquer aussi par un grand abandon à la Providence de Dieu. Sa confiance en elle se manifestait souvent. Il admirait les bontés de Dieu pour les Franciscains, qui sont vêtus, nourris, soignés avec une tendresse maternelle par cette divine Providence, « tandis que le vent souffle et que la pluie tombe, disait-il, sur beaucoup de malheureux. » Contemplant quelquefois une petite fleur, il bénissait le Seigneur de l'avoir créée si belle et de prendre soin comme il fait des plus humbles créatures.

Les insolents triomphes de l'impiété dans notre siècle n'ébranlaient pas sa confiance. Celui qui veille sur la fleur des champs a promis de veiller sur son Église, ce qu'il a de plus cher. Aussi lorsque la nouvelle arriva en France de la mort des neuf martyrs Français de Corée (1866) le Père, avec cet accent pénétré que lui donnait sa foi vive, dit en souriant : « Le sang coule encore, donc il y a de la vie. » Il faisait allusion aux calomnies et aux blasphèmes des protestants et des libres-penseurs, qui assurent devoir assister bientôt aux funérailles de l'Église catholique.

Nous avons déjà vu, dans les premiers chapitres de ce livre, qu'il avait la plus tendre dévotion envers la Très Sainte Vierge. Ajoutons ici qu'il aimait à l'inspirer aux fidèles pendant les missions et ne manquait jamais de faire une neuvaine pour attirer alors sur les âmes la protection de Marie.

Sa piété et sa confiance en saint Joseph n'étaient pas moins remarquables. Un jour, rapporte le P. Ange-Marie, il me disait : « Je dois être bien reconnaissant envers saint Joseph, car une fois il m'a délivré d'un bien grand danger ; sans lui j'aurais été peut-être massacré par une bande de furieux qui m'entouraient et qu'il dissipa [1]. »

---

[1] Mémoire ms. du P. Ange-Marie.

Le P. Aréso, en racontant ce trait laissait dans l'ombre ce qui le rendait plus digne d'attention, sans doute « pour cacher, comme dit l'Écriture, le secret du Roi. » Mais il est bon aussi de faire connaître ces détails, pour rendre gloire à Dieu. Le P. Ange-Marie a eu soin de faire suivre ces paroles de son cher Supérieur du récit plus complet de l'événement.

« Ce fait, dit le P. Ange, m'avait été raconté par un de mes amis, dans une rue de Rome, au moment où nous nous rendions à l'Ara-cœli.

« Nous demanderons le P. Aréso, me dit-il, c'est mon ami, c'est un saint. Voici ce qui lui est arrivé. Un jour, il se vit cerné par une bande de forcenés qui se disposaient à lui faire un mauvais parti. Aussitôt apparut un vieillard vénérable qui s'écria : « Que vous a donc fait ce Religieux pour vouloir ainsi le maltraiter ? » Il dispersa ce groupe de malfaiteurs, et le Père se trouva seul ; le vieillard avait disparu en même temps et sans doute il n'était autre que saint Joseph, patron du P. Aréso [1]. »

Un témoin des dernières années raconte cet autre trait bien touchant :

« Nous célébrions, dit-il, le mois de saint Joseph et nous avions l'habitude de chanter le *Te Joseph,* après complies. Nous nous groupions autour du lutrin, afin de mieux unir nos voix. Jusque-là le bon vieillard se tenait tout humble et tout modeste dans sa stalle. Le *Te Joseph* une fois entonné, il voulait, lui aussi, témoigner son amour à son bien-aimé Protecteur ; malgré son âge et ses infirmités nombreuses, il s'approchait du lutrin, unissait sa voix aux nôtres et nous édifiait beaucoup par sa foi et sa ferveur. »

Tous les jours, jusqu'à deux mois avant sa mort, il faisait deux petits pèlerinages aux statues de la sainte Vierge

---

[1] P. Ange-Marie, Mém. ms.

et de saint Joseph dans le jardin. Comme un ami qui visite ses amis, il allait épancher dans le cœur de Marie et de son virginal Époux les sentiments de son propre cœur.

Quand il pleuvait, il adressait de loin sa prière à son protecteur saint Joseph.

Dans sa cellule, il avait collé sur un simple carton quatre images qu'il aimait à avoir sous les yeux : Notre-Dame del Pilar de Saragosse, saint Joseph son Patron, portant l'enfant Jésus dans ses bras, saint François-Xavier et les martyrs du Japon.

Il avait écrit au bas de ces images ces maximes qui résument sa vie :

« Quid vis, Joannes ? Domine, pati et contemni pro te... »

> Quid faciam miser ?
> Vivere in bona conscientia,
> Delectari in paupertate,
> Progredi in sancta obedientia,
> Præfulgere in castitate,
> Pati cum magna patientia,
> In silentio et caritate,
> Hæc agendo frui spera
> Æterna felicitate.

Et plus bas :

> Quel sera ton sort ?
> O éternelle vie !
> O éternelle mort !

(B*ᵗᵉ* Marie de Jésus, V. de Quito)

Il professait pour sa vocation franciscaine un singulier attachement. Son pauvre habit de bure était son trésor. Pour rien au monde il n'aurait voulu le quitter. « On me trouvera mort sur un grand chemin, disait-il, plutôt que de me voir quitter mon saint habit. »

On parlait un jour devant lui de certaines personnes tentées de changer leur habit religieux contre celui du siècle.

« Oh ! ce ne sera pas moi, s'écria le Père. Voilà cinquante ans que je porte la bure franciscaine et je ne m'en suis pas repenti un seul instant. »

« Lorsque le P. Aréso quitta Bourges pour se rendre à Saint-Palais, écrit le Gardien de ce dernier Couvent, je le rencontrai à Sauveterre (Basses-Pyrénées.) Aussitôt il me dit : « Mon cher Père, vous me fuyez ; je viens à vous, je viens vous demander une cellule dans votre Couvent. Je veux faire comme notre séraphique Père saint François, comme saint Pierre d'Alcantara, finir mes jours dans le premier Couvent que j'ai fondé. Or Saint-Palais est le berceau de la Province. »

« Je lui témoignai combien je serais heureux de le posséder. En ce moment, il avait sur le front un bandeau qui couvrait une blessure. Voici ce qui était arrivé :

« Dans un rêve, il s'imaginait qu'il était devant le bourreau et qu'il devait confesser sa foi. Alors il s'écria :

« Tu la veux, ma tête, la voilà ! »

« Et s'élançant hors du lit, il donna de la tête contre le plancher. »

Un des caractères les plus frappants de sa vie religieuse était sa régularité, qui faisait dire de lui à l'archevêque de Tours, Mgr Guibert : « Ce Religieux est esclave de sa règle. »

« Il était facile de voir, écrit le P. Ange-Marie, qu'il mettait tous ses soins à édifier les jeunes Religieux et c'est bien pour ce motif qu'il avait fixé pendant plusieurs années sa résidence à Bourges où se trouvait le cours de théologie.

« On pouvait vraiment considérer le P. Aréso comme une règle vivante. Toujours il était des premiers aux actes de Communauté. Le matin à quatre heures on le trouvait déjà au chœur. Jamais il ne se serait dispensé d'aucun exercice sans une grave nécessité et sans en avoir auparavant obtenu la permission.

« Un jour, tandis que je présidais les Complies, je vis venir se prosterner à mes pieds le T. R. Père qui me pria de lui permettre d'aller écrire une lettre pressante qu'il avait oubliée. Comme j'étais dans l'Ordre depuis peu de temps, cet acte d'humilité et de soumission me frappa singulièrement [1]. »

A la fin de sa carrière, on aurait pu dire : *Qualis ab incepto*.

Le Père, alors âgé de 77 ans, revenait du Chapitre de Bourges. Il avait passé huit heures en chemin de fer. Il descendit à la gare de la Bastide à Bordeaux et, malgré son âge, malgré la pluie, se rendit à pied au Couvent, portant son petit paquet. Il arrive vers 5 heures 3/4 ; on l'oblige à s'approcher du feu ; les Religieux viennent le saluer. A 6 heures 10^m on sonne. Il demande quel est cet exercice. On lui répond que c'est l'heure de Complies. Aussitôt, il se lève en disant : « Allons, allons au chœur. »

Peu de temps après la fondation de Saint-Palais, il donna lui-même à ses Religieux l'exemple de l'humilité en prenant une besace et en quêtant.

On l'a vu dans les Couvents, épousseter les meubles, balayer les corridors et faire d'autres offices du même genre.

Il ne cédait jamais son tour de laver la vaisselle le vendredi. « Quel saint Religieux ! » s'écriait celui qui rapporte ces traits d'humilité.

---

[1] P. Ange-Marie, Mém. ms.

Souvent aussi, en entrant au réfectoire, on le trouvait étendu au travers de la porte pour que tous les Religieux passassent sur lui.

Malgré son grand âge et ses infirmités, il mangeait à la table commune et ne souffrait pas qu'on lui préparât rien de particulier. Il ne voulait point non plus être exempté de la lecture au réfectoire, bien que cet exercice lui fût devenu très difficile.

Dans le cours de cette histoire, nous avons vu plus d'une fois combien il tenait à aller à pied. Louis Veuillot rencontra un jour le P. Aréso dans les rues de Paris et lui offrit de l'argent pour prendre un fiacre. Le Père remercia ce grand chrétien, mais il refusa l'argent et continua d'aller à pied.

Il disait parfois : « Des Religieux feraient facilement plusieurs lieues pour une promenade et ne seraient pas assez forts pour faire à pied un peu de chemin, lorsque la Règle l'exige ; allons donc ? »

Bien des fois ses disciples eux-mêmes lui offrirent d'aller en voiture, dans des cas où il avait droit à une dispense. Il répondait aussitôt : « Oh ! tant que mes jambes me porteront, j'irai à pied, comme doit le faire un enfant de saint François.

Avant de partir pour les missions, il avait soin de se munir d'une permission du P. Provincial, pour le cas où il serait obligé de monter en voiture, et il fallait que la nécessité fût bien évidente pour qu'il usât de cette permission.

Cette pénitence de marcher à pied et pieds-nus, il l'a faite toute sa vie, sans adoucissements.

Il ne se plaignait jamais. Il est toujours resté nu-pieds jusqu'à sa mort et, malgré la rigueur du froid, il lui arrivait souvent de refuser de se chauffer. « L'amour supporte tout; *Charitas omnia suffert.* » A sa dernière lecture, il s'était arrêté là, dans son livre de prédilection : *Pratique de l'amour envers Jésus-Christ.*

C'est avec raison qu'un Religieux de l'Ordre a pu dire : « J'ai appris à le connaître, à l'estimer, à l'aimer ; sans exagérer, je crois qu'on peut le regarder comme le type de la vie religieuse la plus vraie. »

Sur l'humilité, voici ce que le Père écrivait dans ses résolutions :

« Humilité... As-tu désiré d'être loué ? As-tu parlé ou repris avec douceur ? As-tu médité sur tes misères, sur tes ingratitudes envers Dieu ? Tes regards, tes démarches, tes paroles, tes actions respirent-elles l'humilité ? Es-tu humble de cœur ?

« Je ferai, si je le puis, les actes d'humilité que les Religieux ont coutume de faire, bien plus souvent que je n'en aurais l'obligation, persuadé que j'ai plus que les autres des motifs de m'humilier.

« Jamais je n'humilierai le corps, sans humilier auparavant et plus parfaitement l'esprit.

« Je considèrerai que l'humilité du cœur ne consiste pas dans les humiliations extérieures ; celles-ci ne sont que le moyen d'obtenir celle-là.

« Dans les humiliations il faut dire : *Bonum mihi, Domine, quia humiliasti me ;* ou bien : *Merito hæc patior ;* ou encore : *Mea culpa.*

« Humilité ! humilité ! c'est une vertu absolument nécessaire pour un prêtre, surtout pour un prêtre Franciscain. Sans humilité, point d'obéissance et, sans obéissance, tout est perdu. »

Il parlait rarement de sa propre personne et quand, sans y prendre garde, il en disait quelques mots, c'était avec une extrême réserve.

Un jour il s'aperçut qu'il avait un peu dépassé les bornes qu'il s'était imposées en rappelant les effets merveilleux produits par ses missions en Espagne. Tout à coup, il se frappe la poitrine et quitte là compagnie en s'écriant :

« Je n'ai rien fait, moi ; c'est Dieu qui a fait tout ce bien aux âmes. Je ne suis qu'un grand pécheur. J'ai très souvent offensé le bon Dieu et je ne mérite que les peines de l'enfer. »

Il faisait un jour une chaleur étouffante. Un prêtre offre un rafraîchissement au P. Aréso qui, après quelques instances de son hôte, finit par accepter. Mais voilà qu'avec sa manche il renverse un verre à pied et le verre se brise. Le Père se lève aussitôt en disant : « Dieu ne voulait pas que j'accepte.... je n'ai pas édifié... j'ai brisé ce verre... je ferai une pénitence... » Le prêtre est confus de cette accusation et c'est à grand peine qu'il peut relever son hôte qui s'était jeté à ses genoux.

Un an avant sa mort, le vénérable octogénaire disait : « Je ne suis pas maçon, cependant j'ai travaillé beaucoup de mes mains au Couvent de Saint-Palais.

« J'ai bien souffert, dans les commencements. Néanmoins j'ai rencontré presque partout une grande charité. J'ai essuyé il est vrai quelques refus ; mais alors, j'allais frapper à une autre porte et je finissais toujours par recevoir un morceau de pain. Quand on s'humilie, l'homme prend pitié de vous [1]. »

Comme il aimait à s'humilier aux pieds du prêtre dans la confession !

Il se confessait tous les huit jours et le plus souvent deux fois la semaine, surtout en mission. Ses confesseurs furent successivement les PP. Izaguirre, Béovidé, Emmanuel, Dosithée, Ange-Marie. Ce dernier nous a fait le portrait de son cher pénitent avec amour, comme on le voit dans les nombreuses citations de son mémoire.

Ajoutons enfin un trait d'humilité, digne des Saints et rappelant celui de François d'Assise s'humiliant devant

---

[1] Entretien du 30 janvier 1877.

Bernard de Quintavalle. Ce récit a été écrit le 14 avril 1878 par celui qui en fut le témoin oculaire.

« Aujourd'hui, que le P. Aréso est mort, je me crois délié d'une défense qu'il me fit. Voici en quelle circonstance :

« J'accompagnais le Père à titre de secrétaire, bien que je ne fusse pas encore prêtre. Nous allions de Saint-Palais à Bayonne à pied, causant, récitant le chapelet ou le bréviaire, faisant notre oraison. D'habitude nous faisions deux pauses, l'une à Hasparren dont les Missionnaires nous recevaient toujours avec la plus cordiale amitié, et l'autre chez un vieux Monsieur Daguerre, marié à une vieille dame qui avait composé un baume parfait pour les blessures de nos pieds et de nos jambes. Ils étaient très charitables, avaient bâti une petite chapelle sur le chemin et fondé une école de Sœurs de M. Cestac. Or, dans le trajet, le P. Aréso et moi nous parlâmes de la fondation à Noirétable. Le bon Père me donnait des détails topographiques sur la propriété. Après avoir écouté, je me hasardai de dire :

« Et les ressources pour vivre?

— Ah! le mauvais Franciscain! Est-ce que notre séraphique Père saint François raisonnait de la sorte? A-t-il jamais manqué du nécessaire pour lui et pour ses frères?

— Tout cela, c'est bien, mon Révérend Père, mais nous ne sommes pas au siècle de saint François.

— Et l'Évangile et le bon Dieu ne sont-ils pas les mêmes?

— Oui, hasardai-je encore ; mais le bon Dieu n'est pas toujours obligé de faire des miracles ; et si à Noirétable vous n'avez aucune ressource, vous pourriez bien tenter la Providence.

— Je tenterai la Providence! eh bien, mon Frère, laissez-moi tenter la Providence et je vous défends de jamais me reparler de Noirétable. »

« Le reste du trajet se fit en silence; au souper, chez les Daguerre, le Père fut taciturne, ce que nos hôtes attribuèrent à la fatigue.

« Après le souper, nous nous retirâmes dans nos chambres. J'étais dans la mienne, me préparant à me coucher, quand le P. Aréso frappe à ma porte :

« Venez de suite, me dit-il.

« Le croyant indisposé, je le suis. Alors il me fait entrer dans sa chambre, ferme la porte et m'adresse ces mots :

« Vous n'êtes pas prêtre, sans quoi je me serais confessé tout de suite. Demain, j'irai au village et vous m'attendrez à la chapelle; je vous ai scandalisé aujourd'hui, je vous en demande pardon; marchez sur moi trois fois. »

« Et ce disant, il se couche par terre devant moi. Je me mis à pleurer, refusant d'agir.

— « Marchez.
— Non, mon Père.
— Marchez.
— Non, mon Père.
— Je vous l'ordonne. »

Les sanglots étouffaient ma voix : « Non, non, je ne puis pas vous obéir. »

« Et en prononçant ce dernier *Non*, je me jetai à terre près de lui, mis la main sur son front qui ruisselait de sueur et le couvris de mes larmes.

« Alors il se releva et me dit : « Allez vous coucher. Je vous défends, en vertu de la sainte obéissance, de parler jamais de ce qui vient de se passer, mais parlez-moi souvent, bien souvent de Noirétable. Depuis, j'ai gardé le plus profond silence sur cette scène. C'est aujourd'hui seulement que je la fais connaître. La mémoire du Père me pardonnera cette révélation, qui met dans tout son jour sa profonde humilité. »

Les austérités lui étaient habituelles, au dire de son voisin de chambre. « J'avais ma cellule à côté de celle du P. Aréso dans nos Couvents de Saint-Palais et de Limoges. Chaque fois qu'il se donnait la discipline, je tremblais pour ainsi dire de tous mes membres.

« Il se portait des coups si violents que leur bruit l'emportait sur celui des coups de tous les autres Religieux. Lorsque, le lendemain, j'entrais dans la cellule du Père, je voyais des taches de sang sur le pavé et sur le mur.

« Une fois je le surpris lavant ces taches de sang. Je me permis de lui dire : « Père Provincial, ne soyez donc pas si dur envers vous, votre santé nous est nécessaire à tous. » Il me répondit avec candeur : « La santé de mon frère âne n'est nécessaire à personne. Je dois dompter frère âne, parce que trop souvent il s'est révolté contre moi. »

A la mortification des sens, il joignait le plus parfait détachement des biens de la terre. Citons-le lui-même : « Lorsque la révolution espagnole sévissait contre les Religieux, M. Fulgence de Zabala m'écrivit plusieurs fois du château de Beyrie, m'offrant un asile. La révolution nous ayant chassés de nos maisons, je vins en effet le trouver en France; j'arrivai chez lui au mois de janvier 1837. Il réfléchissait avant d'offrir, mais une fois l'offre faite, il ne reculait jamais. J'étais chez lui comme un fils. Il me respectait comme un père et daignait se préoccuper de mon avenir. Un jour, m'ayant appelé dans son cabinet :

« Je vais, dit-il, vous assigner une rente, afin que vous puissiez faire quelques épargnes et avoir de quoi vivre après ma mort.

— Monsieur, répondis-je, le bon Dieu récompensera votre bonne volonté, mais je ne recevrai point de rente. Je suis chez vous en qualité d'ami, j'y resterai en cette qualité jusqu'à ce que mes supérieurs disposent de moi. »

« Quelque temps avant sa mort, il me rappela dans ce même cabinet; « Je réforme, dit-il, mon testament; j'y veux ajouter un legs en votre faveur et pourvoir ainsi à votre subsistance après ma mort.

— Cher Monsieur, répondis-je, ne faites pas cela, j'ai confiance en la divine Providence : elle ne me manquera jamais. »

« Quand il fut mort, on trouva mentionnés dans son testament l'offre et le refus [1]. »

Son désintéressement n'avait d'égal que sa reconnaissance envers ses bienfaiteurs.

« Être reconnaissant envers les bienfaiteurs est le propre d'un cœur bien né et aimant le bon Dieu. La reconnaissance ouvre de plus en plus le cœur du bienfaiteur et le force, pour ainsi dire, à prodiguer de plus amples faveurs. Au contraire « l'ingratitude, d'après saint Bernard, tarit les sources de la grâce et place celui qui s'en rend coupable dans la catégorie des monstres. » Quelle plus grande monstruosité que de rendre le mal pour le bien ? Aussi les lois de l'Ordre séraphique prescrivent-elles d'enregistrer les noms des Bienfaiteurs spéciaux et de faire des prières pour eux [2]. »

Ces paroles sont dignes du bon Père qui avait le cœur droit comme l'esprit et qui comprenait, aussi bien qu'il sentait, le renversement que produit le vice des ingrats. Il ne connut jamais ce vice odieux.

Le P. Aréso avait pour principe de faire peu de visites. Il ne sortait que fort rarement dans ce but et c'était toujours pour rendre ses devoirs à quelque bienfaiteur.

Toute sa vie est le modèle de celle du vrai pauvre de Jésus-Christ, du fidèle disciple de l'humble François. Il fit un jour écrire cette réponse par son secrétaire :

« Vous me demandez une image, mais je suis si pauvre que je n'en ai pas une seule pour vous contenter. Donnons-

---

[1] Lettres Morales ; Lettre XVI.
[2] Memoria sexta. — Des premiers Bienfaiteurs de la Province.

nous mutuellement le souvenir d'une bonne prière qui nous aide à bien mourir. »

Il cherchait à se familiariser avec la pensée de la mort.

« Je fais souvent, disait-il, ma méditation sur la mort, quand je vois disparaître tour à tour mes parents et mes connaissances. En pensant à la mort, on se détache de la vie. »

Il disait encore :

« J'ai l'espérance d'être sauvé. Mais qui ne craint les jugements de Dieu? Ils sont inscrutables. Je m'arrête quelquefois au trait que je vais vous raconter.

« Un solitaire avait eu beaucoup à combattre pour vaincre les préjugés de sa mère qui s'opposait à sa vocation. Il put enfin suivre son attrait et vécut plusieurs années dans le désert avec d'autres solitaires. Quand sa mère mourut, il eut une vision pendant son sommeil. Il lui semblait se trouver en face du Souverain Juge qui le regardait d'un œil sévère. Sa mère était présente et elle dit à son fils : « Comment, vous me répétiez si souvent autrefois que vous vouliez vous faire solitaire pour vous sauver, et voilà qu'après tant d'années de solitude vous n'avez pu obtenir que ce rigoureux jugement ? » Le lendemain, l'ermite se retira dans une grotte isolée d'où il fut impossible de le faire jamais sortir. A tout ce qu'on lui disait, il répondait : « Les reproches de ma mère m'ont tant effrayé que je veux paraître devant Dieu avec une vie plus rassurante. »

« Moi aussi, ajoutait le P. Aréso, j'ai fait verser bien des larmes à ma mère et je me dis quelquefois que peut-être elle me fera des reproches un jour. J'étais déjà prêtre quand je quittai ma famille pour la vie religieuse. Mais je partis sans avertir, sans dire adieu à personne. Ma mère pleura toute sa vie; mon père fut plus résigné. Toutefois jamais ma famille ne parvint à voir avec satisfaction cette résolution que j'avais prise à l'encontre de toutes ses vues[1]. »

En se souvenant de ses fins dernières, il s'efforçait de profiter du temps de son pèlerinage terrestre. Il ne connaissait pas l'oisiveté et semblait avoir fait à Dieu la promesse de saint Alphonse de Liguori de ne jamais perdre une minute. Un jour, un Père entra dans sa cellule et lui dit : « Mon Très Révérend Père, je crains de vous déranger ; si vous êtes occupé, veuillez me le dire, je viendrai à un autre moment.

— « Mon cher, répondit le bon vieillard, je suis toujours occupé ; mais je vous en prie, asseyez-vous, votre visite m'est agréable. »

Son affabilité se montrait en toutes rencontres. « N'ayant vu le monde que pour en combattre les vices, il avait, jusque dans sa vieillesse, conservé cet air d'innocence naïve qui charmait tous ceux que le voyaient[2]. » Ainsi s'exprime son pieux ami, M. de Champgrand. Dans un séminaire où le P. Aréso avait prêché, on était resté si charmé de sa simplicité et de son affabilité que dans la suite, en parlant de lui, on ne l'appelait plus que *le saint*.

Un Religieux Carme déchaussé, écrivant à la nièce du Père, Sœur Joséphine, Carmélite, dont nous avons parlé au commencement de cette histoire, nous a laissé les lignes suivantes :

« J'eus l'honneur et le plaisir de connaître votre oncle à Bordeaux en 1850. Je le vis aussi dans le courant des années 1851 et 1852 à notre Couvent d'Agen, et en 1855 au Couvent que nous avons à Carcassonne. Lorsqu'il passait par une localité où nous étions établis, il venait volontiers nous demander l'hospitalité. Il était l'ami intime de notre propre restaurateur en France, le P. Dominique

---

[1] Entretien du mois d'avril 1877.
[2] Lettre du 15 mars 1878.

de Saint-Joseph. Ses conversations et sa manière de vivre nous édifiaient beaucoup. Nous le regardions comme un homme éminent en science et en sainteté, d'une grande humilité et d'une piété telle que sa seule présence portait à la dévotion et à l'amour de la vertu [1]. »

« C'étaient la bonté et la sainteté personnifiées, dit à son tour du P. Aréso, un vieillard de Saint-Palais, son ancien pénitent. Il était d'une gaieté inaltérable unie à une grande douceur. Je ne l'ai jamais vu que souriant. Aussi malgré son air imposant, s'attirait-il la sympathie de tous ceux qui l'approchaient. Mais dans la conversation, sans cesser d'être agréable, il savait ramener tout à Dieu et au bien des âmes. »

« Il était simple dans sa grandeur, » ainsi s'exprimait Joséphine, l'une des plus anciennes Tertiaires d'Amiens; « tous le regardaient comme un saint; il parlait à tout le monde avec la même aménité. »

« Enfin l'on voyait que c'était une âme qui vivait d'amour de Dieu, d'abandon au bon plaisir et à la très sainte volonté du Seigneur. C'était son élément. Il en parlait avec un bonheur indicible et il communiquait si bien ce qu'il éprouvait lui-même que l'on était tout transporté [2]. »

Les sentences favorites et les résolutions de retraite du P. Aréso nous feront pénétrer dans le plus intime de son âme, dans ce lieu secret du cœur des saints où se repose avec complaisance le Cœur de Jésus.

« La voie du ciel, disait le Père, c'est de souffrir dans la *patience*, le *silence* et l'*amour*.

« Courage, frère Joseph, imite les saints, marche dans la voie du ciel, supporte les maux de cette vie dans la pa-

---

[1] Lettre du 13 mars 1878, du P. Joseph-Marie de Saint-Louis de Gonzague.
[2] Lettre d'une fille spirituelle du Père.

tience, le silence et l'amour et laisse à Dieu le soin de tous tes intérêts.

« Frère Joseph, tu te préoccupes et te troubles de beaucoup de choses ; or il n'y en a qu'une de nécessaire.

« Devant Dieu, on ne compte point les années qu'on a passées en religion, mais celles où l'on a vécu en bon Religieux.

« Vous ne devez faire état d'avoir vécu, disait Eusèbe Émicène, que le jour où vous avez renoncé à votre volonté propre et résisté à vos passions, que le jour où vous n'avez rien fait contre l'exacte observance des règles et où vous avez été éclairé d'une lumière plus pure qu'à l'ordinaire, grâce à une méditation fervente.

« De cette sorte de jours, faites, si vous le pouvez, des années et mesurez par là le temps que vous avez été Religieux. »

« Parler peu, avec réflexion, conservant la présence de Dieu, et à voix basse.

« La nuit, examen de conscience, et faire l'acte de contrition, comme si je devais mourir dans la même nuit.

« Asperger d'eau bénite le lit et la cellule, avant de me coucher.

« Faire l'exercice de la mort, couché par terre ou au lit, ou bien debout, *cum responsorio et absolutione pro anima mea* et prier le bon Dieu afin qu'il me réserve cette absolution pour ma mort.

« Prépare-toi à mourir, par l'oraison et la contemplation; ô mon âme, c'est cette meilleure part qui ne te sera point ravie! Matière de mon examen particulier pour l'année 1869. — Telle est ma résolution.

« J'ai pris la même résolution dans ma retraite du mois d'août 1871. Pour l'année suivante, la matière de mon examen particulier est comprise dans cette aspiration : « O éternelle vie! ô éternelle mort! »

« Même résolution aux exercices du mois de juillet 1872.

« Faire de fréquentes Communions spirituelles. — Résolution des exercices spirituels de juillet 1874. »

Il ne restait plus au vénérable vieillard que trois ans pour se préparer à l'éternelle vie et il s'y préparait en mourant ici-bas chaque jour à lui-même, selon le mot de saint Paul : *Quotidie morior*[1].

---

[1] I Cor. xv, 31.

CHAPITRE XX.

1875-1878.

Dernières années. — Fondation de Béziers. — Consécration de l'Ordre séraphique au Sacré-Cœur. — Détachement du vieillard et sa conformité à la volonté de Dieu. — Deux lettres au P. Provincial. — Souhaits des Religieux reconnaissants. — La messe du 29 juin 1877. — Piété du Père. — Mot d'un Père Espagnol. — *Cupio dissolvi*. — La mort de Pie IX. — Les jours suprêmes. — Deux passages de l'Écriture. — Une sépulture plus honorable. — La protection du Restaurateur.

Après avoir dit quel fut l'homme apostolique, le Supérieur et l'homme intérieur, il ne nous reste plus qu'à faire le récit des dernières années de la vie du Père.

Le 19 janvier 1875 avait lieu une nouvelle fondation à Béziers et la pose de la première pierre du Couvent était faite solennellement par Mgr de Rovérié de Cabrières, évêque de Montpellier, en présence de six autres archevêques ou évêques et des autorités locales.

On comprend que le P. Aréso ne fut pas insensible aux manifestations de sympathie pour son Ordre auxquelles la cérémonie donna lieu.

Une joie non moins douce lui vint de Rome par la lettre Encyclique du Ministre Général sur la consécration de l'Ordre séraphique au Sacré-Cœur de Jésus. Cette lettre avait été écrite le 3 mai 1874.

Le 14 juillet 1875, le R^{me} P. Bernardin de Portogruaro, à la tête d'une véritable armée de Religieux et de Tertiaires, s'avançait vers le sanctuaire priviligié de la Visitation de Paray-le-Monial, trop étroit pour contenir ces quatre mille enfants de saint François, l'amant du Cœur divin.

A la Basilique, le R^{me} Père renouvelait, d'une voix vibrante, l'acte de consécration solennelle, prononcé à Rome l'année précédente à pareil jour.

Le matin de cette belle journée, avec une correction et une aisance parfaites, il avait dit en français quels enseignements se cachent sous les symboles qui entourent le Cœur de Jésus : les flammes, les épines, la croix.

Les flammes représentant l'amour divin dont son cœur est consumé et dont il désire embraser le monde.

Les épines symbolisant la douloureuse blessure que lui font les péchés des hommes.

Enfin la croix qui nous enseigne la nécessité de la pénitence. Cette croix, Jésus nous la montre toujours parce que c'est là notre salut, notre vie, notre force. L'orateur rappelait aussi que NOTRE-SEIGNEUR avait donné à la Bienheureuse Marguerite-Marie pour maître, docteur et modèle de la dévotion à son divin Cœur, saint François notre séraphique Père. Les échos des fêtes de Paray arrivèrent jusqu'à la cellule du Restaurateur de l'Ordre en France et le firent tressaillir de bonheur.

Dans le courant de l'année suivante, le Noviciat qui était à Branday et comptait vingt-neuf novices, fut transféré à Pau. Il se trouvait ainsi dans le même diocèse (Bayonne) que Saint-Palais, non loin de ce premier Couvent de la Province où le P. Aréso se détachait de plus en plus des choses de la terre. Nul doute que le vieillard n'ait eu une pensée pour ces jeunes Novices qui devenaient ses voisins et n'ait demandé pour eux cet esprit de détachement dont il donnait lui-même les derniers et plus parfaits exemples.

« Il y a cinq ou six ans, disait le Frère infirmier, il

était encore délicat lorsqu'il s'agissait de changer de tunique, etc., et aussi pour la préparation des aliments. Mais depuis deux ou trois ans, il est indifférent à tout et à toutes les occasions de souffrir. Sa conformité à la volonté de Dieu est parfaite. »

« *Tout pour l'amour de* Dieu ! » était l'une de ses oraisons jaculatoires favorites ; dans ces derniers temps, il la répétait sans cesse.

Le 27 mars 1877, il dictait une lettre à l'adresse du Ministre Provincial, le P. Raphaël d'Aurillac, et il disait : « *Dies annorum nostrorum in ipsis septuaginta anni. Si autem in potentatibus octoginta anni, et amplius eorum labor et dolor* [1]. J'accomplis bien *octoginta*, il ne me reste que *amplius labor et dolor*. » En terminant, il recommandait à la Province l'observance et la ferveur.

La dernière lettre que nous ayons du Père est bien touchante. Comme la précédente, elle est écrite au P. Provincial, à la date du 16 octobre :

« Je ne sais plus marcher qu'avec des béquilles. Pour descendre au jardin et pour monter aussi, j'ai besoin de béquilles.

« Je ne puis plus écrire. Les lettres me coûtent beaucoup. Je ne puis écrire ni bien, ni mal.

« Souvenez-vous devant Dieu de ce pauvre vieillard qui voit tous les jours approcher sa fin. Après sa mort, que ses enfants prient pour le repos de son âme.

« Recevez, Très Révérend Père Provincial, les adieux du pauvre vieillard du Couvent de Saint-Palais. »

D'une main tremblante, il avait signé. Dans cette même lettre, nous trouvons la trace de ses préoccupations d'apôtre. Il est anxieux de savoir si un Père viendra bientôt évangéliser les Basques et il insiste sur la nécessité pour

[1] Ps. LXXXIX, 10.

quelques Religieux de bien apprendre la langue du pays.

Ainsi, jusqu'à la fin, le Missionnaire d'Olité restera semblable à lui-même et sa dernière pensée sera pour le ministère de la parole qui fut sa vie.

A l'occasion des fêtes de Noël, de nombreuses lettres vinrent cette année-là, comme par le passé, témoigner de la reconnaissance que tous ses Religieux, anciens et nouveaux, lui gardaient dans leur cœur, aimant à tourner leur regard vers sa paisible retraite.

D'Espagne il recevait des nouvelles de quelques-uns de ses premiers auxiliaires de la Restauration en France. Le P. François Vidal lui parlait affectueusement des jours heureux qu'il avait passés sous sa conduite avec les PP. Roch Claramunt et Sixte Escudero qui lui restaient fidèles.

Des Grottes de saint Antoine de Padoue à Brive, récemment rendues à l'Ordre, on lui écrivait :

« Lorsque mon père vivait encore sur cette terre, je lui souhaitais de mon mieux la bonne année et lorsque je ne pouvais, pour cela, me rendre auprès de lui, je demandais par écrit sa bénédiction et elle me portait bonheur. Maintenant que Dieu me fait orphelin, j'ai cru ne pouvoir mieux retrouver le cœur de mon bon père et ses meilleures bénédictions que dans votre charité.

« Je sais, mon Très Révérend Père, toute la bonté que vous avez eue pour moi et dont vous m'avez entouré en tant de circonstances. Je sais bien qu'il n'y a que notre tout aimable et tout bon Jésus qui peut vous rendre au centuple bonté pour bonté, charité pour charité [1]. »

Ce que l'un de ses enfants lui disait, tous le pensaient et il était vraiment pour chacun d'eux ce père aimant et bénissant dont l'amour et les bénédictions les fortifiaient dans le labeur de la vie religieuse.

---

[1] Lettre écrite par le P. François-Régis, le 28 décembre 1877.

Depuis le 29 juin il ne pouvait plus célébrer la sainte Messe. Ce jour-là, soutenu par l'ardente piété de son âme apostolique, il avait fait un dernier effort pour offrir le saint sacrifice en l'honneur des saints Apôtres. Mais tous les jours il assistait à une Messe qu'un Père venait dire pour lui à l'oratoire de l'infirmerie, et il recevait presque chaque fois la sainte Communion. Il laissait pourtant passer un jour de la semaine sans communier, voulant suivre le conseil de saint Bonaventure et s'abstenir, par humilité, de s'asseoir au banquet divin.

On admirait ce vénérable octogénaire descendant péniblement de l'infirmerie pour se rendre au chœur à l'heure de vêpres et s'efforçant de pratiquer jusqu'au bout les actes religieux avec cette régularité parfaite qu'on lui connaît. Il visitait encore deux fois le Saint Sacrement soit au chœur, soit à une petite tribune et restait au moins une demi-heure, quelquefois une heure, à genoux en adoration. Il aimait beaucoup le *Sacris solemniis* et le faisait chanter le plus qu'il pouvait.

« *Posset collocari in catalogo sanctorum* », disait un Père espagnol qui l'observait attentivement pendant ses dernières années et lui servait de socius. Il obéissait à ce dernier et même au Frère infirmier comme au Père Général.

Quelques mois avant sa mort, il demandait au médecin s'il ne conviendrait pas qu'on lui apportât le Saint Viatique : « Ce n'est pas que je craigne la mort, ajouta-t-il, je n'en ai point peur, mais je veux être prêt et recevoir les sacrements avec toute la liberté d'esprit possible. »

Il avait en parlant ainsi un ton convaincu et un regard assuré qui faisaient envier son sort.

Au commencement de janvier 1878, quelques semaines avant la mort du bon vieillard, le Maître des Novices alla faire sa retraite au Couvent de Saint-Palais, dans le désir de voir le P. Aréso qu'il ne connaissait pas. Après ses exercices spirituels, il s'entretint avec lui, le priant de dire ce qu'il devait recommander de sa part aux Novices :

« L'humilité, répondit aussitôt le Père, l'humilité toujours, toujours l'humilité. »

Le P. Maître le trouvait tranquille, affable, ne s'occupant que de la pensée de la mort.

— « Que voulez-vous, lui dit-il, que les Novices demandent à Dieu pour vous ?

— Ma dissolution ; je n'ai plus rien à faire ici-bas. »

C'était le mot de l'Apôtre : *Cupio dissolvi et esse cum Christo.*

Cependant, sa vie s'éteignait peu à peu, comme une lampe dont la flamme vacillante n'attend qu'un dernier souffle pour disparaître. La plus petite secousse pouvait éteindre ce souffle. C'est ce qui arriva.

Les 7, 8 et 9 février une douloureuse nouvelle, partie de Rome, se répandait dans le monde et plongeait l'Église dans un deuil universel. Pie IX venait de mourir. Le grand Pape dont le règne avait été rempli de tant de merveilles et dont la longévité était unique dans l'histoire, n'était plus. Sous les auspices de Marie qu'il avait proclamée Immaculée, il était allé recevoir la récompense de ses longues épreuves et de ses vertus.

Le 10, les journaux catholiques apportaient, à Saint-Palais, les détails de ce grave événement. Ce jour-là, le P. Aréso avait encore eu la force de descendre au chauffoir ; il s'empressa de lire le récit des derniers moments de l'auguste Pontife, dont il avait plusieurs fois contemplé les traits et reçu l'apostolique bénédiction.

Le front du Père s'était assombri pendant cette lecture. Lorsqu'il l'eut achevée, on remarqua qu'il se leva aussitôt, fit le signe de la croix et, visiblement ému de ce qu'il venait de lire, regagna l'infirmerie d'où il ne devait plus sortir.

Comme il se sentit plus mal pendant la journée, on lui parla du médecin et on lui proposa d'aller le chercher.

« Tout pour l'amour de Dieu ! » répondit-il au Frère infirmier.

Le médecin ne se trouvait pas chez lui et ne devait rentrer qu'un peu plus tard. Lorsqu'on vint l'annoncer au malade :

« Tout pour l'amour de Dieu ! » répondit-il encore une fois.

Ce furent presque les dernières paroles sorties de sa bouche et comme le bouquet spirituel de cette longue vie d'amour de Dieu et des âmes.

Pendant huit jours, le Père resta ainsi entre la vie et la mort, les mains continuellement croisées sur sa poitrine, dans l'attitude du recueillement et de la prière.

Dès le lendemain, le R. P. Joachim de la Sainte-Famille, Gardien de Saint-Palais, le trouva si faible qu'il crut opportun de lui donner les derniers sacrements. Le médecin n'avait plus d'espoir. D'un moment à l'autre, le Père pouvait rendre le dernier soupir.

On s'empressa alors de lui administrer l'Extrême-Onction, en présence de la Communauté, réunie autour de son lit. Le malade semble plus recueilli et s'unit avec une tendre piété aux prières de l'Église. Pendant la cérémonie, le R. P. Gardien lui demande s'il veut qu'on lui fasse l'onction sur les reins. Les lèvres du vieillard balbutient une négation qu'un signe accompagne. La pudeur inspirait évidemment ce refus.

Après l'Extrême-Onction, le P. Gardien jugea qu'on aurait encore le temps de porter le Saint Viatique au mourant. Il reçut avec une consolation marquée cette dernière visite de son Seigneur, qui venait le remplir de force et lui servir de guide pour le passage du temps à l'éternité.

Le visage du P. Aréso resta toujours calme jusqu'au dernier moment. Enfin le 17 février, vers deux heures du matin, sans agonie, son esprit quitta doucement son corps, cette cellule de l'âme, comme l'appelait le séraphique François. Le Père qui veillait auprès du lit, ne s'était point aperçu du dernier soupir et ne put avertir à temps la Communauté. Lorsque les Religieux arrivèrent pour réciter les dernières prières, ils ne remarquèrent aucun changement sur les traits que la mort venait d'effleurer à peine. Le sourire du juste était encore sur ses lèvres, tandis que son âme paraissait devant Dieu.

Le P. Aréso lisait chaque jour un chapitre de l'Ancien et du Nouveau Testament. Dans la Bible dont il se servait, un signet marquait le passage de l'Épitre aux Romains où s'était arrêtée sa dernière lecture et on lisait avec étonnement : « *Beatus vir cui non imputavit Dominus peccatum.* Bienheureux l'homme à qui le Seigneur n'a pas trouvé de péché [1]. »

Un autre signet dans l'Ancien Testament indiquait ce verset du Psaume CII : « *Benedic anima mea Domino et omnia quæ intra me sunt nomini sancto ejus.* O mon âme bénis le Seigneur et que tout ce qui est en moi glorifie son saint Nom ! »

Sans vouloir attribuer à ces coïncidences plus d'importance qu'elles n'en ont, il est permis de reconnaître que le fervent octogénaire était fidèlement peint dans ces passages et qu'il méritait bien un peu ces éloges des Livres Sacrés.

Pendant que son corps resta exposé dans la chapelle du Couvent, un grand nombre de fidèles firent toucher à ses mains des chapelets, des médailles et d'autres objets de piété.

[1] Rom. IV. 8.

A ses obsèques la ville de Saint-Palais accourut tout entière pour lui rendre un dernier hommage. Le clergé paroissial, les professeurs du Collège, les Sœurs Franciscaines, les Conceptionistes, les Servantes de Marie, les autorités civiles et la magistrature, suivis d'une foule de peuple, formaient un beau cortège à celui qui avait si longtemps édifié la petite ville, berceau de son œuvre et gardienne de ses restes mortels.

Le Ministre Provincial, alors à Béziers et averti trop tard pour accourir à Saint-Palais, s'empressa d'adresser une circulaire à la Province pour annoncer la mort du vénérable Restaurateur.

« Une nouvelle épreuve, bien-aimés Pères et Frères, écrivait-il, est venue nous frapper ; un nouveau deuil vient s'ajouter à celui qui, depuis dix jours, remplit nos âmes de tristesse. Aucune perte, en effet, après celle de notre glorieux et bien-aimé Pie IX, ne pouvait être plus douloureusement sensible à notre Province. Le T. R. P. Joseph Aréso, notre Restaurateur en France, a rendu sa belle âme à Dieu, avant hier matin, dimanche 17 février, après avoir reçu les derniers sacrements de la sainte Église. Il était dans la quatre-vingt-deuxième année de son âge, la cinquante-septième de son sacerdoce et la cinquante-troisième de sa vie religieuse. La maison qui a été le berceau de notre Ordre en France et comme notre petite Portioncule, a aussi abrité le cercueil de son bien regretté Fondateur.

« Dans l'espace de quelques mois, la Province se voit ainsi privée de ses deux Pères plus anciens, de ses deux premiers Provinciaux [1].

« Sous le poids de la tristesse qui remplit aujourd'hui

---

[1] Le P. Emmanuel de Béovidé, successeur immédiat du P. Aréso, était mort en Espagne le 6 décembre 1877.

notre cœur, nous regrettons surtout de n'avoir pu être témoin des derniers moments du T. R. P. Aréso, recueillir ses dernières paroles et recevoir ses suprêmes recommandations.

« Mais une pensée nous console et vous consolera aussi. Si la Province a perdu un Père à qui elle doit tout après Dieu, si le Ciel enlève successivement à l'amour de nos cœurs ceux qui furent choisis par la Providence pour être les premiers modèles de notre vie religieuse, nous avons gagné au ciel, espérons-le, deux nouveaux protecteurs, deux vigilants intercesseurs, deux amis dévoués. »

La circulaire se terminait par ces mots : « Après avoir pris l'avis de notre Définitoire, nous déciderons s'il n'y a pas lieu, dans cette circonstance exceptionnelle, d'honorer par un service spécial, la mémoire de notre vénéré Fondateur [1]. »

Bientôt, une nouvelle lettre donnait à la Province communication des décisions prises pour honorer la mémoire du P. Aréso. Le dispositif portait :

« Un service d'une particulière solennité dans tous les Couvents, au premier jour de fête semi-double, et le même service le 17 février de l'année suivante, anniversaire de la mort du Père.

« Nous ne devons pas nous contenter, ajoutait le Ministre Provincial, de bénir et de vénérer la mémoire du digne et fervent Religieux, qui nous a tous engendrés à la vie franciscaine ; nous devons surtout marcher sur ses traces et imiter ses vertus. En agissant ainsi, nous obtiendrons la bénédiction du Seigneur qui accordera à notre Province un long et prospère avenir. Nous attirerons

---

[1] Circulaire du R. P. Raphaël d'Aurillac, datée de Béziers, 18 février 1878.

aussi sur nos têtes la bénédiction du Père que nous regrettons et cette bénédiction consolidera les fondations de ses enfants [1]. »

Après avoir reposé quatorze ans au cimetière de Saint-Palais, les précieux restes du P. Aréso viennent de recevoir une sépulture plus honorable.

Tout récemment le R. P. Gardien du couvent de Saint-Palais écrivait au R. P. Pierre-Baptiste, Ministre Provincial : « Samedi (2 avril 1892,) nous avons exhumé les ossements de nos Pères, des dix premiers enterrés au cimetière de la ville avant que le caveau n'eût été creusé. Nous avons mis à part les ossements trouvés dans les cercueils qui, par leur position et leur conservation, prouvaient qu'ils étaient les derniers déposés.

« J'ai prié M. Morbieu, médecin du Couvent, de déterminer quels étaient les restes du P. Aréso, ce qui lui a été facile avec les renseignements d'âge, de taille et surtout la photographie ; car les autres crânes n'auraient jamais pu donner le front du P. Aréso : c'était visible.

« A l'âge et à la taille, il a été aussi très facile de distinguer les restes du P. Izaguirre. Nous avons mis dans un coffret à deux compartiments les ossements des PP. Aréso et Izaguirre, avec des fioles renfermant une étiquette en parchemin. Les autres ossements ont été réunis dans un cercueil et, avec toute la solennité possible, nous avons transporté le coffret et le cercueil dans notre chœur, après en avoir demandé l'autorisation, qui nous a été gracieusement accordée par l'autorité civile [2]. »

En achevant notre récit, jetons un coup d'œil sur

---

[1] Circulaire de février 1878.
[2] Lettre du R. P. Chrysostôme d'Ithorrots, Saint-Palais, 5 avril 1892.

l'œuvre posthume du Restaurateur des Mineurs Observants.

A la mort du P. Aréso, il y avait en France dix fondations. De 1852 à 1870 on avait vu deux cent deux prises d'habit. Du nombre des Religieux, trente-cinq, espagnols d'origine, étaient partis pour les missions de l'Amérique du Sud, de la Bolivie en particulier, treize pour la Terre Sainte et un pour la Chine, ces derniers presque tous Français.

La Province de France compte aujourd'hui dix-neuf Couvents ou résidences [1]. La persécution ayant obligé les Religieux, lors des fameux décrets du 29 mars 1880, à

---

[1] Saint-Palais fondé en 1851 ;
Amiens, 1852 ;
Bourges, 1860 ;
Bordeaux, 1871 ;
Pau, 1872 ;
Béziers, 1875 ;
Brive, 1875 ;
Paris, Commissariat de Terre Sainte, agrégé à la Province en 1874 comme Couvent ;
Clevedon (Angleterre), 1882 ;
Epinal, 1883 ;
Saltash (Angleterre), 1884 ;
Saint-Brieuc, 1886 ;
Ascot (Angleterre), 1887 ;
Le Puy, 1888 ;
Metz, 1888 ;
Montréal (Canada), 1890.
De plus le Collège séraphique, établi à Bordeaux en 1873 ;
Et les deux Couvents de Lille et Roubaix cédés en 1892 par la Province Belge à la Province de France.
Si à ces Couvents nous ajoutons les 9 Communautés de la Province des Observants de Corse, bien que cette Province n'ait pas été restaurée par le P. Aréso, nous aurons un total de 28 Couvents, appartenant aux Mineurs Observants des Provinces de France.
Pour avoir une idée de la statistique générale des Couvents du premier Ordre de saint François dans notre pays, nous devons encore citer les deux Provinces des Frères Mineurs Récollets, qui se composent de 13 Communautés.
Les Frères Mineurs Capucins, rétablis en France dès le commencement du siècle, ont jusqu'à cinq Provinces qui comptent aujourd'hui 54 Couvents ou Résidences.

prendre le chemin de l'exil, ils ont porté ailleurs le bienfait de la vie franciscaine naturellement expansive.

L'Espagne, l'une des premières, accueillit les disciples du P. Aréso. Le Couvent de Loreto, près Séville, reçut les Pères Français expulsés, et bientôt ce Couvent devint la souche de la nouvelle Province d'Andalousie, qui compte aujourd'hui cinq Couvents. C'est ainsi que la Province fondée par le P. Aréso a rendu à l'Espagne une partie des bienfaits que le zélé Missionnaire espagnol avait prodigués à la France.

L'Angleterre et le Canada ont aussi des Couvents fondés par les exilés Français. Le nombre des Religieux de la Province s'élève environ à trois cents et les élèves des deux Collèges séraphiques sont près de soixante-dix.

Enfin par Rescrit apostolique du 13 mai 1891, exécuté en 1892 par le R^{me} P. Louis de Parme, Ministre Général de l'Ordre, la Province de Saint-Louis, à raison de son étendue territoriale, est divisée en deux Provinces, méridionale et septentrionale.

La Province méridionale retient le nom de *Province de Saint-Louis* et comprend les Couvents de Saint-Palais, Bourges, Pau, Bordeaux, Béziers, Brive et Le Puy.

La Province septentrionale prend l'ancien titre de *Province de France*, sous le patronage de saint Pierre, et comprend les Couvents d'Amiens, Paris, Roubaix, Lille, Épinal et Saint-Brieuc ; et, en outre, jusqu'à ce qu'ils soient érigés en Custodie, les Couvents de Clevedon, Saltash et Ascot en Angleterre, enfin le Couvent de Montréal au Canada.

Ainsi, quatorze ans après la mort du P. Aréso, la Province fondée par lui a pris de tels développements qu'ils nécessitent la mesure que nous venons de faire connaître. C'est bien là cette fécondité promise aux œuvres que Dieu inspire et bénit.

La protection du P. Aréso se montre visiblement et sa bénédiction repose sur ses enfants qui ont reçu l'héritage des vertus de l'apôtre, qui le gardent et le garderont toujours avec un soin filial.

Pour nous, c'est une grâce d'avoir été chargé de raconter cette vie. Elle méritait de l'être, car « il n'y a rien de plus précieux que la mémoire des belles âmes [1]. »

[1] Lacordaire.

INDEX

DES NOMS CONTEMPORAINS

CITÉS DANS CE VOLUME.

A

Alphonse de San Léolino (P) 94.
Altemir y Paul (R^{me} Père Ministre Général) 48, 52.
Alvarez (P.) Gardien d'Olité, 22, 23, 24, 28, 246.
Alvimare (chevalier d') 113.
Ambray (Vicomte d') 102.
Ange-Marie de Ginestas (P.) 222 et suiv. 248, 256, 259, 265, 270 et suiv., 273, 277, 278.
Antoine de Rignano (T. R. P.) 116.
Antoine de Victoria (P.) 175.
Antonio Aréso (Don) 3, 336.
Aréso Martin-Adam (Père de Joseph Aréso) 1.
Arrieta (Mgr) Archevêque de Lima 254.
Azévédo (P. Casimir) 57, 125 et suiv.

B

Bara (Jules) 268.
Barthélemy Altemir y Paul (R^{me} Père Ministre Général) 48, 52.
Batcave (Vicaire) 59, 61.
Bengy (R. P. de) 177.
Bénigne de Valbonne (T. R. P.) 147.
Béovidé (P. Emmanuel de) Provincial 104, 217, 247, 277.
Bernard d'Orléans (P.) 160, 169, 195, 229.
Bernardin de Montefranco (R^{me} Père Ministre Général) 83, 91, 96, 152, 155, 206.
Bernardin de Portogruaro (R^{me} Père Ministre Général) 154, 238, 287.
Billiers (M. B. des) Vicaire Général d'Arras 161, 164.
Blanchet (Mgr) 228.

Bonaparte (Prince Lucien) 157, 190, 191.
Bonaventure Salord (P.) 91, 208.
Bonnechose (Mgr de) Archevêque de Rouen 115, 223.
Boullenger (l'Abbé le) 118.
Buissas (Mgr) Évêque de Limoges 128, 142, 196.

C

Caggiano de Azévédo (Cardinal) 215.
Caldéron (M), 58.
Carlos (Don) 45.
Caron (l'Abbé) 194, 195.
Casimir Azévédo (P.) 57, 125, et suiv.
Cauchy (le Baron) de l'Institut 113.
Cestac (l'Abbé) 278.
Champgrand (M. Ferdinand de) 175, 238, 283.
Chesnelong (député) 237.
Chrysostôme d'Ithorrots (T. R. P.) ex-Provincial 297.
Claramunt (P. Roch.) 102, 117, 155, 178, 179, 215, 259, 290.
Clary (R. P. Léon de) 161, 178, 179, 223, 235.
Combalot (l'abbé) 177.
Constans (Ministre de l'Intérieur) 161.
Corcelles (M. de) ancien représentant 112.

Cyrille Alœmeda y Brea (R^{me} Père Ministre Général) 22.

D

Daguerre (M^r et Mme) 278, 279.
Damas (Vicomte et Vic^{tesse} de) 173.
Darbélit (Archiprêtre) 60, 62.
Delissade (l'Abbé) Supérieur du Grand Séminaire 53.
Dominique de Saint-Joseph (P.) 283, 284.
Donnet (Cardinal) Archevêque de Bordeaux 174, 216.
Desithée (P.) 114, 277.
Duc (l'Abbé) Principal du Collège de Saint-Palais 126.
Dupanloup (Mgr) 211.

E

Elboriga (Dom Jean-Joseph) 183.
Elola (P. Joseph) 104.
Emmanuel de Beovidé (P.) Provincial 104, 217, 247, 277.
Emmanuel (P.) 277.
Engelvin (P. Joseph) 102, 106, 130.
Escudero (P. Sixte) 102, 127, 290.
Espartero (Général) 46.
Etchepare (Abbé) 53.
Eustache Romero (P.) 197 et suiv.

F

Ferdinand VII (roi d'Espagne) 45.
Fernand Gomez (P.) 39.
Fornari (Nonce à Paris) 99.
Franchistéguy (Vicaire Général) 53.
Francisco (Don) 3.
Francisco Ramon Vicente y Garces (Don) 13.
François de Cerdéña (P.) 82.
François Régis (P.) 290.
François Vidal (P.) 102.
François Villardell (Mgr) 85.
Freycinet (M. de) Ministre des affaires étrangères 161.
Fulgence Rignon (T. R. P.) 107, 157, 159.

G

Gerbet (Vicaire Général) 116.
Gousset (Cardinal) Archevêque de Reims 114.
Grégoire-Pierre VIII (Mgr) 69.
Guasco (Mgr) Évêque d'Éphèse 70.
Guendulain (Comtes de) 2.
Guéranger (Dom) préface.
Guibert (Mgr) 273.

H

Havelt (Baron du) 108.
Howard (Card. Edward) 117.

I

Inchauspé (Secrétaire Général) 53.
Iribarren (Françoise) mère de Joseph Aréso 1.
Isabelle II (Reine d'Espagne) 45.
Izaguirre (P. Laurent) 11, 101, 102, 155, 182, 188, et suiv. 277, 297.

J

Jean-Baptiste de Beauvais (P.) 132, 137, 155, 164, 169, 194 et suiv. 219.
Jean-Baptiste Dury (P.) 94.
Jean de Capistran (Rme Père Ministre Général) 22, 94.
Jean d'Obieta (P.) 101, 102, 155, 182 et suiv.
Jean de Saint-Étienne (P.) 101, 167.
Jean-Marie (Frère) 209.
Joachim de la Sainte Famille (P.) 293.
Joachim-Marie (P.) 178.
Joachim-Xavier Uriz y Lasaga (Mgr) Évêque de Pampelune 13, 14.
Joron Joséphine 268.
Josell (Hélonis) ancien consul 113.
Joseph Engelvin (P.) 106.
Joseph M. de Saint Louis de Gonzague (P. Carme) 284.

Joséphine du Saint-Esprit (Sœur Carmélite) nièce du P. Aréso 3, 283-284.
Juan Ramon Sagarminaga (Don) 12.
Jules de Saint-Louis (P.) 229.

L

Lacordaire (P.) 56, 246, 253.
Lacroix (Mgr) Évêque de Bayonne 103.
Lagrava (P.) 37.
Lamblin (Vicaire Général) 177.
Larrabure (Curé) 103.
Latro (M. l'abbé) 53, 56.
Laurent Izaguirre (P.) 11, 101, 102, 155, 182, 188, et suiv.
Laurentie 113.
Lenormand (de l'Institut) 112.
Léon XIII 67.
Léon de Clary (T. R. P.) ex-Provincial 161, 178, 179, 223, 235.
Libermann (Vble P.) 113, 117.
Louis de Lorette (Rme P. Ministre Général) 89, 95, 100.
Louis de Parme (Rme Père Ministre Général) 299.
Louis de Saint-Étienne (Frère) 147, 160.

M

Maillard (Vicaire Général) 118.
Manuel Galduroz (Don) 11.
Manuel Garay (R. P.) 21.
Marie-Christine, Régente d'Espagne 45.
Marie de Brest (P.) 51, 235.
Marie de Jésus de Vaulx de Chabanolle (Mère) 94.
Mathias (P.) compagnon du P. Aréso 49.
Mathieu (Cardinal) Archevêque de Besançon 114.
Maurice de Brescia (R. P.) 157.
Mazzini 68.
Menjoulet (Vicaire Général) 53, 238.
Michel de Clermont (P.) 219.
Montalembert (Comte de) 108, 177.
Morbieu (Dr) 297.
Murgo (P.) 32.

N

Napoléon 1er 5, 188, 191.

O

Obiéta (Emmanuel) 183.
Obiéta (P. Jean d') 101, 102, 155, 182 et suiv.
Obiéta (Thérèse) 182, 183.
Obiéta (Thomas) 182.
Ochogavia (François) 21.

Olivier (M. d') ancien représentant 113.

P

Papleuré (M. l'Abbé) 167.
Patrizi (Cardinal Vicaire) 212.
Paul-Marie de Castelnaudary (P.) 218.
Pedro José (Don) oncle du P. Aréso 3.
Pedro Martin Perez (Don) 6.
Peyro del Castillo (P.) 17, 21.
Pie IX 19, 65, 67, 69, 103, 145, 153, 154, 210, et suiv. 232.
Pierre-Baptiste d'Orthez (T. R. P.) Provincial. 239, 297.
Pont (Cardinal du) Archevêque de Bourges 114.
Potron (Mgr Étienne-Marie) 161, 235.
Poujoulat (ancien représentant) 108, 112.
Poujoulat (Baptistin) 113.

Q

Quévédo (Chanoine) 53.

R

Raphaël d'Aurillac (T. R. P.) Procureur Général de l'Ordre 193, 194, 240, 289.
Raphaël de Pontecchio (R^{me} Père Ministre Général) 212, 216, 217.
Régnier (Mgr) Archevêque de Cambrai 115.
Riancey (Henri de) ancien représentant 113.
Ricard (Mgr) 177.
Riera (Paul) Éditeur 63.
Roch Claramunt (P.) 102, 117, 155, 178, 179, 215, 259.
Roméro (P. Eustache) 197 et suiv.
Rossi (Comte) Ministre de Pie IX 69.
Rouland (M.) Ministre des cultes 159.
Rovérié de Cabrières (Mgr de) 287.

S

Salinis (Mgr de) Évêque d'Amiens 112, 114, 120.
Salord Bonaventure 208.
Sébastien (T. R. P.) 77.
Ségalas (l'Abbé) Supérieur 57.
Sibour (Mgr) Archevêque de Paris 114.
Sisson (l'Abbé) 113.
Sixte Escudero (P.) 102, 127.
Sodar de Vaulx (Mme) 110.
Stanislas de Bégori (Fr.) 200 et suiv.

T

Thiers (Ministre) 86, 87.
Tirapu (Don Firmin) 3.

Toribia de Tapia (Melle) 97, 175.
Tour d'Auvergne (Mgr de la) Archevêque de Bourges 223.
Trionfetti (Mgr) Évêque de Terracine 152.

U

Uriz y Lasaga (Mgr) 13.

V

Vago (Mgr dal) Archevêque de Sardique 154, 238.
Vaulx (R^{de} Mère de) 94.
Venance de Celano (R^{me} Père Ministre Général) 103, 122, 128, 145.
Vianney (curé d'Ars) 223.
Veuillot (Louis) 275.
Victor Bernardin de Rouen (P.) 161.
Vidal (P. François) 102, 290.
Vielle (l'Abbé) 161, 179.
Vieu (l'Abbé) 178.
Villardell (Mgr François) Archevêque franciscain 85.

W

Wiseman (Cardinal) 117, 119.

Z

Zabala (Fulgence de) 57, 85, 98, 175, 252 et suiv., 280.
Zabala (Mlle de) 97, 98.
Zapatéria (Docteur) 15.

TABLE DES MATIÈRES.

CHAPITRE I.
1797-1815.

Naissance de Joseph Aréso. — Son pays. — Traditions patriarcales. — Piété de ses parents. — Caractère de l'enfant. — Corrections paternelles. — Les petites guérillas. — Le jeune apôtre. — Le curé d'Aspurz. — L'horreur du latin. — Inquiétudes et exhortations d'une mère. — Changement subit et radical. — L'appel divin. — Repas dans un monastère. . 1

CHAPITRE II.
1815-1824.

Le Séminaire de Pampelune. — Les ordinations. — Une épreuve spirituelle du jeune sous-diacre. — Le sacerdoce. — Séjour à Bigüezal. — Le coadjuteur de Lumbier. — Talent oratoire de Don José. — Humilité, charité du jeune prêtre. — Le confessionnal. — Mortification. — L'examen du médecin. — Industrie du zèle. — Premières impressions de vocation religieuse. — Les exercices spirituels à Olité. — Le trait d'humilité devenu le trait de lumière. 11

CHAPITRE III.
1824-1827.

Olité. — Les collèges de Missionnaires. — Adieux de Don José à ses parents. — Le Noviciat. — L'empreinte reçue. — La première campagne apostolique à Cervera del Rio Alama. 17

CHAPITRE IV.
1827-1832.

Mission d'Arguilar del Rio Alama. — Les mulets furieux. — Heureux effets d'une panique. — Navajun. — Valdemadera. — Les devoirs du prêtre. — L'obéissance due à l'Église. — Un complot déjoué. — Estella. — Maladie et convalescence. — Missions diverses. — Les saintes Eulalie et Quiteria. — Un trait touchant. — Malheur et piété. — Charité du Père.   27

CHAPITRE V.
1832-1836.

Missions de Larraga, Bigüezal, Navascues et Sangüeza. — Lettre sur le paupérisme. — Mission de Bilbao. — Importance de cette ville. — Belle conduite et charité du P. Aréso. — Tiermas, Sos en Aragon. — Le prédicateur mystérieux. — Retraite au séminaire de Pampelune. — Lettre à un Séminariste.   37

CHAPITRE VI.
1836-1848.

Dernière année en Espagne. — Événements politiques. — Notre-Dame d'Uxué. — Lettres sur les malheurs de l'Espagne. — Entrée en France. — Motifs du Père. — Les Missions d'Amérique. — Contre-ordre providentiel. — Séjour à Bayonne. — Son apostolat dans cette ville. — *Espanoles sin Dios.* — Divers écrits du P. Aréso. — *Crito de Religion.* — Le P. Azevedo. — Saint-Palais. — Beyrie. — M. Fulgence de Zabala. — Séjour à Pau. — Secours spirituels aux émigrés espagnols. — Témoignage sur la conduite du Religieux. — Départ de Pau pour la Terre-Sainte.   45

CHAPITRE VII.
1848.

Premier séjour à Rome. — Visite des sanctuaires et des monuments. — Les catacombes. — Station des sept Basiliques. —

Tristes pressentiments. — En route pour la Palestine. — Malte. — Caractéristique des récits du P. Aréso. — Alexandrie d'Égypte. — Beyrouth. — Jaffa. — la Pentecôte. — La santé du pèlerin. — Jérusalem ! — Les jouissances de la piété. — Les Lieux Saints de la Judée. 63

CHAPITRE VIII.

1849.

L'hospitalité à Bacca. — Nazareth. — Le Mont-Carmel. — Saint-Jean d'Acre. — L'école de Saïda. — Les Maronites. — Beyrouth. — Parole de M. Thiers. — Une tempête. — L'Égypte. — Le Caire. — Prédication du Père à Alexandrie. — Mission confiée au P. Aréso. — Il est nommé Commissaire de Terre Sainte et Commissaire Provincial pour la France. — Le Restaurateur des Franciscains de l'Observance en France. 81

CHAPITRE IX.

1849-1852.

Divers essais de restauration à Paris, à Montbrisson. — Le P. Joseph Aréso part d'Alexandrie d'Égypte. — La petite ville de Saint-Palais. — Mlle Toribia de Tapia, première bienfaitrice. — Mort de M. Fulgence de Zabala. — L'œuvre de Terre Sainte et les Conciles Provinciaux. — Protection de Mgr Fornari, nonce à Paris. — Le Père travaille de ses mains. — Il rassemble des Religieux espagnols dispersés. — Les PP. Obiéta et Izaguirre. — Observances des Collèges Innocentiens établies à Saint-Palais. — Grave maladie du P. Aréso. — Érection canonique du Collège de Saint-Palais. — Le premier Gardien. — Le nouveau Commissaire Provincial. — Lettre de félicitation du R^{me} P. Général. 93

CHAPITRE X.

1852.

Projet d'un Noviciat. — Paris. — M. du Havelt et quelques personnages du temps. — M. Poujoulat et sa brochure. — Formation d'un Comité. — Amiens : convenances historiques. —

Lettre de Mgr de Salinis. — Encouragements de l'épiscopat. Appel aux Franciscains-Récollets de Belgique. — Installation à Amiens. — Présidence et allocution du cardinal Wiseman. — Mandement de Mgr l'évêque d'Amiens. — Joie et encouragements du Ministre Général. 105

CHAPITRE XI.
1852-1855.

Consolations et épreuves. — Le P. Casimir Azevedo. — Le nouveau Couvent d'Amiens et les travaux des Religieux. — Formation des novices; les volontés du Ministre Général. — Projet de Fondation à Noirétable. — Fondation du Couvent de Limoges. — Récits du Missionnaire : La première mission en langue française du P. Aréso. — Missions de Péronne, Corbie, Pierregot, Boisleux-au-Mont, Bapaume, Rochechouart. Les trois degrés de la joie parfaite. — Mission de Nexon. 125

CHAPITRE XII.
1856.

Chapitre Général de l'Ordre. — Départ pour Rome. — Voyage à pied. — Impression produite par le P. Aréso. — Hospitalité des Récollets d'Avignon. — Mauvais temps et bonne humeur. — La traversée. — Civitavecchia. — La route de Rome. — Mortification et modestie du Père. — Nuit passée aux portes de Rome. — Ouverture du Chapitre. — Les réunions. — Le Père fait partie d'une commission. — Élection du Rme P. Bernardin de Montefranco. — Présidence de Pie IX. — Divers travaux des capitulaires. — Allocution du Pape. — Le P. Aréso demande à être déchargé de ses fonctions. — Il prêche à Saint-Louis des Français. — Les sanctuaires de la Ville éternelle. — Retour en France. 145

CHAPITRE XIII.
1856-1860.

Commissariat de Terre Sainte à Paris. — Les Clarisses d'Arras. — Sages avis du P. Aréso. — Missions diverses.— Pèlerinage à N.-D. du Refuge. — Charité des ouvrières de Rouen. — État de la Province naissante. — Fondations à Branday et à Bourges. — Projet de l'abbé Combalot. — Impressions d'un témoin. 159

CHAPITRE XIV.

Premiers compagnons et premiers disciples. — Le P. Jean d'Obiéta. — Le P. Laurent Izaguirre. — Les PP. Jean-Baptiste de Beauvais et Eustache Romero. — Le Frère Stanislas de Begori. 181

CHAPITRE XV.
1860-1863.

Érection des Couvents de France en Province régulière. — État prospère de la Province. — Belle circulaire sur la charité fraternelle. — Chapitre Général de 1862 et canonisation des martyrs du Japon. — Le carême de 1863 à Libourne. — Le P. Aréso achève son Provincialat. — Le P. Emmanuel de Béovidé. — Projet de fondation au Havre. — Mission à Saint-Simon de Pélouaille. 205

CHAPITRE XVI.
1863-1869.

Propagation du Tiers-Ordre. — Courses apostoliques avec le P. Ange-Marie. — Beaux exemples du P. Aréso. — Mission à Chaillol. — Le *Frustulum*. — Trait de mortification. — Missions de la Champenois, de Buzançais et d'Azy. — Les disciples du P. Aréso à Castres. — Le Père à la chapelle d'Angillon. — Vierzon. — Incident de voyage. — Châteauvieux. — Maladie et retour à Bourges. — Projet de fondation à Bordeaux. — L'année du Concile œcuménique. 221

CHAPITRE XVII.
1870-1874.

Dernière mission. — Propagande des bons livres. — La guerre franco-allemande. — Sages dispositions conseillées par le

P. Aréso. — Les Couvents transformés en ambulances. — Les Pères aumôniers militaires. — Dévouement du P. Marie de Brest. — Jeûne interrompu. — Approbation d'un nouveau projet d'établissement. — M. Chesnelong et le P. Aréso. — Impression du Père à la lecture d'une lettre pastorale des évêques suisses. — Chapitre Provincial ; bontés du Ministre Général pour le Père. — « C'est bon signe, lorsqu'on regrette son noviciat. » — Jubilé religieux du P. Aréso. — Circulaire du Ministre Provincial à cette occasion. — Remercîments du vieillard 233

CHAPITRE XVIII.

L'homme apostolique en chaire et au confessionnal. — Les écrits du Père. — Le Supérieur. — La règle vivante. — Estime et affection des Religieux. — Portrait du P. Aréso. . . 243

CHAPITRE XIX.

L'homme intérieur. — Esprit de foi. — L'Eucharistie. — Confiance dans la Providence. — Dévotion à la sainte Vierge et à saint Joseph. — Estime de la vocation franciscaine. — Régularité du P. Aréso. — Son humilité. — Sa mortification. Son parfait détachement. — La pensée des fins dernières. — Le bon emploi du temps. — Aménité du Père — Ses sentences favorites et ses résolutions de retraite. 265

CHAPITRE XX.

1875-1878.

Dernières années. — Fondation de Béziers. — Consécration de l'Ordre séraphique au Sacré-Cœur. — Détachement du vieillard et sa conformité à la volonté de Dieu. — Deux lettres au P. Provincial. — Souhaits des Religieux reconnaissants. — La messe du 29 juin 1877. — Piété du Père. — Mot d'un Père Espagnol. — *Cupio dissolvi.* — La mort de Pie IX. — Les jours suprêmes. — Deux passages de l'Écriture. — Une sépulture plus honorable. — La protection du Restaurateur. 287

www.ingramcontent.com/pod-product-compliance
Lightning Source LLC
Chambersburg PA
CBHW062009180426
43199CB00034B/1778